未発選書 11

メディアの中の読者

読書論の現在

和田敦彦

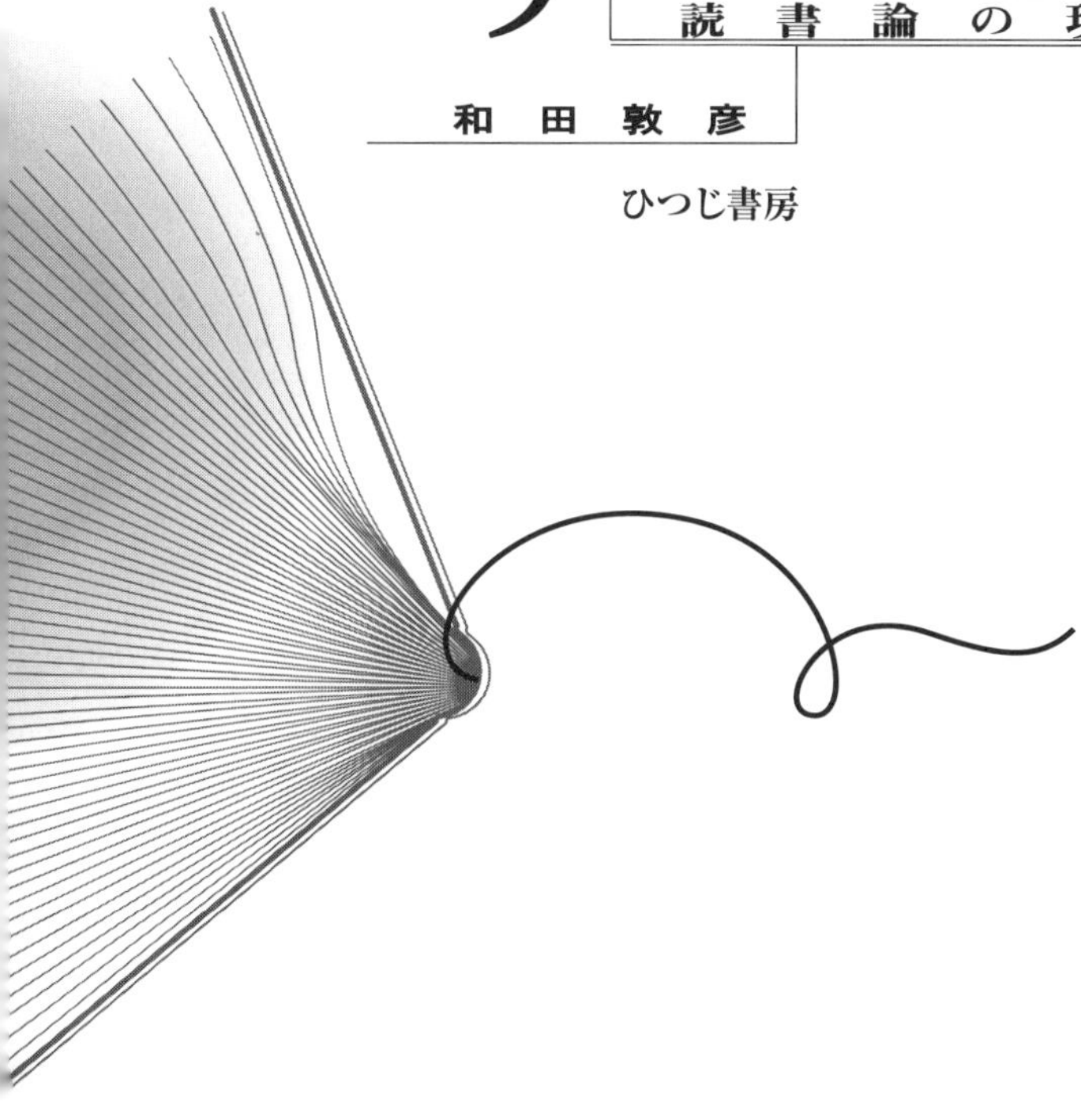

ひつじ書房

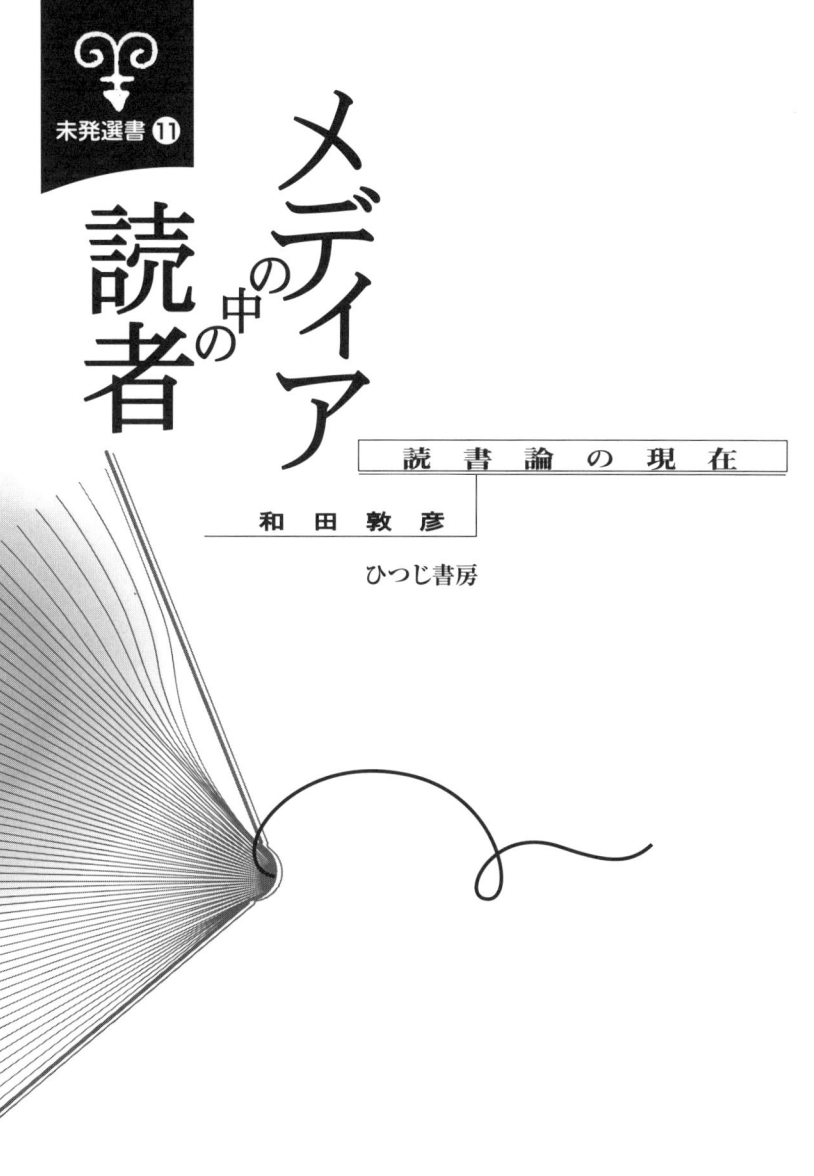

目次

おわりに　読書論とアーカイブズ

はじめに

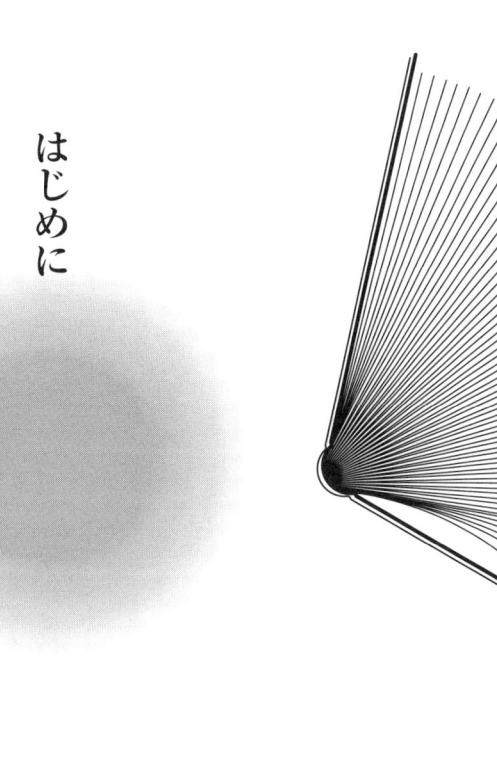

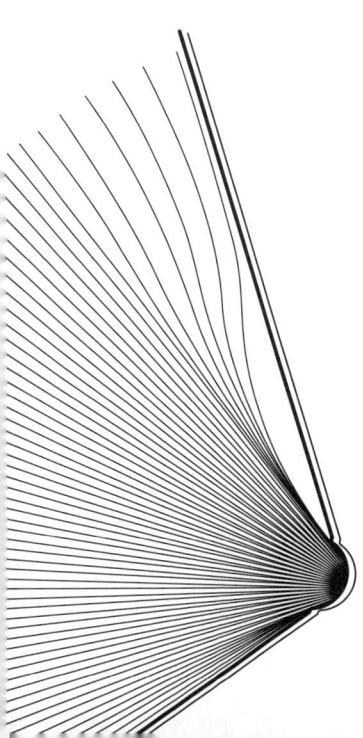

この本は、読者や読書について調査し、考える一連の試みからなっている。ただし章ごとに、扱う素材も様々であり、なおかつ、アプローチの方法も異なっている。そこではじめにこの本の構成を簡単に書いておくとともに、それぞれの章がどのようなつながりを互いにもっているのかを示しておきたい。

この本でねらいとしているのは、一言で言えば読書や読者について研究することの可能性を追うこと、そして実践することだ。まず第一章では、現在様々な学問分野でなされている読者の研究について広く紹介しながら、なぜ、どのようにして読者や読書を問題にするのか、そこからどのようなことが分かるのか、ということを述べている。ただし、実際に読書論、あるいは読者論という明確な分野があるわけではない。そして読みに関連する研究を行っている分野は、文学、歴史学、社会学、心理学とはてしなく広がっている。したがってここでは、なるべく様々なアプローチにふれつつも、それら全体を見渡すというより、読みを問題とし、考えることでどのようなことが見えてくるのか、ということを軸にして議論を展開してゆくこととした。

第二章以降は、より具体的に読書についての研究、調査を実践する試みとなっている。読書は、一般化して説明することがきわめて難しい行為だ。というのも、私たちの読みは、誰が読むか、何を読むか、どこで読むか、どのように読んできたか、によって変わってくるし、さらには時代に応じて変わってきた、そして変わりつつある行為でもあるからだ。それらの変化から切り離されたところに、抽象的な、一般的な「読書」というものがあるわけではない。したがって、具体的な読みの場や表現を素材とした読書の調査、研究を実践している。

第二章では、現代の様々なメディアの中で、私たちの読む行為がどのように変化しつつあるのか、をまず論じている。そこでは、現在の情報環境とメディアをめぐる議論を一方におきつつ、読書の問題を論じた。私たちが活字を読むという場合にも、その行為は多くのメディア、テレビや映画を見たり、理解したりする行為と深くかかわりあっている。したがってそれらメディアについての現在の議論は、読書を考える多くの手がかりをあたえてくれるはずだ。そして、特にビデオゲーム受容と書物受容について、現在の諸分野での研究を概観しつつ論じている。単に短絡的な評価や対比に基づいて読書を論じようとしているのではなく、本を読むことと、他のメディアの受容とがどのように重なり、どのように影響しあうのか、を考えている。

現在の情報環境の中での読みについて考え、特に他のメディアの受容との関係で変わりゆく読みの問題を考える第二章のアプローチは、同時に、そもそも読みがこれまでにも様々な状況の中で変容してきたことを前提としている。過去を欠いた「現在の読書」があるわけではない。読書は歴史的に変化してもきたし、また階層や地域におうじた違いがそこにはある。いやむしろ、歴史的な、空間的な差異の中で読みの問題を追求することこそ、現在の私たちの読みについて位置づけ、考える土台を与えてくれるものともなる。第三章以降のアプローチは、こうした視点を強くもっている。

第三章では、明治期の小説をはじめとする表現をとりあげつつ、そこからうかびあがる読みの問題について調査している。方法としては、おおまかに言えば、ある時期の言語表現と、それによって作り上げられる読み手の認識をさぐっている。特定の小説ジャンルや周辺の雑誌の表現をとりあげ、そこに共通する描き方や、表現のパターンをさぐることを通して、それがどのような読み手や読み方を作り出しているのかを考えるという方法をとる。具体的には、明治の末から大正期にかけて、「立志」を素材とする小説ジャンルが、「殖民」というテーマへとつながってゆく過程に焦点をあてている。

第三章でのアプローチが主として中央での刊行物、印刷物を素材として読者について考えているのに対して、第四章は、様々な地域メディアと読者の関係をとらえる試みとなっている。ただ、単に地域の読みの歴史や実態を明らかにすることをねらいとしているというよりは、むしろ情報が流通し、広がり、新たに生まれてゆく具体的なプロセスを明らかにすることをねらいとして読みの問題を考えている。書物も雑誌も、ただ印刷されただけで読み手に働きかけるわけではないし、全国的に瞬時に流通するわけでもない。ましてや地域の様々な層の人々が熱心にそれを読んでいるというわけでもない。

「殖民」や海外をめぐって読み手の側に作り上げられるイメージを第三章でとりあげはするが、それが具体的な地域でどのようなメディアを介して、どのように広がっているか、という問いがなされていない。第四章では、むしろこうした地域での具体的な情報の流通プロセスこそが強力に読みを規制する力を作り出していることを明らかにしてゆくことになる。そして地域における幻灯や、講演活動といった多様なメディアへのアプローチは、様々な情報形式の相互作用をとりあげた第二章でのアプローチとも通底するものでもある。

「おわりに」の章では、読書論と記録史料との関係についてのべつつ、読書調査が、史料の保存、管理に積極的にかかわってゆくべき点を論じ、具体的な史料保存作業についてふれることとした。読みについて明らかにするために資料を利用するというこれまでの観点から、史料の保存、提供についいて考えてゆくことでこれからの読みの環境に責任をもってかかわってゆく、という観点へと議論を展開させてゆくこととなる。

この書では、現代の文化の中で、あるいは歴史的なアプローチの中で、読みについて調査し、考えているわけだが、それぞれの章での試みに共通する姿勢を簡単に述べるなら、点へのアプローチから、プロセスへのアプローチへと言ってよいかもしれない。

つまり特定の書物や、作者という「点」を考えるという思考から、それらを一連の読みのプロセスの問題としてとらえる思考に展開してゆくということだ。本書でも繰り返し述べてゆくこととなろうが、私たちが様々な情報を手にし、解読してゆくプロセスには膨大なモノや出来事がかかわってい る。著作者の思想という「点」のみをもって考えたり、調べられてきたことを、書物の値段のつけ方や広報活動から、書物を売る機関や貸す機関の仕組みにいたる様々なプロセスの問題としてとらえなおし、新たな問題、見えてこなかった問題や抑圧されてきた観点を見つけ出してゆくことをめざしている。

こうしたスタンスは、現在のメディア環境を論じた第二章から、地域リテラシーをうかがうことのできる史料保存について論じた「おわりに」まで、共通している。それは例えばビデオゲームが世界を再現し、表現しようとする場合の技術的なプロセスへの問いとして、あるいは地域での情報流通プロセスを支え、作り上げてきた史料をいかに保存してゆくか、という問いとして展開されている。

こうした問題意識が、おそらくは現在次々と生まれている新たな情報の流通プロセスの中で思考を続けてゆく有効な手立てともなろうし、その中で過去の情報、かつての資料や出来事を位置づけ、引き受けてゆくためのてがかりともなってくれるだろう。

なお、引用文の旧字は適宜新字体とし、ルビを省略、または必要に応じて追加した。引用文中に補足したい事柄は〔 〕で記した。

第一章　読書論の諸相

―領域を越えた思考へ―

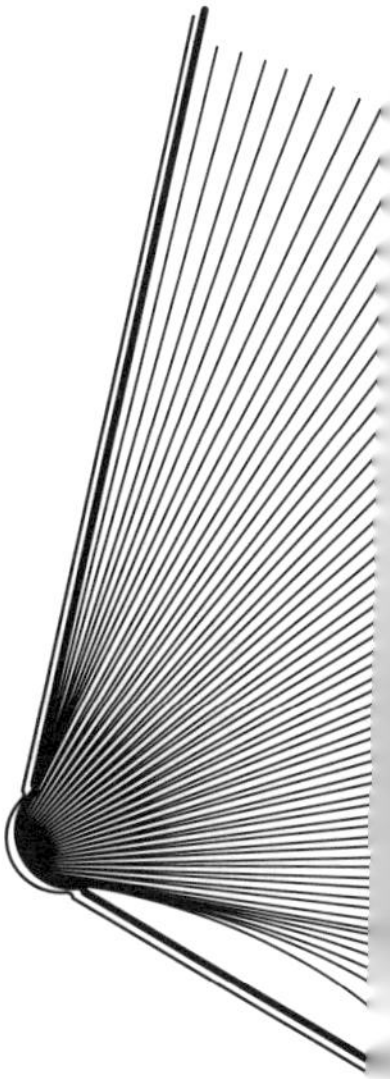

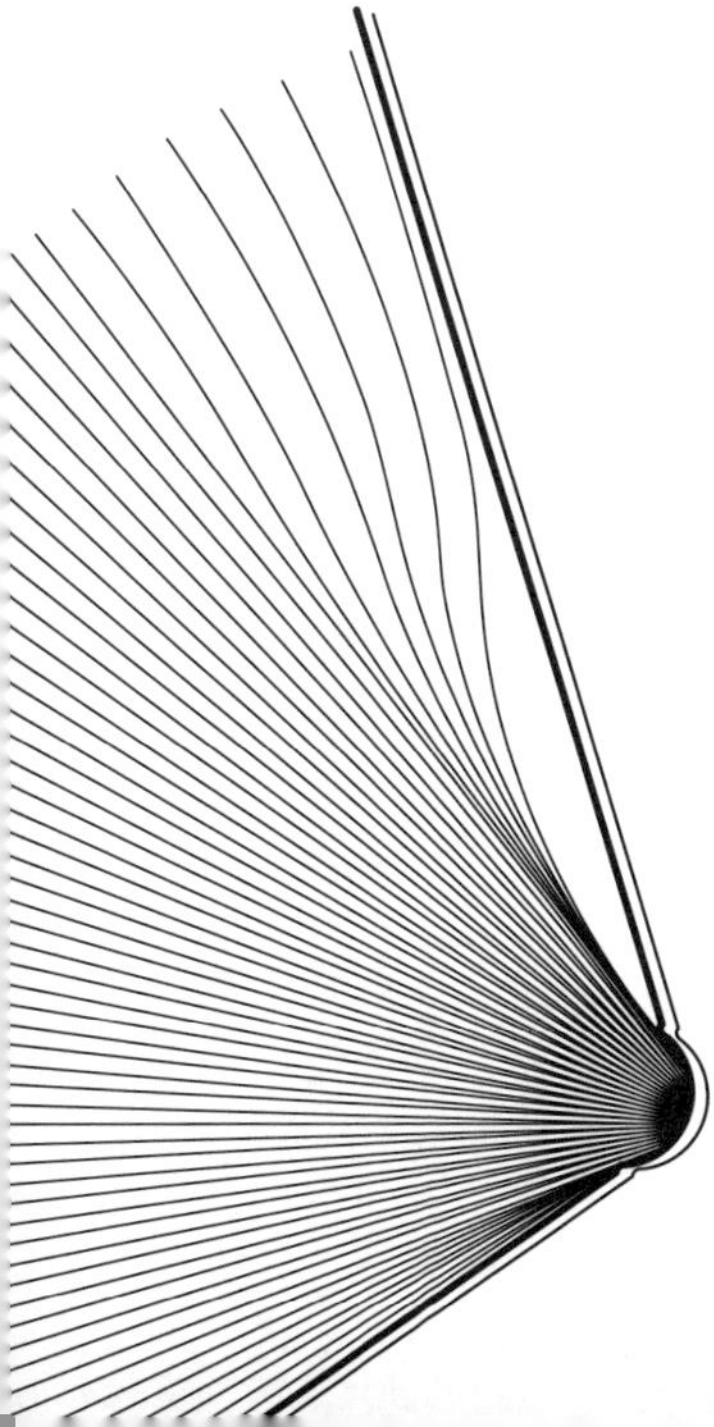

一・一　「読書論」のあいまいな輪郭

読みへのアプローチ

読書、あるいは読者は、これまでどのような分野で、どのように問題にされてきたのだろう。読書論や読者論に関連する研究を集めはじめてからずいぶんになるが、こうした観点から広範に調査をしている試みは意外に少ないし、それには確かに理由がある。読書論の様々な試みについては追ってふれてゆくし、できるかぎり関連資料も掲載するようこころがけたが、この章ではそうした紹介の少ない理由についても示しながら、読者や読書についてアプローチする方法について議論してゆくこととしたい。

例えば時おり新聞社や研究者から、読書論について広く紹介した本を教えて欲しいといった「問い合わせ」があるが、そうした時にも、はたと困ってしまう。読書や読者が問題になっていないわけではない。文学領域ばかりではなく、歴史学から認知科学に至るまで、幅広く研究文献は存在するし、特集記事を組む雑誌類も少なくない。最近でいえば、「図書館雑誌」の「小特集　読書環境はどう変わるか」、「月刊百科」の「特集　読書」、「新聞研究」の「特集　読者は変わりつつあるのか？」や「本の話」の「特集　読書の現在形」といった出版関連の諸雑誌。さらには「言語」の「特集〝読む〟―知的営為の原点」や「歴史評論」の組んだ「特集　書物と読者からみえる日本近世」、書籍や出版形態の特集を次々と組んでいる「本とコンピュータ」。あるいは、少しさかのぼって「江戸の思想」の「特集　読書の社会史」や「江戸文学」の組んだ「特集　江戸の出版」、「国文学」の「特集　近世の出版」のように言語、歴史、文学にわたってみられる。もちろん、近代の日本文学や国語教育系の雑誌特集も読書や出版にかかわるものは多い。

しかし、それぞれの学問領域が、互いにその知を交換し合いながらある読書研究の潮流が形成されているか、というとそうも言いがたい。読書や読者に関連する問題の領域はあまりに多様で広く、そしてそれに応じた広範なアプローチの仕方があり、研究者がいる。日本の中世の注釈書のありかたを調べるのも読書の研究なら、モニター上の文字情報を読む際の視覚の中心窩の移動を調べるのも読書の研究になる。あるいは、ある旧家の蔵書調査のようなフィールドワークによって読書について分かることも多ければ、ある時期に刊行された雑誌の投書欄によって読書について明らかになることも多い。これらもむろん読書についての研究として実践されている。また、読者について考える場合の素材にしても、書物、広告、書評や目録を取り上げる場合もあれば、出版史、法制史といった素材や、個人的な日記や手記、調査資料や各種統計データを用いる場合まで幅広い。

また、「読書」や「読者」を研究対象とする行為自体が、「読者」や「読書」を明確で不変の概念として流通させるよりも、むしろそれらを疑うべき概念としていろいろな問題を提起するような性格をもっている。これについては後に詳しく述べよう。いずれにせよこうした「問い合わせ」は、ほとんど「人間」や「精神」について研究した本を教えて欲しい、という問いくらい漠然としている。

ただ、にもかかわらず私にもこの「問い合わせ」が聞こうとしていること、知りたいと思っていることは分かる。恐らく、聞く側は、こうした読書や読者についての様々な研究や調査の位置関係、地図のようなものを求めているのだと思う。どのような分野でどのように読書が研究されており、そこではどのようなことが明らかになっていて、それらの分野はそれぞれどういう関係にあるか、というような。そしてそこからどのような問いかけや問題が見えてくるのか、ということが問いたいのだろうし、それはまた私もこの章を通して考えてゆきたい。しかし、あくまで広範で網羅的な地図作りがこの章のねらいなのではない。読書の問題領域は明確な領域をなすようなものではないし、広く均質な研究の紹介によるよりも、その方法的な有効性によってこそ評価されるべきものだと私は考えている。読書や、読者についての問題は、それぞれの学問領域で、それまで問い得なかった新たな問題を提起したり、その学問領域の死角を明らかにしたり、といった具体的な有効性を担う可能性をもっているのだから。したがって、まずここではいかなる点を評価しつつ読書論についての地図を描いてゆくか、すなわち私自身の評価軸を明示しなくてはならない。このことについて、先にのべた、読書や読者のとらえがたさ、領域としての不明確さについて述べながら明確にしてゆきたい。

多くの分野において読者や読書が問題となっている現在、国内で発表される各種論文や書物で、分野を問わず読書に関してしばしば引用されるのは『近代読者の成立』の前田愛[2]、それに『読書の文化史』や『書物の秩序』等の訳のあるR・シャルチエ[3]、それにP・ブルデューで御三家といったところだろうか。これらに、現在の情報環境がからむ場合には後にもふれるランドウの『ライティングスペース』を、より文学性といった側面を強調したい場合にはイーザー『行為としての読書』にふれ、マクルーハンやベンヤミンを問題の起点として配置することで、どの分野にでも利用できる「読書論」

の典型的な出だしを作ることも可能かもしれない。

こうした引用パターンの定型化は、これら著作の利用度の高さを物語ると同時に、その後の各専門分野でなされている研究がなかなか共有されがたいという現状をも物語っている。実際に現在では少し研究領域がずれるだけで、基本的な文献調査の方法や位置づけさえもがつかみづらくなっている。例えば歴史学の研究者にとって、文学系論文の収集や評価がしづらく、結果的に安全な「定型」を利用せざるを得なくなることもあろうし、文学系の研究者にはちょうどその逆のことがおこり得る。史学と文学にかぎって言えば、後に見るように近世の読書研究を中心としてかなりの問題意識の相互批判や共有といった状況が生まれてきていることは確かなのだが、読書の研究としての把握しがたさには、それぞれの領域のアプローチや概念、問題意識のちがいが大きく関わってもいる。

読書は、何かを、どこかで、誰かが読む行為である以上、対象や主体、場（何を読むか、誰が、どこで読むか）への依存度が極めて高い行為であり、それゆえに過剰なまでの変動要因に向けて開かれている行為である。私たちは読む対象の差異を無視して一般的で普遍的な読書について語ることは困難だし、意識的であるかどうかはともかく、学校教育ばかりかプライベートな空間においても諸々の「読み方」を身につけている以上、そうした読書能力の史的、地域的な差異を無視して読書について語ることは難しい。

だがしかし、その困難さを嘆くことで何かがはじまるわけではない。どの領域においても、そうした変動要因をある程度除外したり、統制したりすることで「読書」や「読者」の輪郭を確保する。いつの時代にも繰り返し刊行される読書術や「読書のすすめ」型の多くの著述は、そうした要因をあまりに抑圧しているがゆえに、そしてそれらから自立した普遍的な価値を読書に帯びさせてしまうがゆえに、実際に読書や読者について調査、研究する場合の利用価値は逆に必ずしも高くはないのが実情だ。論理性や実証性よりもほとんど「教義」に近い場合も多い。もっとも、そうした読書術、読書ガイド的な書物を史的に幅広く取り上げることで、読書に対するイメージや、読みの慣習を史的に浮かび上がらせ、その変動を追うという方法をとるなら、これらの書物もまた読みについての貴重な資料ともなろうが。例えば出口一雄『読書論の系譜』[4]はそうした意味での基礎研究としてなされている。

重要なことは、いかなる領域においてであれ、読書概念、読者概念は、その中にはらまれる諸々の差異（何を、どんな場所で、どういう教育を受けた、どういう人物が、等の）をある程度抑圧せざるを得ないということ。そして、それは避けがたいことではあるが、それぞれの研究領域でどのような差異が無視され、どのような要因が排除されているかは、決して無視すべきことでも当然視すべきでもないということだ。というのも、前著『読むということ』においても強調したことだが[5]、私は読者、あるいは読者について問題化することの有効性を次のように考えているからだ。その有効性とは、まさにこうした排除、抑圧の過程で単純化され、自明化された概念としての読者や読書によって支えられている「考え方」をとらえなおすということ、そしてそこから新たな問題を見つけるということにあると考えている。それが読書論に対する私自身の評価軸でもある。このことについて、異なる読みのかたちに具体的にふれることを通して、いかに一般的な「読み方」ということが奇妙な概念なのかをも含めて、もう少し議論してゆこう。

モニターと壁面の文字から

読書の歴史と聞けば、例えばどのような場で、どのように書物を読むか、といった慣習の歴史的な変遷を誰しもが思い浮かべるかもしれない。では、そうした典型化された思考が、いかに多くの問題を取り落としてしまうか、そしてまたそうした思考自体がいかに窮屈な閉ざされたものでしかないかを、私自身の身近にある具体的な二つの読みの場から考えてみよう。

一方はむしろ「場」と読んでよいのかどうかさえ分からない、むしろ特定の「場」をもたないテクスト体験、コンピュータネットワーク上で日々接する電子的なテクストを読む「場」。もう一方は自身の職場近くにある工場跡に残されたテクスト、より正確には太平洋戦争末期に作られた地下兵器工場跡、その網目状の洞窟の壁面に書きつけられていた文字を読む「場」だ。

電子メディアをめぐる議論については、現代のメディア環境と読書の問題として第二章でもより細かくふれるが、現在の情報環境はかつての「読み」や「解釈」、さらには「作品」という概念を実質的に解体しつつある。実はこれまでの解釈や読みをめぐる文学批評の流れの中で提起されてきた考え方は、これらの概念の解体を先取りするかたちであらわれてきてもいる。例えば相互に依存し、参照しあうかたちでこそ「テクスト」は存在するという考え方や、書き手や作者が、実は実体ではなく虚構として流通した像としてあるという考え方、あるいは享受者に改変され、つけくわえられ、かたちをかえてゆくものとして「作品」をとらえ、明確で安定した「作品」というものの存在を疑問視する考え方。こうした考え方は、いずれも現在のメディア環境を前にするとき、より説得力をましてくる。

こうした現代の文学批評、特にポスト構造主義批評をめぐる議論と現在の情報環境とのかかわりはこれまでにもしばしば強調されてきた。例えば連鎖（リンク）、網目（ネットワーク）、相互関連（インターコネクション）といった概念が、文学批評の提起してきた新たな概念と重なっていることをG・ランドウは強調する。[6] さらにはJ・デリダの脱構築戦略自体が「印刷された活字」、あるいはそれら「正典の解釈」という前提、枠組みの中で行われている議論でしかなく、ハイパーテクストにおいてはそもそも脱構築論者の記号観は、すでに実現されている出発地点であることを指摘するボルター。[7] いずれにせよ印刷テクノロジーと、それが作り出してきた書物というメディアは、これまでの解釈のありかた、つまり読みの正統性や特定の小説の普遍的な価値づけを主張する読み方と連動している。したがって、印刷テクノロジーやそこで生まれてきた概念に根底的な改変をせまっている現在のメディア環境を論じる言葉と、解釈のあり方を批判的に解体し、組み替えようとする批評動向の言葉が重なってくるのは当然ともいえる。これまでの書物とその読み方に前提とされていた、読みの線状性、閉鎖性（一定の頁数を、前から順に繰りながら読む）がもはや自明のものではなく、自在にそれらを紡いで、新たな順序を生成してゆく読書形態の広がり。この節の冒頭でふれたような、読書スタイルの変遷といったせまい思考の枠の中ではとうていおおいつくせないような、活字や書物概念そのものの根本的な変動がそこにはあるが、それは何も現在ばかりではない。

そこで、読書に何がおこっているのか。あらたな情報の受容、生産においてどのような思考の変化がおこっているのだろうか。ちょうど印刷された書物に取り巻かれている時にそれらの言語に対して細やかな分析の手法と手続きを確立しようとしていたように、現在私たちは新たな記号観とそれに対する分析手段、新たなリテラシーについての思考を必要としている。実際、ヴァーチャル空間の流通は「存在」や「場所」といった用語に対して、これまでの概念とはまったく違った思考を要請する。そういう意味では例えば合成画像の運用を（それが数学モデルとデータの計算によってコンピュータのメモリ内で生成され、「現実」に支援を求めることがないという点で）「根元的な〈文字革命〉」、まったく新たな「表記法（エクリチュール）」の始まりととらえるような問題意識が必要になってくる。(8)だが、一方で、あらたなヴァーチャル空間を経験することによって逆に現実に対する新たな覚醒された意識に達することが可能なのだ、といったケオーの主張はかなり楽天的にも思える。そうした意識に共感しつつも、やはりP・ヴィリリオがインターネットや電子高速通信網によって作り上げられた世界に対して再三強調する破局へのシナリオの方が、自身の問題意識により訴えかけてくる。

つまり瞬時にあらゆる場所とあらゆる時間を結びつける体制のはじまり、それは同時に特定の時間、特定の場所の喪失でもある。速度のテクノロジーが、私たちの世界の喪失と身体の喪失を引き起こしつつあること、そしてそうした体制は開かれた世界というよりも閉ざされた一つの世界、「瞬間」へと私たちを閉じこめるということ。リアルタイムという「絶対速度」の中に私たちがおかれ、「イメージへの歴史の還元」が引き起こされつつあるということ。更には、そうした速度のテクノロジーと権力の結びつき、あるいは経済体制との連動性を問題にしなくてはならないといった主張に共感する。(9)だが、彼の指摘でより重要なのは、これらメディアテクノロジーの浸透が、私たちを新たな支配

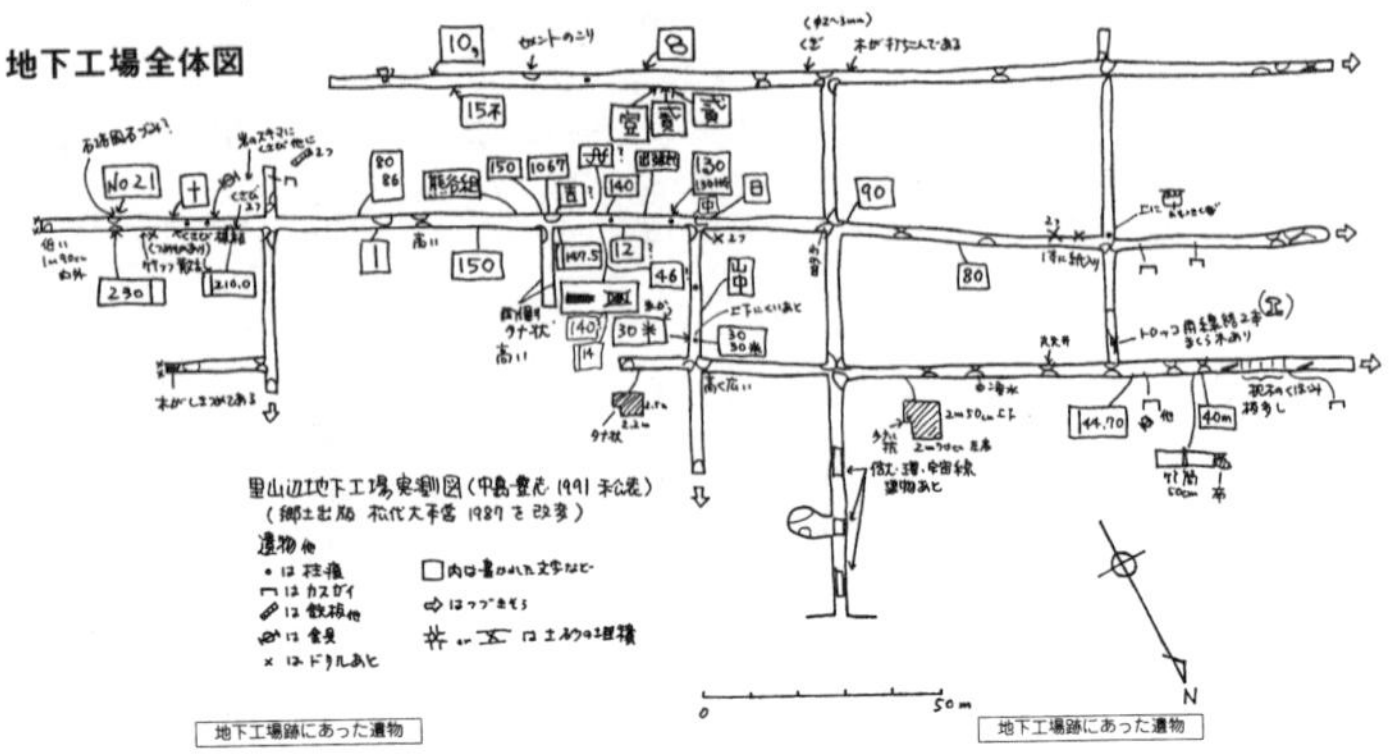

地下工場全体図—「里山辺における朝鮮人・中国人強制労働の記録」
（里山辺朝鮮人・中国人強制労働調査団、1992・7）

体制に組み込みつつあること、それも全く新たな形での管理と監視を生み出しつつあるという指摘だろう。それは彼の「端末市民」（CITOYEN TERMINAL）という言葉に端的に表現されている。[10] つまり、私たちは私たち自身を、既にネットワークの一部分、その機能の一部分として供出していること、情報を受け取っていると見えて実はその機構そのものの一部分になっていること。システムの相互作用の一部となることで、決定的に「個人性」を、あるいは「直接介入能力」を喪失した状態におかれつつあること。こうした問いかけの中においてしか現在の「読み」は考えることができず、そこからは自明どころか諸々の疑問が立ち上がってくる。

さきに述べた、もう一つの読書の「場」について遭遇し、考えることとなったのはこうした思考の周囲をめぐっている折のことだ。長野県松本市里山辺の金華山にある地下工場跡は、県内でもあまり知られることがなく、私自身、以前から工場跡の調査団に関わっている人を通じて知った。「里山辺朝鮮人・中国人強制労働調査団」

壁面に残る「出張所」の文字
（写真提供：松本強制労働調査団近藤泉氏）

の調査は現在でも継続しており、これまでの調査概況や報告、及び中国での聞き取り調査がまとめられている[11]。三菱重工業名古屋航空機製作所が、大戦末期の総合分散計画で松本市にも移転しておかれ、さらにそれを地下へと移すために地下工場を作る作業が行われ、それが現在、延べ一キロにわたる坑道から構成された工場跡となって残っている。

極めて不安定な地質のため、崩れる危険性もあり、既に崩れて埋まった箇所も多い。ヘルメットをかぶり、天井の崩れた場所では体をかがめながら、光のない坑道を手にした懐中電灯の光をたよりに奥へ進んでゆく。工事で働かされたのは当時強制連行された朝鮮人、中国人であり、それがいかに劣悪な条件でなされていたか、については実際の聞き取り調査からうかがうことができる。そして監視の目の届かぬその暗い壁面には距離を示す数字や「熊谷組」といった文字が残っている。場所にひそかに書かれたらしい文字や記号も残っている。

このわずかな見づらい文字や痕跡を見つけるために、かつて壁面をくまなく丹念に調査したという。懐中電灯の光に浮かんだ、かすかな記号をさがし、読み、その意味をたどる。その作業にどれほどの時間と労力を要するか。調査団の作業は、壁面の文字をリンクさせる作業だった。その記号と、かつてその文字が書かれた時間、場所をリンクし、それを書き残した人々の中で現在生き残っている人々を捜し、中国に渡り、その人の口から出た言葉とをリンクさせる作業だった。一つのコンテクストからもう一つのコンテクストへと飛び移るために、海を越え、生存者を探し、時間をかけて聞き取り調査をする。毎年、ボランティアをつのり、中国に聞き取り調査に出かけ、報告会を行う作業。日本の中で、読もうとする人間をつくりあげる「リンク」、そして中国において協力してくれる人々をさがし、作り出してゆく「リンク」。そうすることではじめてなされてくる読み方。それは、まさに電子メディア上で一瞬のリンクを飛び越える時において失われる決定的な距離、読みのプロセスでもあるだろう。

こうした作業としての「読み」を忘却すること、そもそもそうした作業プロセスに意味が見いだせなくなってしまうこと、歴史が意味を失った「リアルタイム」という牢獄の本当の恐怖は、その地点にあるだろう。現在の私たちにおいて決定的に重要なのは、ここで述べたようないくつかの異質な読みの「場」をゆき来することではないのだろうか。そして互いの読みの「場」の性質を際立たせつつ、そのそれぞれの「場」にむけて問いを発することではないのだろうか。そうすることにおいてはじめて、読みという行為の自明性を改めて問い直すことができる。そうした自明性を解体してゆく試みをこそ、私は評価したいと考えている。

この書を通して問題にしたい点もまたそこにある。一方はまさしくその場所においてしか読めない、あるいはその場所に書きつけれているることが決定的に重要であり、かすれつつある壁面の文字を書いた状況を調べることに膨大な労力が求められ、かつ、それを知ることに対する(あるいは失われてしまうことに対する）私たちの責任を問うてくる文字。言語の理解ということが、一見誰にでも、どこでも時代を越えてできる、透明な行為であることを決定的に疑わせてしまう読みの場を見つめること。その場所に向かい、そこにある歴史的で政治的な力関係を追い、現在もなお生起しつつある闘争[12]に巻き込まれるというプロセスとしての読む行為を問うてゆくこと。

しかしながら、その一方で、電子的な読みにおいてこうした読みのプロセスが消失していると単純に考えることも実は極めて危険なのだ。確かに、こうした一回的な場や時間において特殊性をもった読みを取り出して、どこでも、誰にでも楽に読むことのできるＷｅｂ上の読書を批判することはたやすい。しかし、そこにも同様に読みを成立させるプロセスがあり、それが十分に意識化、問題化されていないということが問題なのだ。インターネットを介した読みにおいては、国家規模の膨大なインフラの中に従属し、不断に取り交わされ、決定される諸々の規約、約束事に従うプロセスがあるにもかかわらず[13]、そしてそこで絶えずなされる情報の編成、排除のプロセスがあるにもかかわらず、それが見え難くなっている。「一瞬」でつながる「便利さ」というのは、まさしく単なる末端での使い勝手、印象を語っている言葉に過ぎない。そうした言葉こそが、ここでも読みのプロセスを見え難くしているのだ。

ここで二つの読みの場をまずとりあげたのは、一方から一方を裁断するためではなく、読みがなりたっている諸々の前提やプロセスを浮かび上がらせてゆくことが、どちらの場合においても有効性をもち得ることを示したかったがためだ。そしてまた自明で、当然の読書や読者概念などありはしないことをも示したかったがためでもある。そうした言い方はむしろ、問題を問い難くするレトリックでしかないのだ。

読者論、読書論としての評価

この書でのアプローチは基本的に前節で述べたスタンスに基づいている。現在の情報環境の中での読みについて問題化する第二章。そして史的に情報の流通する過程をたどった第四章のアプローチまで、読書を一連のプロセスとして意識化してゆくことによって見えてくる問題を追っている。そしてまた、こうしたアプローチに示唆的であるという意味において、様々なスタイルの読書論を評価してもいる。

一言で「読書」と呼ばれている行為は、そもそも書籍のかたち、販売や流通形態、消費者の買う過程や蔵書の配置にいたるまで、無数のプロセスによって成り立っている。それを「作者」と「書物」の関係や、「書物」と「読者」の関係へと単純化した瞬間に多くの問題は問い得なくなってしまう。永嶺重敏は、「読書装置」(14)という形でこれまで問い難かった問いを浮上させようと試みているが、ここでの問題意識はそうした問いかけとも通底する。文学研究の領域が長い間前者を(しかもその中でもさらに特殊な関係のみを)「読書」の前提とし、関心を集中させてきたことは今更言うまでもないことだが、「書物」や「読者」を抑圧してきたのは別に文学研究領域にかぎったことではない。現在の日本の哲学や心理学の領域で、その領域の書物史や出版史、読者層といった点が問題化されているだろうか。それを「専門外」として切り捨ててしまうということは、とりもなおさず、そのような問題設定とは無縁の場所に自立した学問領域として、非歴史的な存在として自らの専門領域があると考えていることになりはしないか。

読書や読者について、それを構成する様々なプロセスの問いとして考え、これまで見えなかった問題点を見出してゆくこと。そうした問題を見つけ、考えるための道具、手立てとして読書論、読者論をここでは構想している。そしてそうした有効性のもとに、この章では様々な読書論をとりあげ、評価してもゆきたいと考えている。すなわち、私が読書論、あるいは読者論と呼び、評価するのは、単に読書にかかわる資料の研究や調査をすることに価値をおく作業ではなく、それを通して既存の考え方からは見出し難かった問題点を提起していること、既存の学問領域や方法を疑い、あらたな視点を見つけてゆくための技術、手立てとなっているものに対してである。読書論は実際のところ様々に試みられているが、そのおおまかな地図を描くとするならば、こうした観点から問題をとらえなおしてゆく試みが数多くの分野でなされ、そしてすぐれた成果を生み出しつつあるということになるのではないか。

例えば山本武利『近代日本の新聞読者層』がすぐれているのは、単に新聞読者層を史的に調査しているがゆえではなく、「読者の階層や意識構造の変動が新聞の編集、経営活動の動向を決定づける重要なポイント」ととらえてそれまでの新聞史自体をとらえなおそうとしているからであり、かつまた、「新聞社のエリート関係者」の資料にもとづく興亡史的な新聞史に対して「読者の意識、思想の変動の把握は、新聞史を民衆思想史に位置づける契機」ととらえることを通して、これまでの史観の死角を意識的についているからだ(15)。

読みの能力やその広がり、言語を享受する仕方といった問題意識は、こうした学問領域自体への疑いをも喚起する広い射程をもっている。それはなぜだろうか。読書行為はすべての学問領域の知が成立するうえでの基盤、土台となる行為である。そしてなおかつそれは無数の変動要因をかかえたプロセスでもある。したがって読書行為への問いかけは、そうした学問の基盤、土台そのものを揺るがす問いかけともなるのである。

それぞれの学の知を形成するにあたって集められた情報、その集め方そのもののかたよりや限界をも問題化する可能性がそこにはあるのだ。それは例えば近代言語学という知の形成をとりあげるなら、言語を自律した、閉じた体系とみなして対象を記述する際に、まさにその対象から排除された言葉、言語活動をそこに見出してゆく可能性ともなろう。田中克彦は言語を歴史的、空間的な力からきりはなされた閉鎖的な体系とみなす近代言語学が排除した領域を、いかにすくいあげてゆくかについて、柳田國男の方法意識を評価しつつ、「文字の使用、エリート言語の使用から排除された階層」への着目という問題意識を先取りしていた述べる。[16] そして柳田は「書物の大部分は中央で出来、又文字の力ある人々だけの手に成り且つ保存せられる」として、読み書き能力を普及させる技術、近代の書物や教育がいかなることを引き起こすかに目を向けていた。[17] それは研究者が読み、調査し、分析するプロセスで排除し抑圧してきたものへの問いに重なる。佐藤健二が柳田の「方法」に着目し、それを近代の読書や書物の問題として設定するのはそれゆえであり、その問いがこれまで「これまで長いあいだそれぞれの学問の識域下に置かれてきた」という近代の学問の領域、方法自体への問いかけをはらんでくるのもそれゆえである。[18]

読書、読者への問いは、学問領域自体への疑いや、その学問領域の普遍性や客観性のよそおいを問い直す。いや、むしろここではそうした問い直すスタンスを意識的、戦略的にとろうとするものを読書論、読者論と呼んでゆきたいと考えている。たとえそれが疑う余地もないほどに科学性や客観性を押し出すような学問であっても、例えば医学を例にとってもよいが、そこでの知であったとしても読書への問いは喚起することが可能なのはすぐにも理解できるだろう。文字を読む能力と医学的な知の占有は、歴史的に見て深い関係がある。医療の知が、近世において文字文化の権威を支えるとともに、文字を介して民衆を庇護＝支配する形式にかかわってきたことについては、塚本学が医療政策や医書の地域への普及をも視野にいれて問題化している[19]。地域の読書についての史料、蔵書調査が、医学的な知の歴史性を明かしてゆくこととともなるわけである。横田冬二「近世村落社会における〈知〉の問題[20]」では具体的にどのような医書がどれだけ元禄、享保期の村において流通し、それらの書物がどのように読まれたり、貸借されたりしていたかを、在村医の蔵書や日記を通して追ったうえで、先の塚本が言うようには幕府が医書を独占し得ていない、すなわち様々な民間出版を通して医書が普及していた実態をも明かしている。そしてこうした医療をめぐる知と、それがどのように知らされ、理解され、説明されるか、という問題は、現在でもインフォームド・コンセントやセカンド・オピニオンといった形で私たちの前にあり、極めて現代的な問いかけにも多くの示唆を与えてくれる。こうした地域の蔵書調査の形での読書調査については、後にもう少し詳しくふれることになるだろう。

ここで強調しておきたいのは、読者や読書の問題は、それ自体これまであまり問題にされていないから研究する、調査するといった形でアプローチするだけでは不十分であり、そのように研究が自己目的化することによってその方法的な有効性や可能性が失われかねないことだ。そして読書について問題化する可能性の地平は、まさに既存の学問領域の知の基盤そのもののとらえなおしにあるということだ。

読書への問いの広がり

読書は無数の変動要因によってなりたっているが、それらをたとえ便宜的にではあれ、いくつかの代表的な要因に分けなくてはそもそもこの問題を論じることさえ困難だ。ただし読書のプロセスは安易な図式化を決定的にこばむ複雑なプロセスであり、それゆえ読書論を分類したり、読者についてアプローチする方法を類型化してそれらを位置づける作業は、あくまで変動要因を探したり、その相互の関係を考えたりするための便宜的な手続きにすぎないことは強調しておきたい。

読書を左右する代表的な要因には、書き手、本のかたち、そしてそれを送り、提供する仕組み、がこれまで多く論じられてきている。これら三つの要因は、さらに細分化することが可能だ。すなわち、本のかたちならば装丁や紙といった書物の形態から、書き方、描き方の手法、さらには語彙に至るまで幾層にも細分化することが可能だし、送り、提供する仕組みも、物理的な交通網や取次、販売店を含む流通システム、販売制度から、本を実際に手に取る図書館や小売店における配置や売り方、貸し方にいたるまで多数の要因に細分化できよう。書き手にかかわる要因は、単に作家によって細分化されるばかりではなく、制作状況や制作履歴という形でも細分化できようし、作ることにかかわるという意味では出版者の情報をも考えねばなるまい。そして分けられたそれぞれの要因に対応した議論や問題の発見が可能となる。ただし、ここでもう一つ重要な軸を用意しなくてはならない。つまり書き手にしろ、それを送り提供する仕組みにしろ、これらのそれぞれの要因は、物理的な水準から、より抽象化されたイメージとしての水準に細分化できるということだ。

例えば書き手は、実際に存在する「村上春樹」という固有の書き手の活動に左右されるとともに、数多くのメディアを介して作り上げられる「村上春樹」イメージによって左右される。あるいは、小売店にしても具体的な各売り場が作り出す制約や効果に左右されるとともに、その「書店」や、より抽象的な「本屋にゆくこと」のイメージの差異によっても左右される。したがって先に述べた諸々の要因は、具体的なモノやヒトのレベルから、より抽象化されたレベルの要因にまで分けられるだろう。書物にしても、具体的に手にする書物のかたちによって読み手が左右されるレベルだけではなく書評や広告を通して作り上げられるその書物のイメージによって読み方が影響を受けるレベルまで、その要因を広くとらえることができる。

ただし、これら細分化される要因は、実際にはそれほどはっきりと分かれているわけではない。例えば、ある作家の全集は、それを読む読者にとって、作家、作り手イメージを左右するとともに、それが置かれている書店を空間的にも、またイメージの上でも意味づけることとなるし、そもそも商品としての回転のはやい雑誌や文庫を中心とした現在の小売書店に、特定作家の全集が置かれているということ自体が、その読み手にとってのその作家のイメージを規定もしよう。つまりこれらの要因は相互に形作り合う関係にあるとともに、そのようにして成立した読み手は、自らの消費動向というかたちで、作家や編集活動に、さらには書店に影響を与えてゆく。したがってこれらの要因は、実は明確に分節化されたものでも独立したものでもなく、相互に作り変えあっているような関係にあるし、さらにこうした変動要因によって作り上げられる読みの活動は、それ自体これら要因を作り変えるメタ情報としても機能する。また、これらの要因が史的に変動するものであることは言うまでもない。

ここでは、これらの要因を網羅的に記述することがねらいではないし、その全体図の中に既存の読書論を位置づけることがねらいなのではない。ここではこれら無数の変動要因から、意識的にいくつかの要因を選び取り、重点的に調査、思考を重ねることを通して、新たな問題を見出してゆく営みを読書論として評価してゆくことがねらいなのだ。

どのような資料を用いて、読書におけるどのような変動要因をピックアップしてゆくかは、まさしくそうした問題意識に応じて決定される。対象となる時代や場所に応じて、読書を明らかにする資料の種類も重要性も変動する以上、いちがいにただ読書についての資料だからという理由で重視するべきではない。

例えば広告や出版社側の広報活動から、出版や流通についての事情を明らかにし、読書をとりまく環境を明らかにしてゆくことはできる。つまり小説の中身の情報ばかりか、広告や刊行形態を通して、読書にアプローチすることで新たな問題を見出してゆくことができる。高木元「書肆・貸本屋の役割」[21]では、近世における草双紙に盛り込まれた読本の広告を検討しながら、草双紙と読本の読者層が、これまで説かれてきた程には別の層ではないことを指摘している。また、近世から近代への変わり目は、出版事情や流通形態も多様だが、R・キャンベルは明治一〇年代の「予約出版」形態の流行について調査している。これは刊行前に購読者を募集して出資してもらい、それに応じた部数印刷するとともに、取次を介さずに販売することで、低リスク、ローコストの出版を可能とした方式だが、こうしたことを明らかにする場合にも、予約出版の広告やその規則書が重要な史料となっている(22)。この時期の出版形態についてはまた、矢作勝美「近代における揺籃期の出版流通(23)」が江戸時代から続く、本屋の共同出資によるリスク分散型の出版（合版）が盛んに行われていたことを論じてもいるが、その場合でも奥付が、本屋の販路拡張の様や読者と本屋とのつながりの変化をうかがう要素となっている。

近代とはいえ、この時期は読書と出版環境について分からないことが多く、広告史料の利用価値も高い。新聞の連載を待望する読者層の誕生を前田愛が論じたのも草双紙広告であり(24)、それに対して、そうして開拓された連載読者層よりも、実際の購読者層は、むしろそれまでの草双紙の購買者層が中心だったという批判的な見解があらわれるのも、詳細な広告とその掲載媒体についての調査を背景としている(25)。

とはいえ、このことをもって出版広告が読書について明らかにする安定した史料価値を常に持つという前提に立つべきではない。当然のことながら、時期によってはこうした広告自体が存在しない時期もあれば、流通システム自体がいま眼前にあって、聞き取り調査や公開されている各種統計資料が読みについて明らかにする重要な資料となる場合も出てくる(26)。

一方で豊富な出版物が全国的に流通している近現代においては、逆に流通プロセスが研究の対象から疎外されてゆく、という経緯も見逃せないだろう。つまり日本中に一瞬にして均質に出版物が広るという幻想と前提のもとでは、そうした資料の流通の仕方や手に入れる仕組みを、ことあらためて問うということがなされなくなってしまう。ここに、それぞれの学問分野と流通プロセスを、あるいは書物の言葉とそれを提供する仕組みを切り離して論じることを自明とする諸学の記述も可能になる。しかしながら、学術書を中心とする出版社や老舗取次の倒産に見てとれるように、現在学術書の出版と流通の危機的状況は、学問がこうしたシステムから自立して存在しているという幻想を打ち砕くのに十分だし、だからこそ再度近現代の流通システム、読みのプロセスを考えるようせまられてもいる。

読書論と文学研究と

多様な変動要因にとりまかれた読書、という観点に立つとき、文学研究という営み自体、かなり局部的な対象に限定して展開されてきたという感は否めない。もっとも、読書への問題意識は、対象とする時代を越えて現在では広く共有されてきてもいる。前田は大正期における「大衆読者」、「女性読者」を焦点として展開された批評や研究の動向からその展開を戦後にかけてまで追っているが[27]、むしろその後の、八〇年代から九〇年代にかけて、読書は様々な角度から問題となってくる。

日本文学研究の領域においては、この時期における読者の問題は、構造主義的な思考、方法を批判し、あるいは補うための地点として浮上してきてもいた。すなわち、それまでの作家の意図や思想から、小説の形態、語り方に関心が移り、小説の構造や語りの構造がいたるところで取り上げられていたのだが、そうした構造の記述は、それが誰に、どのような場で、どのように受け取られるのか、という問いかけから自立しているかのように記述され、精緻化されていった。しかし、いかに詳細に構造を記述しても、それは小説の評価や機能という問いに必ずしも結びつかない。それゆえにこそ受け手の能力や、受容の場を考えざるを得ない。そうしたなかで、小説と読者の相互作用をモデル化し、読むプロセスを記述する受容理論や、読みを成り立たせる約束事やコンテクストについて考える取り組みをうけとめ、生かしてゆくことが文学研究の領域でも注意を引くようになった。

また、読書がそれぞれの学問領域でまとまった研究成果としてあらわれてきたことが、日本文学の研究領域での読者論の展開にも大きく作用しているだろう。九〇年代に入ってからのR・シャルチエの諸著作の翻訳もあって、歴史学、社会学においても読書が積極的に問題化されてくる。ちょうど文学研究において「作者」やその「意図」を中心にした研究や、そうした書き手側の思想の変遷として「文学」を描き出す研究から、その受容の場へと問題の関心が広がってゆくと同じように、中央の文書や特定の書き手の文書をもとに歴史や社会を描き出すことへの疑義がそこでは提示されている。例えば子安宣邦は、情報の作り手を中心とした点のつながりとしての思想史ではなく、より広い意味生産の場を「言説空間」としてとらえるべきだとしている(28)。

読書論、読者論は、単に文学読者の分析にとどまらない多領域と相互につながりあう可能性をはらんでいた。その一方で、こうした研究が、文学テクストの読者への内的な作用、効用を考える方向性をもっていたことを注意しておきたい。文学テクストの読みを、ある認識の革新や発見として記述するスタイルは、文学表現を特権的にあつかった文学主義へと向かう閉鎖性をもあわせもっていたということだ。小説の価値を語るために読む行為を記述することがまずいのではない。まずいのは、そうした記述をする際に都合のよい抽象的な概念として「読書」が用いられてしまうことだ。W・イーザー『行為としての読書』は、文学教育の価値づけに活用されもしたが、こうした一面もあわせもっていた。これら文学理論における読書概念については前著にて検討しておいた。(29)

こうした閉鎖性を強く感じたのは、つまり「読者」がいわば抽象的な都合のよい不在の読者であることを強く感じたのは、そうした「文学読者」から排除されている「傷つく読者」、「差別される読者」に向けられた問いかけがなされたときだろう。八〇年代末の差別語論争は、(30)そうした文学主義が抑圧している「傷つく読者」の発見であり、九〇年代に戦争の記憶、責任をめぐって展開された歴史教育論争や従軍慰安婦問題をめぐる動向は、均質な情報の受け手ではなく、固有の記憶と傷をおったただなかで「読む」ものの存在をいかに見つめるか、という問題提起としてとらえることができる。「傷つく読者」、「差別される読者」が性差、ジェンダーの問題において顕在化してくる状況もそうした中でつながりをもっている。

これまで、読書についての研究を、あくまで分類、整理して体系化するよりも、読みにおいて変動する要因をとらえつつ問題発見的な営みとして評価することを述べてきたのは、こうした背景があってである。常に抑圧され、排除されている変動要因を読者、読書という領域に見出してゆくこと。そうした歴史的、政治的な諸々の力によって縛られた読書の過程に少しでも詳細に分けいってゆく手立てを考えてゆくこと。それをこそ読書論の可能性として積極的に評価したいし、私自身実践してゆきたいと考えているからだ。そして読書論は、固有の領域として自己目的化したときにその方法的な有効性や強度を失ってしまうだろう。すなわち、その内なる差異を問う姿勢を忘却したその瞬間に。

この章では、以下、文学という領域にとらわれずに、様々に展開している読書論の動向を追ってゆきたいと考えているが、それは網羅的な記述でも体系的な分類とも異なる。というのもこれまで述べたように、読む行為は無数の変動要因に対して開かれた行為としてあるからだ。そしてさらに、その行為を成り立たせるプロセスを考える多様なアプローチを視野に入れてゆきたいからだ。

そもそも「網羅的」に「すべて」収集しようという思考自体をここで放棄すべきだろう。というのも、網羅的、という価値観は、明確な領域と範囲のあるものに対して用いる言葉なのだ。ところが、読者や読書について問題にすることが持つ可能性とは、そうした明確な領域、区分自体を越える可能性なのだ。詳しくは具体的な論を紹介しつつ述べるが、ここでは、「網羅的」であるよりもむしろ「問題提起的」であること、読者や読書に関心を向けることで提起しうる問題を示唆してくれる論にふれながら、読書論の可能性を考えてゆくこととした。読者や読書に関心を向けるアプローチは、「作品」や「読者」、あるいは「作者」という区分にとらわれた思考を開放する。というのも、いかなる「作品」も「作者」も、多様な読者や、読書の場を視野に入れるやいなや、その明確な輪郭が揺るがざるを得ないからだ。享受にかかわる問題に関心を向けることを通じて、現在自明のように用いられている「作品」、「作者」、「読者」といった一見自明な概念、用語の境界を失わせ、そこに抑圧されていた問題を提示してゆく試みを追いつつ、読書論の射程を検討してゆくこととしよう。そうしたことを通してしか読書論の「地図」は浮かび上がってはこないと私は考えている。

一・二　読書論・読書論の地平

作者／作品／読者モデルを越えて

そもそも「テクスト」といい、あるいは「小説」、「物語」と呼ぶその領域は自明なものなのだろうか。どこからどこまでを私たちは「テクスト」と呼ぶのか。言うまでもなく活字で書かれた中身だけが「テクスト」ではない。少なくともそれらを享受する場に目を向けるとき、その領域が揺らいでくるのが分かる。つまり私たちが書物なり、絵巻に向かう時、そこには様々な要因が働いている。書かれたことばかりではなく、そこに付された図像や、書き込まれた注釈、書かれた文字の形状、書物の形、それが置かれている状況といった要因によってその対象の理解は成り立っている。とすればそれらを「テクスト」の一部とみなすことは十分可能だ。純粋で明瞭な領域をもった「テクスト」などありはしない。

こうした点が顕在化してくるのは、何を、どこからどこまで、本文と見なせばよいのかが常に問題となる古典テクストの研究においてだ。例えば「うつほ物語」をとりあげ、もともとの本文に付加されたと思われる部分をも含めて一つの「テクスト」ととらえて考えたり、[31]『宇治拾遺物語』をとりあげて説話を集成する形をもふくめて「テクスト」とみなす、すなわち序文、標題、評語などが、いかに個々の説話を読むよう方向付けるのかを探っているかを考える試みがなされている。[32]なお、『宇治拾遺物語』に関しては個々の説話よりも、「集」としての場の情報、メタレベルでの読者への意味伝達が論じられてもいる[33]。

だがむろん、どこからどこまでがテクストか、という問いが問題となるのは、何も古典テクストにかぎったことではない。例えば近代文学史の冒頭をしばしば飾る『浮雲』にしても、それが中絶した小説であるというのは文学史的な常識ではあるが、実はその「常識」こそが後の解釈の仕方の中で強調され、特別な意味を負わされてきた結果作られた事態を高橋修は追っている[34]。その小説が本当にそこで終わっているのか、終わっていないのかどうかさえもが、実は「読み方」の制度や歴史の中で見れば多分に流動的なものでさえあるのだ。

注釈にしても、「純粋な」本文に対する付加的な部分とみなすのではなく、本文に対する一つの読み方として、あるいはそれを読むものにとっての読みを方向付けるものとして重要な役割を果たすのだから、注釈をも含めて一つのテクストとみなすことも可能になる。注釈をオリジナルに対するノイズとして、二次的なものとしてとらえるのではなく、それ自体生産的な読みの行為であることを考えるなら、小峯和明「中世の注釈を読む　読みの迷路[35]」をはじめとする注釈自体への問題意識も重要な問題を含んでくる。こういう観点から考えるなら、文学史上のテクストそれぞれの享受史研究がすべて読書論の範囲となってくるが、最初に述べたように、単に享受の実態を調べることのみをもってここでは読書論として列挙しているのではない。そこから、その時代の読みかたや解釈の仕方にいかなる約束事や方向性があったのかを明らかにしたり、さらにはそれが現在におけるテクストの評価、享受といかなる関わりがあるのかを史的に究明しようとする、といった問題提起を含んでいるかどうかが重要なのだ。

そういう意味では、『平家物語』研究や『太平記』研究は、多くの流布本や享受の型の多様性を含め、実に多くの読みをめぐる問題を提起している。近世における受容、変形と、さらには平曲の普及、衰退と呼応している流布本の生成、流通といった問題をあげてもいいだろう。(36)加美宏はこうした点で積極的に問題を発掘しており、中世から近世初期にいたる太平記享受、研究、影響を検討した『太平記享受史論考』や『太平記の受容と変容』におけるその近世的な展開の究明、すなわち古活字本、整版本の流布や、それを大衆に読み聞かせる太平記読み、太平記講釈の普及、注釈や論評を加えた評判書類の生成まで、読みをめぐる広範な問題を提起している。(37)

実際のところ、一見同じように現在では名指されてはいても、それがいつの地点で刊行されたかによって異なる読者との関係が生じるのだから、これらをまた別の「テクスト」としてとらえることもできる。こうした点から刺激的なのは注釈や享受をめぐる研究と読書研究とがつながりを見せている『徒然草』研究だろう。

生まれた時点を考えれば中世文学ということになろうし、その時点にこそ唯一の「テクスト」があると考えることもできようが、実際にはこれまで明らかになってきているように、近世、すなわち慶安期以降の数多くの注釈書や古活字本八系統十五種、整版本三五種といった本文の刊行された状況があり、(38)発生時の一時点にのみ唯一の「テクスト」があると考えるならそれらの膨大なテクストをとらえることも、どの時代にどういう人々によって読まれていたのかを考えることもできなくなるだろう。実際にこの時期には『徒然草』の世俗化、簡便に再編されたテクストをもって読者層の拡大が想定されてもいる。

こうしたテクストから読者層を想定する国文学系の研究を受けつつ、では具体的な近世の『徒然草』読書状況はどうであったのか、を歴史学分野では積極的に追求している。つまり、各地の注釈本の所蔵状況や読書記録から、読書形態を実際にはっきりさせてゆく研究をここではあげておくことができるだろう。例えば横田冬彦は大阪周辺農村における庄屋層や在郷商人層、在村医が『徒然草』やその注釈書をかなりの程度所蔵していたことを現存の蔵書状況や書籍購入記事から述べ、享受のかたちにおいても、郷士の日記等を通して、村人のための談義、共同体的な読書のかたちを生み出しつつ読まれていたことを指摘している[39]。

最初に制作された地点を無条件に最優先の「テクスト」ととらえることが、具体的な読みの場や広がりへの問題意識を抑圧してしまう。『源氏物語』にしても、本文を圧倒するような注釈をかかえた近世期のテクストや注釈的要素を織り込んだ訳文テクストから論じられる問題は実に豊富だ[40]。こうした方向性にたって、高木元は「初板初印本探求へ向けた遡源的な方向へ進む」研究動向に批判的な立場をとりつつ、これらが作者、発信者に偏重した思考を招く点についてふれ、実際に享受者の視点に立てば読者の大部分が手にしたのが後印本である以上、その流布層をこそ考えるべきであるという観点から、明治大正期の翻刻本の諸形態に調査を広げている[41]。

こうした調査は、テクストの享受のあり方、評価のされ方が、どのように史的に形成されたかという問題意識にも深くかかわる。つまり目の前にある「伝統」や「正統性」が、いつの時点にどのように作り出され、利用されてきたのかを問うスタンスである。近年明確にこうしたスタンスを打ち出す試みも多く、「漢学」、「女流日記文学」、「万葉集」、「芭蕉」といった対象にたいしてこうした問いかけを発してゆく試みや、(42)文学史や教育の言説の中で近代に生み出されたものとしての「万葉集」を追ってゆく試みにもつながっている。(43)また、「本文」や「平安文学」という枠組みを制度的に問い直そうとする試みもこうしたなかに位置づけることができるだろう。(44)

「テクスト」?「作者」?

読みの場を視野に入れた研究は、このようにこれまで問題とされてきたテクストという領域そのものを拡張してとらえる視点と呼応している。読みについての研究が、書物の形や、雑誌という掲載媒体にまで関心を広げてゆけるのはこうした理由があり、特に近代においては雑誌や新聞といった媒体への研究を通した読みの問題を提起している論も数多い。紅野謙介『書物の近代』や、文化研究への指向性を持った『メディア・表象・イデオロギー』、『ディスクールの帝国』の各論をはじめ、(45)雑誌「中学世界」を素材として読者との関係や同時代の表現様式を考えようとする論や、(46)雑誌「成功」に焦点をあてて調査する論など、(47)特にこの時期を対象として雑誌という多様な形式をはらむ場と読者との関係が問題化されている。書物や雑誌というかたちと読者の関係を追うにあたっては、印刷文化、特に明治初期における活字本への移行が大きな問題となるが、こうした問題を追ったものとしては、本田康雄「版木から活字へ　稿本の終焉」や磯前順一「近代エクリチュールの統一　版本から活字本へ」といった論をあげることができるだろう。(48)このような問題意識はまた、社会学や歴史学とも交差している地点でもあることは、「特集　近代の文法」（「思想」）という形で組まれた特集の、読書と雑誌をめぐる他分野のアプローチとの親近性からも十分見てとることができる[49]。

雑誌や書物という形をも含めて、それと読者との関係を考えようとする姿勢は、読みの場を考えることを通じて、複合した形の情報、絵や写真、活字、といった異種の表現や、さらには投書や読者欄といった場の特徴を視野に入れた研究としても展開している。そういう意味では、絵巻や図像についてなされている数多くの研究ともかかわりあってくるだろう。私たちは小説を読む場合にも色々なきまりや約束事にしたがって読んでいるが、絵や図を見る場合でも、単に見るだけではなく、そこに描かれた様々な文化的な約束事を「読みとって」いるのだ。佐野みどり「説話画の文法」や小峯和明「画中詞の宇宙」といった論からは、異種の複合表現を織りあわせつつ意味を読みとってゆく読者の能力と、図像を読み取る際の約束事との関係が問題となっていることが分かる[50]。絵巻と物語に関しては参考文献も多いのでここではこれくらいでとどめるが、この問題が、例えば中世、近世における「声」の享受と文字テクストの享受の関係、また、近代における活字テクストの享受と写真や演劇の享受の関係といった問題意識とも重なり合う部分があることは確認しておいてよいだろう。

前者の例で言うなら、聞く享受から読む享受への移行や、そうした享受のしかたの違いが、異なる系統の『平家物語』諸本の表現にどのような特徴を与えているか、といった方向での議論があげられるだろう。異本の延慶本／覚一本の差異を文字による享受と語られるテクストとしての享受による差異という観点からとらえる村上学の論[51]、あるいはそうした問題を、文字化されたテクスト偏重の読みの制度、文字によって研究対象を記述する解釈の制度批判へとつなげてゆくこころみをあげることができるだろう。[52] 兵藤裕己は平家物語の正本（覚一本）が転写本、改作本として流通することによって、つまり文字テクストによって、語り方が規制されはじめたり、さらには語り方の系譜がそれより以前にあったかのような誤解が生じたり、といった事態を論じている。[53] 彼はまた『〈声〉の国民国家・日本』[54] で浪花節の系譜を追うことを通して、活字中心の近代文学史記述に疑問を発するとともに、浪花節の広がりや浸透が、擬似的な家族のモデルを介して、法制度を超越した「親」である天皇への帰属意識を作り出してゆく点について論じているが、こうした「声」の文化へのまなざしが、活字文化を主軸として形作られた「読み方」を揺さぶる思考をつむぎだしている点にこそ注意するべきだろう。

後者の例、すなわち近代における活字テクストの享受と写真や演劇の享受の関係といったかたちで読みの問題を展開させている論としては、詩の言葉と写真表現との出会いについて追う論考や、[55] あるテクストが翻訳されたり、上演されたりする際の受け手の反応を調査することを通して、受け手側に潜んでいる解釈の仕組みをとらえてゆこうとする試みがなされている。[56] また、近代の詩形式とラジオといったメディアを通した享受の問題をとらえる坪井秀人『声の祝祭』をあげることができよう。[57]

読み手への問題意識が、書物のかたちや掲載媒体といった様々なかたちへの関心や、さらには音、絵の理解のしかた、といった異種の複合した表現への関心ともかかわっていることを述べてきた。テクストを閉じた明瞭な領域をもったものとしてとらえない姿勢と言ってもいい。この意味で示唆的な論文群は、やはりテクスト内部に描かれた享受者や読者、読書シーンをとりあげたり、テクスト内に設定されている聴き手、読者について考えるものだろう。というのも、例えばテクスト内に描かれた読者や読書は、テクストを読む者を私たちが読むという入れ子型の回路を通じて、私たちに自身の読む行為自体を改めてとらえ直すきっかけを与える。これらの特徴は、そうしたいわばメタ・メッセージとしてしばしば機能するからだ。こうした事態については、『源氏物語』を対象として、そこに想定されている読者や描かれた読者をおった論をはじめ、[58]近代のテクスト、さらには近世と近代のテクストの差異という形を通して多くの論が提示されている。[59]

「作者」概念の再編へ

ところで、読みへの関心を通してなされるテクストという領域への疑い、問い直しは、「作者」という概念をも揺るがす力をもっている。読みの場を問題とするということは、自明の確固たる存在としての「作者」という概念を壊してしまう。あくまで、「作者」は読みの場において享受者によって構成される不確かな存在でしかない。例えば口承文芸の受容を考える際、作者はどこにいるのか。特にそれが演唱する人や場によって多くの異なったヴァージョンを生み出しているとしたら。先にふれた兵藤の論や、[60]高木史人の論でもこうした指摘がなされている。[61]したがって読者が「作者」を想定、追求するという読み方そのものが近代的な決まりごと、パラダイムでもあり、そういう意味では、時代によって作者の想定のされ方も異なれば、それに応じた解釈のパラダイムも変容してきている。亀井秀雄「間作者性と間読者性および文体の問題」は、そうした意味で多くの問題を提起している他、[62]江戸読本の新刊予告から「作者」を、ある定型的な「フォーマット」として論じた試みも参考になるだろう[63]。

こうした問題意識は、特に近代では、明治の後半から大正期にかけての、読みにおける「作者」意識の確立や、そこにおいて生じる「文学」という領域の権力の問題を論じた多くのすぐれた論考ともつながってくる。「家庭小説」というジャンルを通してこの問題を追っている金子明雄の論[64]。さらにはその「家庭小説」ジャンルの分析を軸にして、「文学」領域と女性読者の関係の変容をおった飯田祐子の作業が重要となるだろう[65]。また、この問題はモデル問題や作家情報をめぐる読書の問題とも関わっている。モデル問題や作家情報が、近代メディアの中でどのようにして流通し始めたのか、どのように読み手に作用し始めたのか、についても、現在では自然主義前後の調査を中心として多くの成果が提示されてきており[66]、それが近代における批評、評価の仕方とも深いかかわりをもっていたことが山本芳明「大正六年　文壇のパラダイム・チェンジ」や大野亮二「神話の生成　志賀直哉・大正五年前後」で明らかにされてもいる[67]。

また、読みの場を考える思考を通じて雑誌というかたちの様々な側面が調査の対象ともなってきている点についても先にふれたが、雑誌の投稿や投書欄について言えば、そこでは読者が作者とさえなる新たな言説空間が生まれてくることになる。つまり「作者」概念と「読者」概念とがさらに混交しあう場が見えてくるのだ。特にこうした方法は、「作者」という位置から排除された「声」を見出してゆく可能性をももっている[68]。

「作者」といった概念や価値観そのものを、近代ばかりではなく史的にとらえかえす必要がある。作家や作品についてのとらえかたで言えば、著作権概念一つとってみても、近世と近代ではずいぶん異なる。市古夏生はこの時期の著作意識について「本来著者が問題にすべき剽窃行為を、板元の営業妨害と捕らえるレベル」にあったこと、つまり作品は作家のものというよりも本屋のものとしての意識が流通していた点について論じるとともに、重板や類板といった用語面についても検討している。[69] 江戸時代における本屋仲間の機能、すなわち類板や重板に対する監視機能を担っていたその役割については、鈴木敏夫『江戸の本屋』をはじめ分かりやすい解説も多く出ている。[70] なお、近代の著作権概念、特に明治二〇年代における著作権や作家意識については菅聡子『メディアの時代』で調査がなされている。[71]

作者概念は、近代において研究を規制してきた極めて大きな用語だが、発信者に重きをおいた研究や調査の記述が、実は言説空間をとらえるうえの局部的なものでしかないということはこれまでの様々なアプローチからも明らかだろう。そして様々なレベルでの作者概念のとらえなおしと再検討は、まさしく読者、読む行為の再定位とともになされているのである。どのような広さで、どのような流通形態をもっていたのかをぬきにして、著名な書物の列伝のように歴史をとらえることは、結局どこにもありはしない思想史や文学史を夢見る記述ともなってしまう。

読者、あるいは読書を問い直す

読者、そして読書の場への問題意識がこれまで十分前景化されてこなかったのは、先に述べたように「テクスト」自体の存在の自明性を問い直すばかりか、その自明性を前提としたうえで評価、解釈している研究、教育の制度自体を問い直すことにつながりかねないからだ。均質な読者や一般的な読書の場を前提とすることによってはじめて、印刷された文字は一般性や普遍性を身に帯びた言葉として機能し始める。しかしそのような「読者」や「読書」の場がどこにあるのだろうか。自明なものとして用いられてきた用語である「読者」や「読書の場」を積極的に問題化し、その歴史的な差異を明らかにしてゆく試みがどのように展開しているのか、そしてそうした問いにはどのような可能性がはらまれているのか、について次に考えてゆきたい。

中立的で偏りない「読者」も、平均的な「読者」というものも存在はしない。「読者」はその解釈の傾向の差異や、価値評価の尺度の差異を常にはらんでいる。「読者」という語が無限定に用いられる時、そこでは様々な差異が無視され、抑圧されている。したがってここで言及するのは、「読者」という枠組みそのものの研究、いわば表象としての「読者」を研究するいくつかの方向性だ。一つの方向としては、「読者」の表象に、階層差や世代差、性差といった問題を見てゆこうとするもの。さらに別の方向としては、「読者」を言語能力、識字能力の差異としてとらえてゆこうとするもの。さらに、これまでにも少しふれたが、「読者」を、読む者としてのみでなく、聞く者、見るものとしてとらえ、その享受行為の差異をとらえてゆこうとする方向性について考えることができよう。いずれの方向性にしても、「読者」という用語自体の自明性を問い直すことにつながっている。

例えば、最初の方向性の例としては、通俗小説をめぐる議論や、プロレタリア文学の有効性をめぐる議論の中で「女性読者」や「働く読者」が意識化されてくる地点をとらえる作業がなされている[72]し、子ども読者/成人の読者という差異が、近代においてどのように作り上げられてくるのかを考えることもできるだろう。[73]また、こうした分析は、雑誌や小説ジャンルといった一群の言説が、「あるべき」児童像や女性像といった規範性を読者に向けて発信し、その言説を読者側に再生産させる場を作り出していることについての関心として、多くの実践を現在では見いだすことができる。例えば雑誌「赤い鳥」と児童像の問題として、[74]あるいは婦人雑誌における主婦役割の形成といった問題として展開している。[75]

次に、言語能力や識字能力のもとに読者の差異を問題化してゆく方向だが、この方向においても、様々な方法をもってアプローチがなされている。例えば近世の黄表紙を素材として、使用された漢字、語彙を調査するといった側面から、当時の言語能力を考えることもなされているし、[76]近世の教育制度、つまり藩校や庶民教育の史料を通して、当時のリテラシーを考えるアプローチもなされている。[77]読み書き能力のレベルにとどまらず、近世における情報の流通や共有が、いかなるネットワークを介してなされていたかを考える横田冬彦「益軒本の読者」の作業。[78]また、近代を対象としつつ、より広い範囲での解釈の規範を考えようとする試みともつながっていると言えよう。[79]

こうした観点からのアプローチは、近世における蔵書調査をはじめとして盛んに研究がなされている。読者の読む能力や読み方は、実際にはその蔵書から直接的に推定できるものではないし、蔵書がすぐさま読書形態を反映するわけではむろんない。例えば橘川俊忠は蔵書調査を行いつつも「残されている蔵書は、よほど意図的に保存されてきたものでないかぎり、蔵書を形成してきた人々の教養や知的営為をそのまま表現しているとはいえない」ととらえている。[80]実際には書物に接する機会を考えるなら、貸借によって接した本も少なくないだろうし、蔵書を左右した要因が、手に入る、入らないという要因だったのか、購入者の関心がその要因となっているのかも確定し難い。
しかしながら、そこから明らかになる点もまた実に多岐にわたる。藤實久美子は在村書籍史料が知の共有、占有のありかたを史的に解明する有効な手段となるととらえ、これまでの出版史が書物の生産を担う側の調査に重きをおき、また国文学でも歴史学でも素性正しき正本のみが重要視されるために、在村書籍史料が重要視されなかった点を指摘しながら、江戸中期以降、年間五〇〇点といわれる印刷された書物が、どこで、どのように読まれ、流通していたのかを問うことの可能性を述べている。[81]
つまりこうした調査は、単に何をどれだけ読んでいたか、読めていたかという問題ではなく、それを通して、知の布置を問うことができるということだ。ある知識が、誰に、どのように提供されていたのか、そしてそのことが、自身やその階層の社会的な位置づけや力関係にどう関わっていたのか。
先にもふれた横田は大阪周辺農村における庄屋層や在郷商人層の現存蔵書状況や書籍購入記事をはじめとして精力的にこうした調査を進めてもいる。[82] 横田の分析が元禄、享保期の村落における文化的ネットワーク、特に上層農や寺僧、医者を対象にしているのに対して、中子裕子は武士と百姓の中間的身分である郷士（禄を受けないが苗字、帯刀を許された地侍層）における読書を、大和国藤堂藩を対象として「山本平左衛門日並記」の読書記事から書籍の貸借相手やその内容を詳細に調査している。貸借ネットワークや文化的な交流をそこに認めながらも、書籍の貸借や講釈という形で村人に知を還元する行為が見られないことを指摘し、中世的な伝統を志向することを通して家の権威や由緒を何とか維持しようとする意識があったことを想定している。[83] 武士における学問受容の問題についても、学問の党派に基づく地域ネットワークが、書籍購入や仲介活動を作り上げていたさまや、新刊書籍の紹介や共同購入、講釈といった活動をもとに、地方儒者が地域の文化交流ネットワークの結節点をなしていた点について調査がなされている。(84)

したがってこれらの調査は、単に何がどれだけ読まれていたかを考えているのではない。例えば横田は武士以下の郷士や豪農層における数百冊の蔵書が珍しくない状況に対し、元禄・享保期になぜこのような学問への情熱が生じていたのかを考え、そこに文化的中間層のはらむ緊張感、すなわち軍事的貢献の望み薄い下級武士の庶子や村政を担う役人でありつつ地位としては百姓でしかないという村落庄屋層、つまり社会的実態と固定的な身分的位置とのきしみが、こうした意欲の土壌にあるのではないかと考えているが、(85)こうした階層意識と知とのダイナミックな関係をも問いかけてゆくべきなのだろう。書籍史料をはじめとするこうした研究動向については鈴木俊幸『近世書籍研究文献目録』が網羅的に扱っている他、(86)藤實久美子「近世書籍史料研究の現在」が参考になる。(87)特に前者は近世の各地の印刷や板木、板元、出板の問題等広範かつ詳細な文献目録となっており、享受の項目は蔵書をめぐる論が中心だが読書を史的にとらえてゆくための必須の目録といってよいだろう。

さらにもう一つの方向性、すなわち読む、見る、聞くといった広範な享受行為の中で読書自体を問い直してゆく可能性をはらむものとして、千野香織「日本の絵を読む」や岸文和「制度としての遠近法」のような「視覚」という制度的な知覚を史的に問題化する論をあげることができる。(88)この点について示唆的な例として、五味文彦と黒田日出男の絵巻をめぐる論争をあげてもよいだろう。そこでは「見る」行為が同時に「読む」行為(自身の属する時代の約束事にしたがって解読する行為)でもあり、そのことを意識的に問題化しないかぎり、現在の知覚制度の中でしか「見る」ことができないということをよく示している[89]。また、同様に「聴く」行為に関してもそれは言えることであり、単に文字と読者の関係から享受行為を考えること自体が、いかに近代的な思考パターンなのかを意識化する必要がある。

そしてこうした視覚の制度自体をとらえなおそうとする研究が、ジェンダー研究へと展開してゆく動向をも忘れることはできないだろう。書くこと、読むことにおける性の非対称性を歴史的に問うスタンスは、ちょうど美術史におけるこれまでの思考のとらなおしともつながるものだ。先にふれた千野にしても、ジェンダー区分の問題と、文字使用（かな／漢字）の区分、そしてさらには描かれた空間や建築の内部空間の区分とに目を配りながら、それが「公／私」や「唐／日本」といった階層性とどうかかわっているのかを問う姿勢へと展開しているし[90]、池田忍『日本絵画の女性像』もやはりこうした観点をとりこみつつ議論している[91]。

読みの場から考える

さて、次に読みの形態や場の多様性、歴史性に目を向け、さらにはその制度性をとりあげようとする研究についてとりあげよう。そもそもテクストと言い、読者というが、印刷や流通そのものを前提とできない場での読書はどのように問題化できるのだろう。あるいはまた、先に述べたように紙上の文字と読者という一対一関係を前提とできない場合、読書はどうなるのだろう。鈴木一雄「物語文学の場」は物語音読論をめぐる玉上琢哉と中野幸一の議論をふまえつつ、集団的な物語享受の場と個人的な享受の場との移行関係の中で物語文学の享受の場を考えようとしている。(92) その実態を明かす資料が乏しいというのがこの問題の難しい点ではあるが、描かれた享受シーンを問題にしてゆく方法や、(93)「よむ」、「みる」といった語の用例から場の特性を考えてゆく方法もあり得る。(94)

近世においては長友千代治『近世の読書』をはじめ、(95) 貸本屋や読書の実態について調査がなされていることについてはこれまでふれてきたとおりである。本の貸借の広範なネットワークや、共同の購入、講釈への参加、といった多様な享受形態や交流を作り出してきたことがそこでは明らかにされてきた。また、例えば前田愛が提起した近代における集団で読み聞かせる享受形態の指摘に対しても、幕末期の訪日した外国人の記した下層階級の女性の盛んな読書状況にふれつつ「近世後期の女性たちの「リテラシイ」を低くみて、そこから音読を想定するのは、現在の近世教育史の研究成果から見て妥当ではない」といった批判的見解が出されている。(96) また、山田俊治は、音読から黙読へといった形で近代読者を図式化して想定する危険性を、前田の議論に対して指摘しながら、そうした図式化自体を近代的な認識の型としてとらえかえすべき点について述べている。(97) 実際、近世においても多様な音読／黙読の事例は数多く、単に音読であったか、黙読であったか、といった観点からばかりではなく、音読（あるいは黙読）を前提として書かれたものかどうか、という視点にたって、版本の句点の打ち方や、作中に出てくる声や音の表記レベルに着目しつつ考えるアプローチもなされている。(98)

とはいえ、著作集の刊行もあって、かつての前田愛の仕事が様々な方向で問題を提起しているのは確かだ。雑誌と読者がつくりあげる読書空間について、近代における読書空間と共同性の表象のかかわりをさぐる成田龍一の試みや、[99] 読書を言説が生成される実践の場として史的にアプローチしてゆく木村直恵『〈青年〉の誕生』、[100] あるいは教育史的な観点からの調査もなされている。[101]

しかしながら、読書の場や空間を問題にしてゆく以上、それは雑誌と読者の関係にとどまらず、具体的な読書の場所、空間、つまり書店や図書館、乗り物といった読書の場の成立や変化をも視野にいれた取り組みがまだまだなされるべきだろう。こうした読みの空間の差異を問題にすることで見えてくる問題の領域もまた広い。

図書館についていうなら、蔵書や配架、閲覧の形態が私たちの読み方を作り上げるという観点からも考察することもできるはずだ。富山英彦はこうした観点から、婦人閲覧室問題をも視野にいれつつ問題提起しているし、[102] 小田光雄『図書館逍遙』では、蔵書そのものがすでに制限されたものであるという視点から問題を提起している。[103] このことに関係してさらに言えば、岡村敬二『遺された蔵書 満鉄図書館・海外日本図書館の歴史』のような、図書館自体が知の収奪や管理にいかに歴史的にかかわってきたのか、そしてどのような政治的な機能を担ってきたのかを考える姿勢ともつながってこよう。[104]

読みの空間については、先にもふれた永嶺重敏が近代における図書館や古本屋、雑誌回読会といった場をも視野に入れて論じている。[105] 本の貸借は近世における重要な知の流通ルートだが、一方で本をたくわえる公的機関もすでに存在していたことについて論じられてきている。岡村敬二『江戸の蔵書家たち』や、[106] 八戸藩の書物仲間と呼ばれる共同購入組織を取り上げ、それが藩によって制度化された、公的な組織として公共図書館の先駆的な位置にあるとしつつ具体的な仲間やその蔵書について検討する論はこれにあたるだろう[107]。浅岡邦雄は、貸本屋という要素が、近代の読者、読書を描き出す際に欠けている点について強調しつつ、明治二〇年前後の「新式貸本屋」の営業形態について調査している[108]。読みの形態や場についての研究は、教育という場所、文学研究という解釈制度そのものの特殊性への関心をも喚起する。「国文学研究」制度自体へ史的に批判的なまなざしを向けてゆく形での問題提起や[109]、先にもふれたが古典テクスト評価の史的なとらえなおしがなされてきてもいる[110]。

国語教育においても、かくあるべき読書よりも、そうした教育制度そのものの枠組みを問題化しようとしている動きもある。教育の領域では、一方でW・イーザーの読書行為論に影響を受けつつ、現象学的なアプローチでテクストとの相互作用プロセスを記述してゆく諸論に展開を見せており、読書行為論導入以前の読書をめぐる議論との関連性等を概観、整理する作業もなされている[111]。その一方で、制度史的な反省のもとで、読書をより社会的、歴史的な文脈の中で問い直し、実態調査をすすめてゆく研究動向にも読みの問題はつながってゆく。例えば戦前の台湾国語読本の表現調査や[112]日本のかつての植民地における日本語教育の実態についての詳細な調査[113]、あるいは、満州における国語政策を調査する試みとして実践されてもいる[114]。また、現在の教科書表現を素材として「平和教材」の中にひそむ規範性を見出そうとする試みも注意したい[115]。

教育制度が読みの問題にかかわってくるのは、こうした読み方教育という点からばかりではない。教育はまた、出版、流通の問題としても読みにかかわってくる。明治一九年の小学校令に基づく教科用図書検定条例による検定実施以前には教科書が「印刷出版にとってまさに降って湧いたような、しかも史上かつてない膨大な需要」を生み出していたこと、そして検定制度実施以降、地方書店が独自に教科書を編纂、発行することが困難になるとともに、地方書店は東京の有力書店が編纂発行した教科書の配布、売捌機構に組み込まれてゆかざるを得なかった点を矢作勝美は論じている。また、このことが、教科書を供給、販売するルートが地域で確立するうえで大きな役割を果たしたことについても指摘している。[116] 最近でも小田光雄がこれら流通経路の広がりと教科書販売の問題との関連性を重視している。[117]

読書の場が提起する問題もまた、ここで示したような可能性をはらみつつ多様な展開を見せている。くりかえしになるが、透明な場として読書空間をとらえる思考は、これら膨大な問題領域を素どおりしてしまいかねない思考なのだ。

読書論と心理学領域

出版や書物をめぐる問いかけ、そしてそれを史的に明らかにしてゆくための資料調査は、文学領域であれ、歴史学や社会学の領域であれ、関心をともにしつつ現在進められてもいるが、その一方で、そうした史的な変動要因を排除しつつ、より統制された条件のもとで、読書プロセスを明らかにしてゆこうとするアプローチがある。例えば史的に問題化される音読、黙読の問題にしても、実際にそこで生じる理解度の違いを調べるという形でのアプローチもなされている。[118] また、発達心理学や認知科学における読書へのアプローチは、現在の読書をめぐる広範な問題に接続する形でなされてもいる。[119]

心理学における学習や発達の研究は、言語の理解、習得、さらにはより高次の文脈の理解や推論プロセスについての研究を含んでおり、読書研究についても盛んに取りくまれている。実際に特に認知心理学における文章理解の研究は、教育学を通して文学テクストの読書論とも多くの問題を共有している。認知心理学における文章理解モデルについての概観については、既に数多くの文献があるので、それらを参照しつつ、これまで述べた問題意識とのかかわりを述べ、その有効性や問題点にふれておきたい。

私たちの読みが、様々な情報を駆使しつつ行われる創造的な行為であることは言うまでもないが、それらの情報は、目の前の言語に対して、単に並列的に逐語的に引き出されているわけではない。一連の文章のまとまりを理解する際に、単語や統語法レベルの知識も用いられていれば、典型化された知識の枠組みも用いられている。例えば「レストランで食事をする」という言葉に対し、私たちは一連の出来事の流れを、ひとまとまりの出来事を（差異はあるにしろ）自らのうちに想定することを通して理解するし、その中に関係づけつつその前後の文をも理解してゆく。したがってそうした典型化された型と相反するような情報が出てくれば、その矛盾を解消する文脈を想像したり、うまく理解できなかったり、といったこともおこる。

文章理解において、一方ではそこで活用される知識の枠組み、型が「スキーマ」あるいは「スクリプト」という概念によって読書モデルに組み込まれている。その一方で、そうした既にもっている知識枠のみで読書が進んでいるのではなく、次々と入ってくる文章の相互の関係、その展開に対する予測や矛盾の解消といった作業を一方で私たちは行っている。前者のようにトップダウン型の情報処理過程として読書を考えることと、後者のようなボトムアップ型の解釈プロセスを考えることとの双方から、読みの過程についての仮説やその検証がなされている。(120) 文章のジャンルに応じた多様なスキーマを仮定したり、スキーマに応じた理解の促進や、逆にそれが偏見や固定観念となって解釈をゆがめるケースについても問題化されている。(121)

七〇年代後半からの、こうした認知的な読書へのアプローチの隆盛について触れながら、八〇年代前半にかけてのこれら研究に、読書の動機や習慣の成立といった観点や、他者との相互作用、集団との関係が問題化されていないことについて秋田喜代美は批判的にふれている。そしてその後の多様な読書研究の広がりについてもまとめつつ、目的の明確な文章、理解しやすい文章の要因とその理解について考える方向性から、「味わう読み」すなわち、比喩やメタファーを含んだ文章や小説の理解、あるいは登場人物との距離のとりかたといった方向性にわたる広い展開を見せていることを指摘している。(122)

こうしたより広範で複雑な読書プロセスを問題化してゆく場合、やはりこれまで述べたきたように、読書における変動要因の限定し難さが問題にならざるを得ない。実際に読みにおける変動要因を、被験者に与える文章の特性を操作することを通して統制するにしても、読みのプロセスは政治的な志向から個人的な体験の蓄積にいたる数多くの要因がかかわってはじめて成立するのであり、あまりに限られた条件のもとでの読書に対する知見は、一見普遍的なモデルに見えつつも実際には「どこにもない」読書ともなりかねない。文章の理解に加え、そうしたテキストベースのモデルからさらに、書かれていないことに対する推論や、より複雑な評価、判断の仕組みをも扱おうとするアプローチもなされており、このレベルの研究は状況モデルレベルの研究として、テキストベースモデルとの相関のもとに構想されている。より詳しく触れるなら、例えば読書におけるテキスト内の指示、参照関係や、一貫性や視点、読者の目的や意図に応じた解釈の差異や問題解決をもカバーする形で構想されている。(123)

こうした背景の中、読書における視覚イメージと物語理解の関係を中心に検討している福田由紀『物語理解における視覚的イメージの視点の役割』(124)や、一貫性のある物語を生み出したり解釈したりする際の欠如―補充、難題―解決といった枠組み（スキーマ）の役割を追う内田伸子『子どものディスコースの発達』(125)、読書や書物に対する社会的な価値観や家庭環境が読書能力に及ぼす力をもとらえようとする秋田喜代美『読書の発達過程』や『読書の発達心理学』にまとめられているような作業がなされている。(126)

これらの作業が提起する問題が、これまでに論じてきた読書論の動向とどのように交差するのだろうか。読書の研究は素材ばかりか、学問領域の中での「妥当性」に応じて、その細やかさと同時に限界を常にかかえていることがここから見えてくる。史的な読書調査は、読書の内的なプロセスを細分化したり、読書の内的なモデルと社会的な要因との相関性をモデル化したりすることはしていない。また、発達過程に応じた読書の変化もあまり問題にはならない。その一方で、この節で述べている方向性は、読みの能力の歴史的な変動や、テクストの固有性や評価に関する差異があまり問題化されない。いずれも、その領域が「妥当」と認める調査、研究の手続きの違いが、一方でとりあげる領域に「しばり」を設けることになる。ここで必要なのは、手続きや方法の違いをもってその知見を互いに排することではむろん、ない。また、それぞれの学問領域で明らかにできることの違いを述べて互いの空白部分を埋め合わせるべきことを単に主張しているのでもない。これは単なる領域や方法の違いの問題ではない。

読むプロセスへの問い

歴史的なアプローチや、書かれたこと、読まれたことの一回性、個別性を重視するアプローチと、より普遍的な、読みのプロセスの一般モデルやそこに作用する諸要因のモデルを構築したり、あるいはそれを発達過程の中に位置づけてゆくアプローチ。ここで強調したいのは、こうしたアプローチの違いについて考えること自体が、読書論の可能性の地平なのだということだ。

この違いは、まさしくそれぞれの学問方法の「読み」の死角や歴史性への問いをはらんでいる。いかにこまかく現在の読みのプロセスをモデル化しても、そのモデル自体が史的に変化するひとつのかたちであり、歴史的につくりあげられてきたものであることは明らかだ。読みの能力にしても、教育制度や出版環境をはじめとした史的な変化の中で生まれてくる。そしてそうした史的なパースペクティブを欠いた思考は、読みについて考える際の「価値」や「評価」の軸の喪失にもつながりかねない。つまりそこではいかなる読み方が望まれているのか、どのような読みの発達や解釈能力がめざされているのか、「現在の読み方」や「成人の読み方」が到達点なのか、それともより深い読み方が目指されるべきなのか、あるいは深いという際に何を尺度にとるのか。こうした軸は史的なパースペクティブを欠いている限り、目先の理解の効率性以上の答えを見出し難い。特定の解釈の仕方や解釈の枠組み、そしてそれを支える制度が、いかなることを引き起こし、どのように人を傷つけ、どのようなかたちで「国家」と結びついてきたかを私たちが忘失するとき、学問の科学性や客観性は、まさしく「責任」という語を忘却する技術として機能してしまうだろう。読書の心理学は問題になってきてはいても、いまだ心理学の読書、は問題になってきていない。すなわち、読書する被験者のデータを「読む」観察者を歴史的に対象化するような研究、調査は十分なされているとは言えない。

例えば戦前、戦中に教育心理学が果たした役割について検討しつつ、戦後の教育心理学との連続性を指摘してゆく『教育心理学の社会史』[127]の試みや、戦前の陸軍における心理検査、あるいは大学の心理学研究室が軍隊性能検査にどのようにかかわっていたのかを実証的に調べた遠藤芳信「日本陸軍と心理学研究」[128]といった作業は、心理学という学問領域に根をはる「読み方」を歴史的に批判、評価するスタンスにもつながるはずだが、日本の心理学史の論文件数はあまりに少なく、十分な取り組みがなされているとは言い難い[129]。危惧するのは、むしろそうした「読む」観察者の残してきた資料が失われてしまうこと、現在の最新の知見をこそ重視する学問スタンスが、かつてのその学問の資料の保存をなおざりにしてしまうことだ。

その一方で、この両者のアプローチの違いは、個別的なテクストの読み書きや史的な読書史料を重視するアプローチに対しても、そこにはらまれている多くの問題を提起してくれる。読書のように、あまりにも多くの変動要因がかかわる行為は、それにかかわる資料の幅もどこまでも広がり得る。そして、ただ単にある時期の読書について明らかにする資料というならば、あるいはそれのみを根拠にその資料を重視するなら、膨大な資料の集積を前にして、私たちは何も手をつけられなくなってしまいかねない。読書を史的に明らかにするために利用される資料は、言ってみれば生身の読者を前にして直接とったデータではないし、現存する人々に関する資料でさえない場合も多い。そうした間接的な資料をもとにして読書について思考し、その行為を描き出す危うさもそこにはある。読書の内的なプロセスへのアプローチは、こうした危うさを批判的にとらえる契機ともなるだろう。

史的に読書へとアプローチする思考は不可欠だが、そしてその時代や場所に応じた、読みの固有性を抑圧することの危険性は先にも述べたが、一方でどこまでも個別的な読みを追ってゆくなら、無数の読みの個別事例の中に埋もれて、そこから一歩も出られなくなってしまう。そして繰り返しになるが、重要なのは、こうした読書にアプローチする仕方の違い自体を批判的に考えることにこそ、読書論の可能性があるということなのだ。そしてそこからそれぞれの研究領域で十分問題となっていない読書の側面を見いだしてゆくこと、さらにはその領域の思考そのものをとらえなおす契機を見いだしてゆくこと。

ここで、読書について問題化してきた自身のこれまでの作業についても若干ふれておくことにしたい。主に前著『読むということ』での論の流れを批判的に概観する形で説明しておく。そこで読みの理論を検討しつつ提起したのは、学問領域と解釈の制度性をめぐる問題であった。主として国文学領域の成立や、そこで権威化される解釈の問題だ。こうした観点からのアプローチは、古典評価や文学教育、文学史記述を史的に問い直す様々なすぐれた試みが、本章でも紹介したようにその後展開されている。現在から見た場合、私の議論自体は、なお国文学、あるいは文学という固有の領域の中に向けられた疑問であり、その問いをより広い領域へと展開させてゆくことに関しては不十分であったと思う。また、解釈の所産としての歴史記述、文学記述については、その後、別の場で論をまとめたので参照されたい(130)。

次に、小説の形態とその読者への作用という観点から、読みの問題を考えた。具体的には、自然主義期の小説をはじめとして、いくつかの小説をとりあげ、その特徴を語り方のレベルから語彙、語法レベルまで、広く考えつつ読者への作用を考えた。しかしこの部分は、一方で、そうした詳細な小説内の記述の変動を追うことに関心のある読者、文学研究を専門とする人々に向けて書かれたという感は否めない。ただし、そうした表現の細部と読者の関係を考える作業は、映像や各種の活字媒体と読者の関係を考えてゆく際の手がかりともなるはずだ。

小説対読者関係に焦点をあてるところから、次第に、雑誌対読者関係、あるいはある時代の複数のメディア対読者関係へと研究対象を移してもいった。ある時代の雑誌や同時期の書籍、新聞等を通して、その時代の読みの約束事、解釈の枠組みを「読書のパラダイム」の問題として考えた。私たちは言葉を読み、理解し、意味づける際に、知らず知らずのうちに多くの約束事にしたがっている。それは活字や書物の形態レベルから、より抽象的な、例えば物事の因果関係や意思決定のシステムについても、典型化された多くの約束事にしたがっている。そうした枠組みが、様々な表現によっていかに歴史的に形成されたのかを追うスタンスをとることとなった。具体的には、女性雑誌をもとにした、読みにおける性に関する規範や、教育雑誌における内面の描き方、表象の仕方、といった問題をとりあげつつ、解釈の約束事や典型的な解釈パターンが流通、生産される様について考えることともなった。

こうして議論を展開するうち、実際に自身のしてきた作業自体からもれてしまう数多くの問題点を意識せざるを得なくなった。読書というが、そもそも様々な分野で、現在読書はどのように問題になってきているだろうか。あるいは、読書というが、私たちが情報を理解し、解読するプロセスは、様々な情報の受容の仕方や能力とどうかかわっているのだろうか。映画を観ること、テレビを見ることとどう関係しあっているのだろうか。さらには近年急激に広がっているビデオゲームの受容は、書物の受容の仕方にどのような力を及ぼしているのか。

本屋や図書館といった読む場所や、そこに本が供給されるシステムはどのようにかたちづくられて、それが私たちの読みにどのように影響を及ぼしているのだろうか。保存、提供される書物とそうでない書物、手に入りやすい書物と手に入りにくい書物とはどのように生じるのだろうか。販売形態や広告戦略は読み方そのものを形作りはしないだろうか。

あるいはいちがいに読書や読者というが、地域や時代に応じてどのような違いが生じてきたのか、それはなぜなのか。それぞれの分野で読書はどのように調査され、どのようにその成果は蓄積されているのだろうか。私たちの情報の受容という問題意識に立ったとき、疑問はいくらでもでてくるのだ。その疑問は自身の領土を越えて対話を開いてゆく問いかけでもある。

そして本書で行っているのは、まさにこうした様々な問いかけに橋をかけてゆくための作業にあたる。その意味では現在の多メディア形式に対応した数多くのサブカルチャーをめぐる研究状況や、情報の受容能力についての調査や研究としてのメディアリテラシー研究とも、多くの問題意識を共有するものである。それについては、次章においてふれることとする。

これまで見てきたように、読みについて考えるとは、読みを様々な史的、社会的、心的プロセスへと分節化するとともに、そこから既存の思考の前提となる基盤を問い直してゆく、その方法を提起することなのだ。問題を見出し、考える方法としての読書論の可能性はそこにある。以降において、具体的な読みの分析や調査をも展開してゆくこととなるが、この章で述べた点は、読書を考える際に、繰り返し立ち返るべき起点としてある。

次章では、こうした問題意識のもと、現在の多様な情報技術の中で、読みのプロセスがどのような力関係の中におかれているのか、を考えてゆくこととなる。

第二章　メディアと読書の現在

―ビデオゲームと読書―

二・一　メディアへの問いを手がかりに

読書と情報環境

たとえ源平争乱における兵馬の大半が実際には一メートル少々の体高のポニーにすぎないと実証的にわかってはいても、あるいは鎧の重量もあってその馬がせいぜい徒歩立ち従者がついていけるような速度しか普通は出せないということが説明されても、[1]私が軍記を読んだり、中世を描いた近代の時代物小説を読む際に頭の中で展開するのは、やはり映画やテレビの時代劇に颯爽と登場するサラブレッドやアングロアラブ種の馬に乗った武士たちだ。私たちは多かれ少なかれ、こうした既存のメディアによって作られたイメージを利用しながら、時代の離れた古典であれ、状況の似た現代小説であれ、読まざるを得ない。むろんこのことは、過去の時代の事物を検証する作業が無意味だとか、すべて現在の自分のイメージにおきかえても面白いからこそ古典は普遍的なのだといったことを言いたいのではない。むしろ逆であり、私たちが何気なく読む作業が、典型的な、あるいは身近なイメージへの絶え間ない置き換えや変形、単純化の連続でもあるからこそ、こうした読みの場を考えるべきなのだということ。そしてそこから自立したところに、普遍的なテクストがあるのではないということなのだ。

たとえ名前が純文学だろうと、読みのプロセスは実際にはいくらでも不純で雑多な要因が介入するのだ。私が読むとき、そのときまさに映画や漫画をはじめとして、各種のイメージが参照される。そして、こうした他のメディアの変遷に応じて、読み方自体も史的に変化する。たとえ同じ『源氏物語』や『浮雲』であっても、視覚的な電子メディアが満ちた現在の読書は、それらを欠いていた時期の読書とはまったく異なった読み方がなされているはずだ。

私たちは意識せずに「テレビ的に」読み「漫画的に」読んでいるといってもよいだろう。だからこそ、例えばそうした視覚的な読み方の慣習を逆手にとった小説のトリックも現在では可能になる。読書においては私たちが実際には「視覚的なイメージを提示されていない」ことを忘れたときに、その小説の語りの罠にはまってしまうようなトリックが仕組まれている推理小説が現に存在する。[2] こうした小説は前章で述べた読みにおける一貫性の形成の能力について説明する好素材とも言えるのだが、いずれにせよ推理小説は、『アクロイド殺人事件』[3]をあげるまでもなく、読者と語り手にとりかわされた約束事を侵犯する緊張関係におかれており、その意味で読みの慣習を覆す方法の宝庫でもあるのだが。

別に文学を読む場合にとどまらず、日々更新される流動的なインターネット上のテクストや相互リンクしたハイパーテクストを読み慣れていれば、そもそも書物自体に対して閉鎖的で閉ざされた息苦しさや情報の古さを感じてしまう人さえいるのかもしれない。あるいはそうした次々と更新、改変される流動的なメディアが、逆に書物の永続性や権威をより感じさせるよう作用することもあるだろう。私たちは、このように他の多様な情報形式を参照しながら読む。というよりも、読むという行為自体が、これら他のメディアを参照する行為によって作られ、また作り変えられもする。この章では、こうした観点に立って、現在の読書について考えてゆきたい。

文学教育や研究、あるいは「国語科」といったカリキュラムについてでもよいが、そこでは、こうした変動する読みの場と切り離して、テクストや作者がとりあげられ、評価され、論じられてきた。しかし、そのようにして展開される議論は、現在の読みの実態と遊離したところをさまよいかねない。その意味では、文学領域で多くなされてきた読書についての研究と、メディア論とを接合してゆくことを、すなわち多様な情報様式の中での読書を問うことをこの章では試みたいと考えている。もっとも、現在多様な情報様式を対象として、それらを読み理解する行為を広く扱う教育、メディアリテラシーについての関心も高まっており、「国語科」の中でそれらが取り込まれている海外の事例紹介もなされているが、[4] それについても後に触れることとしたい。

まず、この章での問いを、前章とのかかわりの中で位置づけながら、やや詳しく述べてゆこう。第一章では、読書や読者について考えてゆく際の方法や対象、そして実際の研究の広がりについて議論した。読者、あるいは読書についての調査、研究は、それ自体特定の領域をつくりあげたり、補ったりするという点にあるのではない。読書論は、逆にそれらの領域を疑うための道具として展開されるべきだということをこれまで述べてきた。したがってそれはまた文学研究という領域に奉仕するためのものでも、その領域を価値づけるためのものでもないはずなのだ。いや、そもそも学問領域、という特権的な場所そのものへの問いかけもそこではなされてきたということでもある。ある学問領域の書物で語られる言葉は、常に既に、ある読者や読書を前提にしてきたものであり、その前提自体が変動する、問うべきものとなった瞬間に、普遍性を装う学問の言語自体が異形のものとなる。「文学」

や「文学教育」の言葉や、その教授方法や教育素材もまたそうなのだ。様々な情報の形態を目の前にし、もはや印刷された活字の書物と対座する読者さえも前提とし得ない状況の中で、読書の問題を、読む行為への問いかけを、いかに発してゆけばよいのか。これがこの章での基本的な問いかけである。

紙面の上に編成された活字と読者との関係、それに対して電子メディアをはじめとする、より多様な技術の複合体と享受者との関係。この間にどのような問題を設定できるのだろうか。紙面を活用したメディアからして、新聞、雑誌等さまざまなかたちをもっているのだから、おおまかな対比や類似性の指摘を行ってもあまり意味はない。ここではより問題をしぼり、特に広範な普及力と影響力を備えた媒体、ビデオゲームとそれが生み出す情報の享受形態、受容能力の行方に関して論じる(5)。そしてこの領域についてなされている様々な分野からのアプローチを参照しつつ、それが私たちの活字メディアとのかかわりにおいてどのような問題を投げかけているかを考える。特に戦争の表象を軸にそこから明らかになってくる問題を導き出しながら、活字メディアと読者の関係を考える手だてをさぐってゆくこととしたい。

この問題設定のねらいは、ビデオゲームや新聞といった固有のメディア自体を一般化して論じることではないし、また両者を二項的に対立させてどちらかの評価につなげることにあるのでもない。かつまた、戦争の表象の分析自体に目的をおいているのでもない。あくまでねらいは、情報の受容に際して、どのような制約や規範がうまれるのかを問うことだ。情報の受容は単なる受身の行為ではなく、様々な情報のかたちに応じて、解釈プロセスそのものが組み替えられ、新たに構成されてゆく私たちの能動的な営みとしてある。そうした観点から考えるとき、そこでいかなる解釈、理解の様式やその組み替えの可能性が見いだしてゆけるのだろうか。この問いについて考えるための手だてを見いだしてゆくことをここでのねらいとしたい。電子的媒介が「シンボル交換の根底的条件を変化[6]」させてしまいつつあるとさえ指摘される現在の状況の中で、そうした問いについて考えることを試みたいのである。

読みについて考えること自体の問題提起性について論じた前章に対し、この章では、より具体的な現在の情報環境の中にわけいってゆく。テレビやビデオゲームをはじめとして、現在の様々なメディアと視聴者の関係についてなされている議論を参照しつつ、それらの議論が、読書についてどのような問題を提起しているのかを考えることとしたい。一言で言えば、メディア論を、読書論へと展開させながら、現在の読書についての問いを発することとなる。

作られる読み方

多様な情報形態を前にして、まず警戒すべきは、「作者」、「書物」、「読者」といったアナロジーをもとにしてそれらについて考えたり論じたりすることだろう。まずこの節では、そうした「書物」、「読者」といった関係を前提とし、自明として考えること、あるいはこの関係の隠喩的な転用によって他の情報の様式について解釈したり、評価することが、どのように問題を思考不能にしてしまうかを明確にしておきたい。と同時に、私たちが現在の多様な情報のかたちに向けて、どのような思考の枠組み、分析の用語を必要とするかについて考えることとする。

既に第一章において、「書物」、「読者」（さらには「作者」、「書物」）関係を安定した概念として前提とすること、そのモデルをもとにして考えることが、いかに多くの問題を抑圧することとなるかについて論じた。例えば小説を論じると同じ手つき、意識で他の情報様式のテクストを論じる際には、さらに多くの問題が問えなくなってしまうだろう。確かに現在、文学テクストの分析方法は、他のメディアの分析にもしばしば応用されている。テレビドラマや映画のストーリーを、いくつかの単位に分け、その配列について考えたり、あるいはそこにある物語の型を抽出するといった作業を考えてみればよい。こうした場合、例えばU・プロップやG・ジュネットを用いつつ物語の時間配列、統辞的関係を取り出して分析するといった試みはもはや珍しくない。[7] しかし、そうした試みにおいても、あくまでその情報様式固有の分析方法の不在（例えばテレビ番組の分析方法の不在）が同時に問題化されているわけであり、「テレビジョン」や「オーディエンス」を自明のものとして語る危険性が強調されてもいることを忘れてはなるまい。視聴行為自体が技術、資本、文化、日常性の構造といった多様なレベルから歴史的、社会的に生成されるプロセスである以上、テクスト分析の転用によって明らかになることはかなり限定される。

活字のテクスト分析をめぐる諸研究が私たちに示してくれたのは、物語の切り分け方や語り方の多様な戦略を見出す方法ばかりではなかった。それらの研究や議論から提起されたのは、テクストとその理解が、無数の文脈、コンテクストによって変動する場におかれているということであった。そしてそうした解釈は、読む側の能力にも大きく依存しているということでもあった。[8]

ちなみに、こうした読書や解釈自体の性質を意識してもらうために、私は講義で様々な課題を用いることにしている。小説の断片を準備して、その前後に大きな空白を準備して埋めてもらう、あるいは不可解な一行の文章を提示してそれについて長文の解釈をしてもらったり、手近な写真や広告の一見意味をなさないような一部分を切り取って説明する文章を書いてもらう。こうした作業は、読むという行為が、受動的にテクストを受け取る以上に、絶えず自らの知によって書かれていないことをも予測し、想像する行為であり、能動的で創造的な行為なのだということを意識化させることができる。しかしながら、一見創造的で能動的な読むという行為は、実は様々な制約や拘束の中にある。むしろこのことをこそ意識化させたいがためにこうした作業を行っている。例えばマクドナルドの広告文の一断片から、それと知らずに極めて倫理的な長大な「教え」を読み取るのは確かに読み手の創造的な能力あってのことだが、同時にそれは大学という場所で解釈を問われたときに、何か「意味ある」ものがそこに含まれているに違いない、あるいはそれを書くことが解釈として求められているに違いない、という「拘束」の中にある。(9) あるいは空白に小説の続きを饒舌に書きつづることは読み手の能力あってのことだが、同時にそこで描き出された各自の物語が、似通ったパターンや説明の「拘束」のうちにあることも見出せるだろう。

読者、あるいは読書行為についての研究は、先に述べた書物対読者、あるいは情報の送り手対受動的な受け手といった静的なモデルを越えて、読む行為がまさに能動的な意味生成のプロセスであることを明らかにしてきた。(10) しかし、それは読む行為が自由な行為であるということを保証するものではない。読むという行為は、むしろ様々な規制や拘束の中で幾重にも張りめぐらされた解釈の制度の中にある行為でもある。読書について考えるとは、そうしたことをも視野に入れて考えることであり、文学研究が他のメディア体験の分析、研究と有効な接点を見いだしてゆく地点であるというのはまさにこうした観点にある。つまり、書物を読むことはテレビを見る、漫画を読む、といった行為によって縛られもするし、それらの行為を逆に縛りもする。重要なのは情報の様式を当然の前提とせず、むしろ情報の様式によって享受行為そのものもまた組み替えられ、生産されるという観点だ。

こうした観点にたつなら、現在の多くのメディア形式についてなされている享受行為の研究は、読書行為を考えるときにも多くの問題を投げかけてくれるものになる。先のテレビ受容の問題にもどるなら、テレビ視聴の構造を考えるときに、書籍受容をはじめとした他メディア受容と対比しつつ、主体的なかかわりの薄さ、没入する際の労力の少なさを問題とする議論がなされている。[11] あるいは、現在の多チャンネル化したテレビ放送や、ネットワークを介した情報のアクセス可能性の肥大化が、「可能性としてはすべての情報にアクセスできるがゆえに、つねにローカルな情報しか接することができない」といった状態を引き起こすこと。そしてそのことが、新聞読者に典型化される近代的な主体、すなわち新聞を読むことを通して国家という領域の自明性を教えこまれつつ領土を俯瞰する主体、それ自体が揺るがされ、別種の領土、民族意識に結びつきつつあるのではないかといった議論。[12] 司馬遼太郎の歴史物語がテレビを通じて促した歴史観の生成と自由主義史観派との連鎖を指摘する議論をあげてもよいのだが、[13] こうした議論を、読書の運命と別個の場所で起こっていることとしてとらえるのではなく、読書行為自体がこうしたテレビ視聴をはじめとする諸メディアのもたらす受容構造の中で、常に改変されるつつある出来事なのだと考えるべきだろう。例えばテレビ視聴によって慣らされた理解枠組みによって小説を読む読者が生産されてもいるという事態をも視野に入れて考えてゆく必要がある。そしてそこから自立して読書の価値、機能のみを云々することには無理があるのだ。

メディアリテラシーと権利としての読書

小説を読むという作業は、書かれていることを読む以上の数多くの小説の約束事を読む作業である。そもそも小説とはどのようなものであって、そこで書かれていることはどのように読むべきであり、どう楽しみ、利用すべきものであるかといった諸々の前提を読む作業だ。そして「」内はせりふである、とか形式段落によって時間や場所がいきなり省略される、といった様々な約束事を、意識するしないにかかわらず絶えず私たちは理解し、処理している。つまり文章の文法ではなく、いわば書物の文法、小説の文法といったレベルの解読作業をも常におこなっている。このことは、テレビを見る、あるいは映画を観るといった視聴行為においてもまた言えることだ。テレビにもまたこうした、いわば文法があり、それについて意識的に考える、という問題意識は、現在メディアリテラシーとして問題化されている地点でもある。

先に触れたように、この書での問題意識は、現在メディアリテラシーとして問われていることと共通した視座に立つ。メディアリテラシーについてのアプローチも定義も数多いが、以下の点において、現在の読書について考えてゆく場合に有効な視点を提供し得るものと考える。すなわち、対象を書物に限らずに幅広い情報形式の作用に目を向ける点、そして情報の受け手を受動的で均質な集団とみなさずに、解釈する行為の積極性や差異に目を向ける点、さらには、情報がどのように変形され、操作され得るかといった技術を意識化する受け手の防衛的な面ばかりでなく、そうした技術をいかに自ら運用し、新たな情報を作り上げ、発信してゆくかに目を向けている点である。

情報の発信者に重点をおき、研究するといえば作者やその制作物に関心を向けるのが当然、という考え方がいかに致命的な盲点を作り出してしまうのか。このことは、これらメディアリテラシーへの取り組みが多くのことを示唆してくれる。番組の中身や製作者の倫理を批判するだけでは不十分なのだ。情報を作り、送信する手段や受信する手段がどこに所有されており、どのようなシステムを作り上げているか、それらがどのような経済的、政治的な力関係の中にあるか、についても考えることがなければ、私たちは決して情報の受け手という牢獄から解き放たれることはないだろう。受け手という枠の中で不満をつぶやくのではなく、情報を作る場にいかに自らを乗り入れてゆけるかにそれはかかっている。渡辺武達は、そうした情報の双方向性、すなわち情報インフラにアクセスして知り、発信する機会が保障されるべきであるとする。そしてまた市民は情報を知る自由ばかりではなく義務をもって社会の情報政策にかかわるべきことを論じ、それを「コミュニケーションする権利」として重視している[14]。

一方でこの議論は、読書についてはあまり意識されていないが極めて重要な問いをはらむ。一つには、読書権という言葉で語られてきた視覚障害者読書権の問題がここにははらまれる[15]。さらに広くは、読みたい本が読めない、(作れない、手に入らない)という本の手に入れやすさをどう考えてゆくか、という問題ともなるが、これについては後にもう一度ふれることとする。現在の情報機器は、一方で聴覚支援機能を備えた各種のアプリケーションを作り出すことによって機械に朗読させる環境を提供してくれもするが[16]、あくまでこうした機能が普及するには、視覚障害者を支援する施策を積極的に取り入れるように図書館をはじめとして求めてゆくと同時に、均質な能力をもった読者という前提をまず捨てるような思考が必要になる。鈴木みどりは日本のメディア環境の中では、まずマイノリティ市民の視座を手がかりにすることが、メディアリテラシーについて問いを発する有効な手立てになる点について述べている[17]。それは単に障害者や高齢者、民族的少数者がメディアの中でどのように描かれているか、といった問題にとどまるものではない。例えばマイノリティ市民に対して、情報がどの程度示され、手に入れやすいものとなっているか、いないか。あるいはどれだけ受け手として意識されているのか、いないのか。こうした問いをこそ発してゆく必要がある。むろんこれは「描き方」を軽視しているわけではない。小坂井敏晶『異文化受容のパラドックス』[18]が調査しているようなCMにおける人種イメージの典型性やジェンダー規範は、例えば私たちが映像を欠いた状態で活字から想像する読書空間にも、少なからぬ影を落としていることは明らかなのだから。

そしてまた、先にもふれたが、本が手に入らない、といった問題は、単に図書館のサービスが不十分であるとか、小売店に置かれている本のジャンルが極めて偏っているといった末端部分の問題にとどまらない。その背景には、現在の出版における販売、流通制度のかかえる問題点が横たわっており、そうしたシステムをも含めて読書のプロセスの問題を考える必要があるだろう。取次、出版社、書店を含めた出版業界での倒産があいつぐ現在、はやくからこうした状況を指摘し、再販制をも含めて現在の出版流通システムの危機を指摘してきた小田光雄は、いまいちど現在の流通システムがなぜ、いかにできあがってきたのかを明確にしてゆかねばならないことをくりかえし強調している[19]。単に本を読む習慣への郷愁や美化、あるいは読み手や読む能力の増減といった表面的な議論がややもすれば先行してしまう今日、こうした本を作り出し、売るプロセス全体の構造的な問題がそこにいかにかかわっているかを考える視点を提起する小田のスタンスは重要な問題提起ととらえねばならないだろう。読む能力の問題は、書物を作り出し、流通させるプロセス[20]、あるいはそれに対して知り、批判的に考える能力の問題としても考えられるべきなのである。

技術と読書行為

ここでは、このように多様なメディアをめぐる議論を通して、それが現在の読書についていかなる問いをなげかけているかを考える形ですすめている。そして、こうした問いから現在の読書を考えてゆく場合に示唆されるのは、これまで十分注意されてこなかった、読書を支えている技術への問いかけではないか。これまであまりにも自明視されてきた、本を読む、ということを支えている技術について改めて問う地点に私たちはいるのではないだろうか。すなわちテクストを読ませる表現という技術ばかりではなく、それを印刷する技術、本の形にしてゆく技術、送り届け、売る技術、さらにはそれらを統制する法や制度という技術。

これまで述べたことから、現在の読書について考える際に必要な二つの重要な観点を確認しておこう。一つは、読書と他のメディア受容との相関性、相互の作用関係を考える観点をとってゆくこと。そして一つは、それを単に内容レベル、表現レベルで考えるのではなく、情報の受容を支えている

（広い意味での）技術を問う形で考えてゆくことである。

例えば、テレビにしても、一方で、CMに含まれているジェンダー規範、つまり女性／男性の性別役割がどのようにテレビCMの表現に割り振られているのか、について考えたり、そこで登場する人種的なイメージ利用、例えば数多くのCMに見出すことのできる白人価値観について見出すことができる。そしてこれは私たちが書物を読む場合のイメージ形成や読み方に力を持たざるを得ないだろう。

だが、その一方で私たちはこうした放送を支えている法制度、さらには自主規制や倫理綱要をはじめとする規制のあり方や、放送を支えるハードの変化について論じることなくこれらの問題のみを取り出して論じることは難しいのだ。逆にこのように支えている多様な技術は、それらを書物を読むことと同一視して論じる、あるいは単純な影響関係に議論を持ち込むことがいかにおかしいのかを指し示してくれようし、書物を読むことの限界や可能性、読みを支える技術と放送を支える技術との相互関係を問うこともそこから可能になってくるだろう。

実際に、電子メディアの増加、あるいはハイパーテクストの流通によって書く行為や読む行為自体が根本的にこれまでとは異なった段階に移行しつつあるという議論は、J・P・ランドウの諸々の指摘を持ち出すまでもなく作者性と著作権の関係や本文と注釈といったかつての概念や用語が、再規定されねばどうにもならない現状を見てもすぐに了解できるし[21]、そのことがまた、目の前にあるテクストをいつでも追加、接続、送信し得るものとしてとらえるような、あらたな情報の享受者概念をも要請しよう[22]。つまり、多くのメディアが、内容レベルではなく、その技術というレベルにおいて、読む

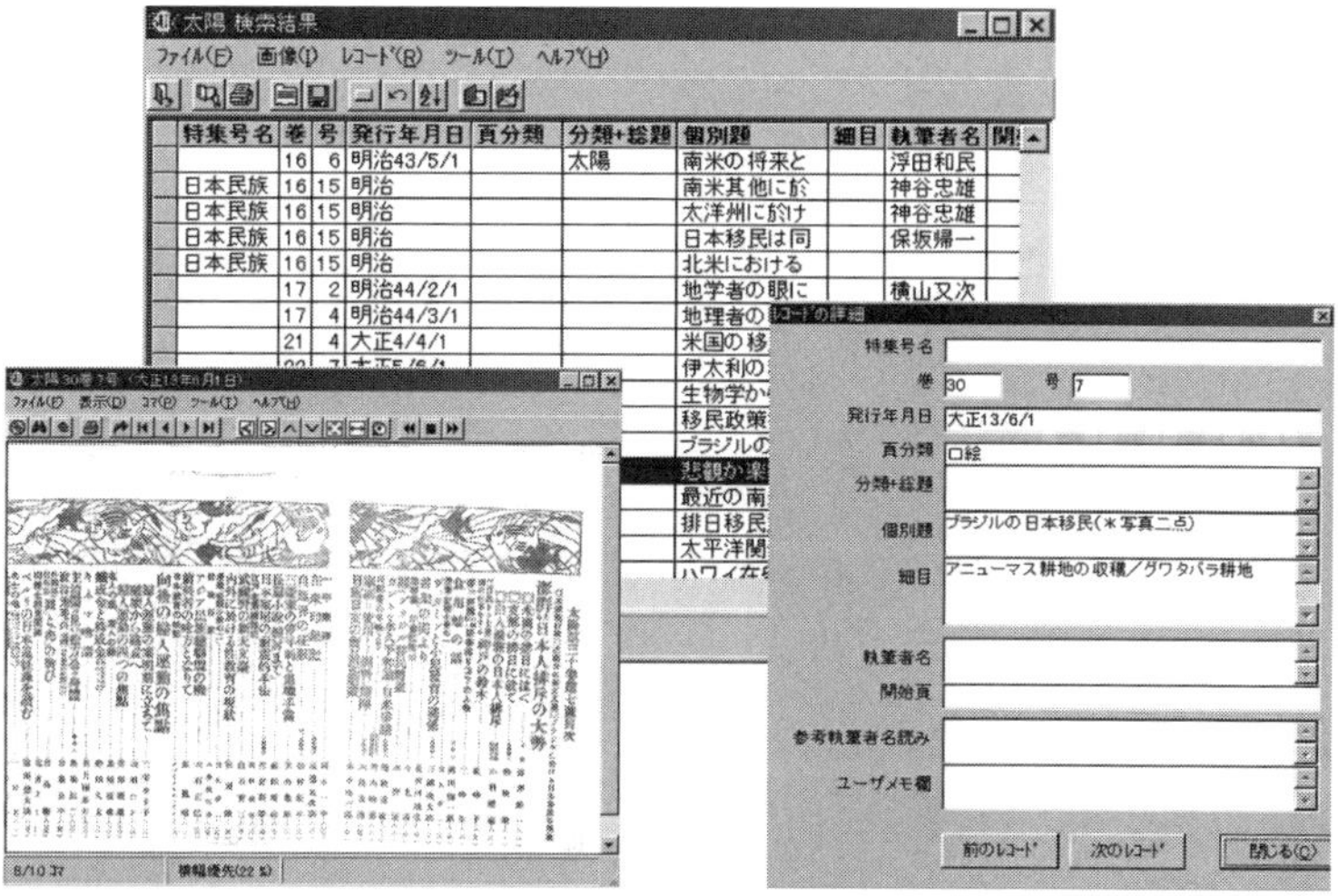

検索利用画面—日本近代文学館編「CD-ROM 版近代文学館 6　太陽」（八木書店、1999・12）

行為を改変しつつある。例えば文字文化に対する意識の大きな変化が、ワードプロセッサの普及を通してひきおこされていることを指摘する論も少なくない[23]。

　以前、雑誌「太陽」のCD-ROM化作業に関わった折に、こうしたことは自身でも痛感したことでもあった。この作業は日本近代文学館の協力をもとに八木書店が行ったが、一四万ページを越えるテクストをデジタル化する作業とともに持ち上がってくるのは、いかなるインターフェイスをデザインするか、という問題だ。つまり閲覧するアプリケーションの能力、機能をどこまで提供するのか。実際にいくつかの試行版のアプリケーションを使い、そこにどのような機能を加えてゆくかについて説明を受け、意見を交換するうち、雑誌「太陽」でありながら全く別種の「何か」に決定的に変わってゆくという思いを禁じえなかった。

たとえそれがふつうの雑誌のようにページを順に繰ってゆくことができるよう作られているとしても、膨大な量の雑誌を瞬時に検索し、特定のタイトル中の用語や著者名で抽出することを通して、それはまったく別種の読み方を可能にする。例えばそれは雑誌という名にもかかわらず、「雑」な記事の集合どころか、特定の目的に特化された記事の集合となっているということだ。さらにその記事をコピーしたり、印刷したりすることが手元で可能であり、自らを再生産できる雑誌となっている。これは従来の雑誌概念ではとうていおおいきれない。

しかしそうした使い勝手のよさや新たな読み方の可能性のみに目を向けるなら、ここに介在する「技術」ゆえの様々な読みの制約がそこに生み出されていることが見落とされてしまうだろう。例えばそれはアプリケーションの性能によって決定的に読み方が制限されているということでもある。例えばこの雑誌は懸賞写真をはじめとして時事的な出来事や人物を含めて膨大で雑多な写真記事を内蔵している。ところが、写真を検索対象にするためには、たとえそれにタイトルがついてなかろうが、写っているものがよくわからなかろうが、それに文字によるタイトルをつけなくてはならない。それに「人物」、「風景」といったレベルのタイトルをつけるか、「固有名」や撮影された個々の対象レベルのタイトルをつけるかによって、すなわちそうした編集過程によって、検索対象は制限される。同様に執筆者名が記載されていない多くの記事や、検索対象にならない小タイトルもまた、抽出する対象からもれてゆく。アプリケーションのプログラミングや、そこで利用される情報の編集プロセスといった見えにくい「技術」を抱え込んだ読書がそこにはあるのだ。さらに言えばその読書はそのアプリケーションを動かすハードウェアという理解の困難な「技術」を抱え込んだ一連のプロセスでもある。読みに介在する技術へのまなざしが重要なのは、それがこうした読みの制約を意識化してゆく作業につながってゆくからだ。

こうした読みをめぐる技術の問題に眼を向けつつ以降では議論してゆきたい。現在様々な場でIT（Information Technology）をめぐる議論がなされてもいるが、そうした議論をも視野にいれながら、言語文化と読む行為がどういった変貌をとげてゆくのか、そこに読みの技術をどのような問題として設定することができるのか、について考えてゆきたい。

ＩＴと文学領域

一過的なものと見るにせよ、永続的なものととらえるにせよ、現在ＩＴを冠する素材がメディアにあふれている。特に新聞、雑誌に頻繁に登場してくるのは二〇〇〇年の初頭からで、ここ数年進んできた金融機関の合併や経営統合の中での投資戦略、あるいは流通業における経営戦略として盛んに取り上げられはじめる。電子商取引とＩＴが経済に及ぼす影響については、既にその前年にまとめられた米国商務省の報告書[24]で、インターネットとデジタル技術がまさに革命的な影響力を及ぼすことが強調されている。しかし、ここまで流行語化した背景には、「ＩＴ」がその年の総選挙での看板政策として争点となり、景気回復の「希望」として活用されたこと。それに続く九州・沖縄サミットでの「沖縄ＩＴ憲章」、そしてその年の末にＩＴ戦略会議が打ち出したＩＴ基本戦略、そしてＩＴ基本法の成立。それらに呼応しての二〇〇一年度ＩＴ関連予算の大幅な伸び。二〇〇一年に入ってからは国の補正予算に組み入れられた「ＩＴ講習推進特例交付金」に対する地方公共団体の動き、といった一連の動向がある。こうした「ＩＴ」という用語自体の商品化が進行する一方で、様々な領域においてＩＴをめぐる正負両面の議論が活発化してきたのも確かだ。著作権やプライヴァシーの保護、通信事業をはじめとする法制度領域で、コンピュータリテラシーをはじめとする教育の領域で、さらには出版文化、言語文化自体の行方をめぐっての議論まで、広範な問題提起がなされつつある。

ここでは、特にその中での「文学」領域に焦点をあてて議論をすすめてゆこう。文学の研究、教育の領域に目を向けるとき、近年繰り返されている「国文学」領域の危機意識、例えば「文学」関連学科の縮小、統廃合や改称の動き、指導要領の改訂や国語教育の実質的な技術教育化の方向づけといった事態、そして一方で先にもふれたが、出版文化が抱える危機意識も強い。詳細なデータで実質的な出版界の危機的状況を指摘する小田や、[25]や電子化の中での出版界のルポを通して書物がいかに「殺されている」かが論じられ、[26]なぜ「本を読まなくなったのか？」といった特集が組まれるような、[27]書物文化やそれを背景とした思考そのものの行方に関心が向けられている状況との関係について考えざるを得ないだろう。

こうした点について議論する際に、「日本文化」や「文学」、さらにはそれらを支えてきたこれまでの出版文化と現在の情報環境を単純に対比させ、自明化することで単に前者を延命させようとする傾向に陥らぬよう注意しなくてはならない。単に「文化」や「文学」だからというだけで価値づけるのではなく、それらがどのような役割をおっているのか、おってきたのかを明らかにしてゆかなくては何も問題は見えてこないだろう。九〇年代における文学研究は、こうした学問領域や既存の文化的な枠組みが生み出す自明性、そしてそこに生じる権力関係に焦点をあててきてもいたはずだ。それは国文学、あるいは国文学教育をめぐる言説の史的研究という形でこれまで問題にされてもきた。

むしろ注意すべきは、これまで「文学」をはじめとして学問領域自体に向けられてきた疑義やとらえ直し（そしてそれはしばしば国家の表象の成立やエスニシティとの関係の中で論じられてきた）、批判の対象となってきたものが、皮肉にも国家政策として積極的に推進されてもいる「技術」、デジタル伝送路の整備といまや各種情報処理能力の融合したデジタル端末の普及といった「技術」、さらにはそれを支援する教育プログラムの構想によってもろくも変貌、場合によっては瓦解してゆきつつある、ということだ。

重要なのは既存の領域に固執することではないし、ただそれを維持することの重要性をあらかじめ決めてかかることでもない。私たちが引き受けるべき問いは、まさにこの「技術」を問うこと、これまで文学領域で引き受けてきた様々な問いかけを、この「技術」における問いかけへと転移させることにある。

見えないメディア

おそらく文学をめぐる研究、教育の問題系は、あまりに「技術」を軽視しすぎた。というより、「技術」を思想や価値と単純に対置させつつ自明化し、低く見ることで安心してきた。だが現在必要なのは「技術」こそが価値観やイデオロギーの決定的な支え、枠組みとして実はこれまで機能してきたのだ、という視点ではないのか。

ここで「技術」という言葉で指しているのは、これまでの単なる自明の「技術」ではない。例えば「小説」なら「小説」を「小説」たらしてめている技術。それは書き方とか作家の資質のみをさしているのではなく、小説の編集の仕方、書物の作り方、印刷の仕方、流通のさせ方、教育の場での用い方、といった「技術」である。それら流通に関わる諸々の「モノ」から離れて普遍的な「小説」の価値やジャンルとしての価値があるわけではない。その意味ではここでの「技術」は情報の生成、流通、享受にかかわる一連の「モノ」、あるいはそれらからなるプロセス、と言い換えてもよい。

レジス・ドブレはこうした観点からの思考の重要性について議論を展開し、それをメディオロジーという名で積極的に強調する。(28) これまでにも、「小説」の自立性には様々な形での疑問は投げかけられてきた。例えば読者への関心はそれであり、読み手の側の能力やその積極的なかかわりがあってはじめて小説が成り立つことは強調されてもきた。あるいは、デリダをはじめとして、脱構築批評がコンテクストの無限性や支配不可能性を指摘することを通して、安定した意味のまとまりとしてのテクストという存在を批判してもきた点については先にも述べた。だが、ドブレにしてみればそれらの思考でさえもまだ「モノ」を軽視した記号学の体系性に依存した議論だということになるかもしれない。

現在、ＩＴ革命という言葉でしばしば「中抜き」、つまりインフラの整備と高速情報網によって、生産、流通をなすコストやプロセスがゼロに限りなく近づき、経済、文化的な諸制度に根本的な変革が生じる、といった議論がなされもする。むろん、こうしたことはそもそも単純には起こり得ない。

行政の実質的な決定に全市民がインターネットで投票する、といった「直接参加」の「中抜き」幻想は、それが実質的に企業によって提供されている「技術」に依存している現状を軽視しているし、そうした膨大な社会資本に私たちの日常が依存していること自体への意識低下がむしろ危ういくらいだ。

だが、そもそも「中抜き」の「中」についての議論を、これまでどれだけ文学の領域は引き受けてきたのだろうか。例えば文学をめぐる研究は、常にその送り手である作家やテクストに焦点化され、それがどのように私たちに届くのか、それがどのようにして書物として手に取るかたちとなるのか、そのことによってどういうことが起こるのか、といった「中」、プロセスをなす諸々の「モノ」についての議論は、付随的な、二次的な議論か、あるいは別領域のものとしかとらえられてこなかったのではないのか。しかし実際には、プロセスこそが意味生産の極めて大きな部分を担っている。そして書店や印刷、出版、流通といったプロセスを通して作り出される認識や価値をめぐる問題系こそ、現在の「文学」という領域の変動に深く関っている問いではないのだろうか。

前章においても、言語を享受する行為、読書のプロセスについての関心から、安定的で自立した概念として「作者」や「テクスト」を考えることが困難なことについては議論した。読みのプロセスには実に様々な要因がかかわってくるし、それによって読む意味内容も影響を受け、安定的なテクストの輪郭など保証されない。だが、こうした考え方を普及させ、現在受け入れざるを得なくしているのはいまや目の前にある「技術」の方なのだ。

いまや活字はどこにあるか、書物はどこにあるか、書かれた著作物は誰に属するのか、画面上の文字はいったいどこにあるのか、それは書物とどう違うのか、いや書物さえもデジタル化されている以上、そのような問いそのものがあまり意味をなさないのか。そもそもインターネットによる情報流通自体、「通信か／放送か」、「陳列か／頒布か」といったこれまでの法的な用語、概念そのものの再検討を必要としてうえ、[29]オンライン上の著作権をめぐっても多くの議論があるが、いまだ概念の方がおいつかないのが現状だ。[30]

こうした意味で「技術」が思考をいかに規定するかを考えること。いかに意味生産のプロセスに私たちのイデオロギーが依存しているかを考えることが必要になる。例えばシェリー・タークルは、いかにこうした事態が進行しているかをコンピュータ、及び近年のインターネットの普及という側面から様々な実例を通して報告している。[31]彼女のリポートは、現在の電子メディアをめぐる学生や技術者の広範な声を取材する方法をとり、示唆に富んでいる。もっとも、例えばインターネットに接続された端末（に接続された私たち）を、ポストモダン以降の思想を具現する装置としてとらえるといった見方は、第一章でも述べたとおり、別に新しいことではない。果てしない参照関係によって成り立つ存在、一貫した主体などありえない複数の分散した主体としての存在、いや存在という言葉自体が持つ内実、真相といった前提そのものの虚構性。だが、いまやそれが、日常的な思考道具という形で爆発的に普及しつつある事態と、そのことが思考や人格に与えつつある変化をうかがうことのできる多くの事例の指摘はやはり興味深い。

彼女の指摘で注意したいのは、内容、中身に向かう思考からインターフェイス型の思考へという流れとして、現在の情報環境をとらえようとしている点だろう。コンピュータという端末の中がどのような仕組みになっているとか、どのようにシステムが構成されているのか、といった内部プロセスへの関心が希薄化し、直感的で具体的な作業道具としての関心をコンピュータに対して持つということ。むろん、それを新たな思考形態への可能性ととることもできよう。

だが、やはり私は、情報が生まれ、流通するプロセスへの関心を抑圧してしまうことで生じる問題の方に関心がある。以降において、現在の家庭用ビデオゲームの普及とビデオゲームリテラシーについて議論するが、そこでは、情報の生成されるプロセスの不可視性が、情報への距離のとりがたさ、情報の位置づけのしづらさに結びついているということに焦点をあててゆきたい。これについては、後に順を追って論じてゆく。

情報が作られ、流通するプロセスに対する意識や関心がうすくなってゆく危険性は、インターネットを通しての情報入手についても常に考えてゆく必要がある。例えばインターネット上で入手した情報は、それがもともと置かれていた場から切り離される。地方雑誌の小さなコラムも、全国版の新聞記事も、デスクトップ上に同じ労力で同じ画面に表示される。その雑誌が置かれていた場所や「モノ」としての特徴が消し去られる。そうした情報をもう付すことが不可能だと言っているわけではない。「モノ」として帯びていた機能、あるいはそこに生まれていた資料の位置づけが失われる場合があるということなのだ。書かれている内容以上に、私たちはそれが置かれている場所や、位置、あるいはなぜそれがそこにあるのか、といった情報によって内容の信頼性を計っているし、むしろそれは区分しがたいほどに一体化してさえいたものなのだ。情報が作り出され、届くその仕組みやプロセスから疎外されるとは、そうした「モノ」への想像力を決定的に損なう危険性さえ生じさせる事態でもある。

メディアと管理技術

このことは、ＩＴ革命がとりあげられるにしたがって様々な場で問題化されはじめた、新たな管理システムの問題とからめて考えておく必要があるだろう。これまで、市民参加の可能性や、あらたな民主主義の可能性といったことが取り上げられる一方で、逆にそれが新たな管理体制を生み出すことについても議論されている。例えばＩＴＳ（高度道路交通システム）が、道路情報の取得やそれによる渋滞の解消という快適さを提供すると同時に、一方で自分の場所、行動についての情報を入手するシステムともなる、といったケース[32]。あるいは、インターネットの発展においてしばしば語られてきたそのその非制度性、開放性が、近年民間営利企業のもとで、既存の経済秩序のもとに組織化される傾向が強まっていることもまた確かだ[33]。

見る―見られるという関係ではなく、プロセスについて知らないということによって、知る―知られるという関係の不均衡が生まれる。つまり知るために行った情報へのアクセスが、知らぬ間に「知られる」こととなり得る。あるいは情報公開という名目をとりつつも、実質的には逆に情報制限が自明化されている現在の状況を考えてもよいだろう。言うまでもなく情報の公開が重要なのではなく、何が公開され、何が何故に公開されていないか、そしてそれを誰がどのように決めているのか、ということをこそ公開することが重要なのだ。

交通機関や情報の高速度化がうみだす空間の縮小や距離感覚の失調を、政治的な意味でも文化的な意味でも大きな認識の変容としてとらえるP・ヴィリリオの発言が効力をもってくるのはこうした地点だろう。[34] 限りない加速、そしてそれによる二点間の距離のかぎりない縮小。そこで生じる空間、場所の意味の消失。そこでは二点の間の空間ばかりか、中心対周縁といった点相互のもつ意味合い自体もしだいにうすれてしまう。こうした議論が、まさにこれまで述べてきた「プロセス」についての議論とつながってくる。あらたな不可視のプロセスの増殖は、同時に既存のプロセスの消失、無関心とも呼応している。

すなわち現在の技術は、一方で共時的に見れば情報の生産、流通プロセスの不可視化、その技術からの私たちの疎外を引き起こしつつある。そして通時的に見れば、既存のプロセス自体の解体、抹消を引き起こしつつある。だがここで注意すべきは、先に述べたように、既存の技術、プロセスの役割に対しても、これまで十分に問題とはなってきていなかったという点だ。例えば「文学」という情報の流通にたずさわってきた様々な技術、プロセスがどのような史的な機能を担ってきたのかについて、文学研究の領域では付随的な、二次的な関心しかはらわれてこなかったことは既に述べた。つまり十分にその機能の検討がなされないまま、消滅しつつあるモノ、プロセス。そのことがどのような史的な問題を引き起こしてしまうか、という点については、第四章で関連する事象をもあわせて述べることともなるだろう。

こうした考え方のうえにたつなら、多様な情報様式に対する有効な道具は、例えばテクノ画像分析においてV・フルッサーがとった方法のようなアプローチなのだろう。[35] つまり情報の作者／介在する機械／情報の受信者、読者という区分ではなく、テクノ画像（機械を通じて作り出される画像）を生み出す装置を、情報を生産する装置とそれを操作する者との複合体として考えること、つまり能動的に機械を「操作する者」対、受動的にただ「操作される機械」ではなく、互いに不可分に規制しあったものとして（装置＋オペレータ複合体）とらえ、分析する視点が必要になる。もっとも、彼のように、文字テクストが生み出していた線形性、逐次性、歴史性が、こうした装置＋オペレータ複合体を通したコード変換を受けることによって分散的、平面的で歴史性とは異質な情報へと変換されている、ととらえるのはあまりに性急でおおまかな見取り図と言わざるをえないが。

そしてまた、そもそも聴衆、受け手自体が研究者の構築したフィクションでもあり得るというJ・ハートレーのような観点をも含め、[36]後にもふれるJ・フィスクをはじめとするカルチュラルスタディーズにおけるテレビオーディエンス研究、例えば視聴経験の構造化プロセスについての諸モデルもまた、こうした問題に接続してゆく際の有効な道具を提供してくれるはずだ。

これまで、メディア論を読書論として読み替えながら、現在の読書を考える有効な視座について述べてきた。こうした手がかりを背景としながら、具体的なメディアと読書の問題に分け入ることとする。先に述べたようにここではビデオゲーム受容について議論を展開してゆく。

二・二　読書とビデオゲームリテラシー

ビデオゲームの問題系

まず、ここでビデオゲーム受容をめぐる議論をとらえなおすことから始めたい。誰しもが思い浮かべようが、現在、ビデオゲームは様々な現象、事件の根拠、原因としてしばしば定型化された言及がなされている。衝撃的な事件や奇妙な人物を説明するための「理由」としてビデオゲームは用いられてきた。社会的な諸事象における暴力性や虚構性を説明する際に持ち出されるビデオゲーム「有害論」に対しては、すでに多くの批判的な議論がなされてきた。そのようにビデオゲームを説明の根拠とするような議論は、説明しがたい事件や現象、世代に対して、単純で明確な原因を与え、説明することによって安心させるレトリックに過ぎない[37]。また、そもそもそうした説明のしかたにのっとって考えたり、論じたりすること自体が、特定の領域に有害のレッテルを貼ることによって既に説明し得た、という思考停止を招いてもしまうだろう[38]。

だが、ビデオゲームをめぐってなされる議論においてより重要なのは、ビデオゲーム文化を否定的に論じるにせよ、肯定的に論じるにせよ、その議論がしばしばビデオゲーム（虚構）対「現実」という二項的な思考を再生産してしまう点にある。ビデオゲームを現実と取り違える、あるいはゲームと現実の区別がつかない、いやゲームこそが現実を明確に表している、といった諸々の言い方が、まさにこうした二項的思考を補強することをとおして、その二項自体への問い、疑いを抑圧してしまう。[39]

単線的な影響論、有害論は、むしろその問いの立て方によってどのような問題が抑圧されているかに注意しながら、批判的に見ておく必要がある。実際、ビデオゲームに関して、暴力性やその影響力についての研究は多い。ここでの関係で言えば、例えばS・J・カーシュは暴力的なゲーム要素を含んだゲームを素材にし、ゲーム体験が物語の解釈傾向にどのように反映するかを考えようとしている。[40]ただ、M・グリフィスがこうした論を概観しつつ述べているのだが、多くの場合短期的な影響しか問題にしておらず、また、世代差やゲーム環境の相違によって結果もかなり異なること、ゲーム自体の多様性をカバーできないこと等が指摘されてもいる。[41]更にいえば、そもそも何をもって「暴力的要素」とするか、また、なにゆえ「暴力的要素」のみがまず問題化されるのか、といった問いかけが前提として十分に問われていないということも問題だ。

ビデオゲームと暴力性との関係ではしばしば引かれるE・F・プロベンゾ[42]は、女性＝犠牲者、外国人＝悪漢といった表象上の連関についても言及し、既存の性役割や民族主義を強化し得る可能性も指摘する。ビデオゲーム中においてごく限られた定型的や役割を女性キャラクターが負う場合が圧倒的に多い事態、そしてそれがどういった性役割イメージを強化しているのか、といった点で議論を展開することもできよう。こうしたジェンダーとビデオゲーム、さらにはコンピュータリテラシーとジェンダーの関連もまた、現在数多く言及されてもいる。[43]

こうした議論から、単なる内容レベルのみの議論をこえて問題を広げてゆく糸口は見えてくるのだが、やはり影響関係を中心とした議論からは、ビデオゲーム経験自体がいったいどういったものなのか、といった問いがなされてこない。こうした分析は広告や他のポップカルチャーの量産するイメージの分析と類似した方法、結果となり、経験としての独自性が抜け落ちてしまう。ビデオゲーム体験自体に注目するという意味では、依存症とビデオゲーム体験に類似性を見いだそうとする研究もあるが[44]、その場合は結局他のアディクション(薬物依存、ギャンブル依存)との相関を調べるという手続きになり、これまたビデオゲーム体験は類似的な体験として処理されてしまう。

実際、ビデオゲームの歴史については、日本においても多くの言及があり、また、そうした文献も適宜参照することになったが[45]、ビデオゲーム経験の仕組み自体についての言及は、むしろ回避する形で言説が形作られていることに注意しなくてはならない。

文学研究との関連で言えば、ちょうど読書行為の研究にあたるものが問われていないのである。作品史(ハードやソフトの歴史)や物語内容における分析、マーケット、流通形態の変化、についての議論はあるが、ビデオゲーム体験がどのような行為であるのか、どういった思考と認識を作り出しているのか、どういった受容のプロセスや制約がそこで生起し得るのか、という問いがなされていない。そして主として以下で論じたいのは、この問いについてである。

遊戯論と読書論

ここで、ひとまず遊戯、遊びについてなされてきた議論についても参照しておく必要があるだろう。これまで遊戯についての多くの理論は、遊戯における意識や認識について数多くの議論を展開してきている。また、遊戯をめぐる議論は、ビデオゲームと読書を考える上での橋渡しにもなってくれよう。というのも、遊戯の理論は、読書の理論と多くの問題を共有してきたからだ。遊戯論と読書論の関係についていては、別に概観したこともあり、また、M・ピカールが幅広く議論してもいる。[46] ここでは詳細には触れないが、そうした議論の中から、特にここで必要とする観点ついて引き出しながら話を進めよう。

ここで特に重視したいのは、虚構意識をめぐってなされる議論と、共同性をめぐる議論である。遊戯論では、しばしば「ふりをする」遊戯をはじめとして、「そうでないのにそうであるつもりになる」意識が問題となる。ごっこ遊びにしてもそうだが、特定の役割を演じる意識、あるいは仮定された世界に入る意識がそこにはある。そしてまた同時に強調されて来たのは、遊戯が成立するためには、自分が何かのふりをしている、遊んでいること自体を、実は意識している必要があるということだ。スーパーマンごっこに興じてそうなりきっている子どもも、ビルの屋上から飛び降りたりはしない。したがって遊戯が成立するためには、自分はスーパーマンである／でないという複数の意識を適宜使い分ける能力が必要だ。こうした能力が、読書においても必須になる。書かれたことをそのまま事実と受け取ったり、書かれた作中人物になりきったり、ということは読む過程で一時的には必要になる能力ではあっても、当然のことながらそれがあくまで文字で書かれたもの、記号にすぎないことをどこかで意識していなければ読みは成り立たない。[47]

こうした遊戯、あるいは読書における虚構意識の水準は、決して、虚構や幻想対現実という二項的な関係に還元されるべきではない。遊戯や書物＝虚構、幻想としてとらえ、それに対する「現実」を自明として考えることはできない。そもそも両者は互いに依存しあい、生み出しあう関係にある。重要なのは読書、あるいは遊戯において、その参加者には情報の現実性の度合い（虚構性の度合い）を決定する仕組み、プロセスがあるということだ。

もう一つ遊戯と読書をめぐってなされる議論から注意しておきたいのは、遊戯における他者や共同性に対する意識の問題だ。小説の読書であれ、鬼ごっこであれ麻雀であれ、それは特定のルールや約束事が了解された世界への乗り入れであるには違いない。したがって私たちが遊ぶとは、ルール、すなわち約束事を了解した複数の人々との関係の中に入ること、さらにいえば、遊ぶとは、たとえそれが一人でなされる孤独な営みに見えようとも、ルール（を共有する複数の人々）を想定し、前提とする営みであるということだ。遊戯には、複数の人々、集団を遊戯の参加者が想定する仕組みが介在している。(48)

もっとも、遊戯という概念はそもそも広い対象をはらむものであり、一般化して論じるのは困難だ。むしろ遊戯の一般論よりもここで行いたいのは、ビデオゲーム体験の固有性であり、さらには読書における体験との関係である。したがってこうした観点からの研究に絞りながら、議論をすすめてみよう。すなわちビデオゲーム享受における体験の固有性を、その世界への没入や快楽のありかたを、そしてそこでの他者意識のありかたを、どういったレベルから記述するか、という問いとなってくる。

読書についてなされてきた議論を視野にいれながらビデオゲーム体験の固有性を考えるにあたって、まず享受者の役割、介入度の高さについて考えておきたい。例えば映画と小説を対比しつつW・

イーザーは、視覚的要素が相対的には少ない小説メディアが、逆にイメージ形成において豊かなものとなり得るプロセスについて取り上げ、読者側でのイメージ形成の能動的な過程をとらえつつ、それを読みの美的体験とかかわらせて論じている。(49) ゲーム受容はそれとは別の意味で、享受者すなわちプレーヤーの能動的な参入を求める。例えば物語性の強いジャンルであるロールプレイングゲーム（以下RPG）ならば、主人公への命名、端末を通した様々な動作の指示、そして移動、問題の発見、解決といった一連のプレーヤーの行為、経験を通して物語自体を展開させることとなる。

そこでは、実際には書物を読む以上に、積極的なかかわりを求められる。このことはプレイヤーの、ビデオゲームが作り出す世界への距離のとりがたさをも作り出すだろう。というのも、どのようにつまらない、あるいは反感をもつような世界観がそこにあろうと、またそこでの登場人物の行動がいかに気に入らないものであろうとも、プレーヤーはその世界を作りあげている一部分であり、登場人物の行動を通して物語をすすめている当人でもあるのだから。プレイヤーはその世界に批判的な距離をとることが難しくなる。その世界を構成するあまりにも大きな部分として、プレーヤー自身が既にそこに含まれてしまうがゆえに。このことがビデオゲーム体験の高い没入度にもかかわっているだろう。

しかし、一方でこうしたビデオゲーム体験は、享受者に多くの作業、労力をもとめることともなる。実際に労働に匹敵するほどの体力や気力を求められるにかかわらず、長時間にわたってこの作業にのめりこめるようにするためには、常に達成感、充実感を補給することによってその行為が動機づけられねばならない。したがって、その世界の意味的な完結性の強さ、規範の明確さが保証されている必要がある。先の例で言えば、典型的なＲＰＧは、絶えざる他の存在の抹消による自己確認（敵の排除によって賞賛を手にする）という手続きによって常に達成感や充実感を補給するが、その行為の正当性を保証するには、その世界のルール（目的や価値規範）が明快で強固な自立性を備えねばならない。

例えば最近物議をかもした小説に高見広春『バトルロワイヤル』があるが、この作は例えば貴志祐介『クリムゾンの迷宮』などのように、しばしば「ゲーム的」という形で評されてもいるし、映画化の際の広報コピーにもそれは前面に出されている[50]。ここで「ゲーム的」と称されているのは、そうした世界のルールや、それが適用される世界の明確な境界性がその理由となっている。

両作から言えば、生—死という二項性の強調（ともにゼロサムゲーム）、描かれた世界におけるルールの明瞭さ、（これはルールの妥当性や合理性とは無関係である）、領域の閉鎖性、といった特徴が、これらを「ゲーム的」と称させているわけだ。そうした閉鎖的な、完結した世界に魅せられ、箱庭的な世界を作り上げるゲームに没入してゆく人々の姿は、Ｆ・ディックをはじめとして以前からＳＦ小説の素材ともなってきたテーマなのだが[51]。

ゲームと共同体

しかしながら、ここでビデオゲーム体験自体を、単純に閉鎖性や孤立性において論じるべきではない。というのも価値体系の孤立性や閉鎖性は、そのように閉ざされていること自体を意識しない（あるいはそれが普遍性を持つという幻想にひたる）ことではじめて機能するからだ。したがって、あくまでその価値体系は、外部の価値体系と齟齬をきたすものではないことを、絶えず保証されねばならない。

例えば安川一は、ストーリー性の強化されたビデオゲームの流通と、八〇年代後半の家庭用ビデオゲーム機の普及にふれつつ、反復性、再現性を備えたビデオゲームが、類似の経験を共有する、ビデオゲーム経験の共有者集団を形作る点、そしてまた「共同遊び」、「群れ遊び」としての側面を強調し、没入体験の記述に際してもその点に注意を喚起している。[52] つまり、常に既存の共同体との関係のもとに、それらの価値体系はとらえられねばならないのだ。

あるいはビデオゲーム経験に社会的な対抗価値の可能性を見ようとするJ・フィスクの議論は、社会統制の力、イデオロギー的に集団を構成してゆくプロセスに対抗する経験としてビデオゲーム経験を位置づけようと試みている。[53] 対抗価値として位置づけるにしても、共通した価値の共有と位置づけるにしろ、ビデオゲーム経験の価値体系の孤立性や閉鎖性は、常にある集団性（たとえそれが幻想であれ）を備えた価値体系であり、その外部の価値体系との関係のもとに、考えられねばならない。

完結的なシステムへの没入や同一化について過度に語ることによって記述から漏れてしまうのはまた、そうしたシステムのほころびを楽しみ、それを情報として交換するという、ビデオゲーム受容の一つの側面だ。これは「バグ」享受をめぐる議論となる。大塚英志は、子どもにおけるゲーム／現実の混同というありきたりの見解を批判しつつ、そうした見解が、システムに内包されたほころび、プログラムミスを探し、情報交換する、といった「冷ややかな視点」の所在を見落としてしまう点について指摘している[54]。また、中沢新一もビデオゲーム『ゼビウス』の成功を、「巧妙にバグを放置する」ことに見ている。前者はそこにシステム崩壊への希求を読みとり[55]、後者は経験を得点へと換算する単純な資本主義的快楽を提供するゲームを越えたゲームとの新たな対話関係、認識関係を見ている[56]。

だが、一方で、大澤真幸はこうしたバグへの志向を、「第三者の審級」の機能不全として位置づける。バグは「純粋に偶有的な遭遇」（そこから意図を導こうとしても無理であり、遭遇自体が予期できない）であり、「超越的な他者」として、あるいは統一的な現実を構成するための諸判断の帰属先としては機能し得ない。それゆえに、より脆弱な閉鎖された幻想の領域を二次的に現実の外部に構築せざるを得ない事態をまねくとしている[57]。用語法自体に疑義がないわけではないし、議論が彼の言う「オタク」の自己同一性確立に集中しているため、ここでの議論には必ずしもなじまないが、重要なのは、「バグ」への指向性を肯定的に位置づけるにしろ、批判的に位置づけるにしろ、それが、集団的なコミュニケーションの型にかかわるものだということだ。ビデオゲーム経験のプロセスは、複数の成員によって成り立つ、ある現実性の水準を構成するようなプロセスなのだ。

とはいえ、完結性、閉鎖性を備えた世界が、そこに帰属する仮想の集団を抱え込むかたちで、ある現実性の水準を構成する、と仮定するなら、それは読書行為においても同様のことが指摘できよう。小説の世界にのめりこむことに対しても、ほとんど同じように議論することは可能だ。このことは次章でのアプローチとも深くかかわってくる。例えば次章では、雑誌や、小説ジャンルの表現から、共通する認識のかたちや、願望のかたちを指摘してゆく。そしてそれらの表現を読むということを、そうした共通の価値をもった仮想の集団にひたる、という行為としてとらえてゆくこととなる。

しかしながら、これらを同じレベルで論じるかぎり、ビデオゲーム受容がはらむ固有の問題は見えてこない。ここで重要なのは、ビデオゲームの作り出す現実性水準の特異性であり、そこへの没入のしかたの独自性をどうとらえるか、である。

ビデオゲームの快楽と従属

ビデオゲーム経験は、先にも述べたような、享受者、すなわちプレーヤー側の参入度の高さを前提とするが、このことは自由度の高さを意味しない。このことには注意しておく必要がある。ビデオゲームは、一見非常に自由度が高く、可変性に富んだメディアであるかのように思えてしまう。登場人物の動きや選択におうじて、内容そのものが変化することさえあるのだから。しかしながら、享受者が介入する、参加する割合の大きさというのは、必ずしも自由度の大きさに一致しない。

先のRPGの例で言えば、自由にそこで提供される世界を歩くことはできても、それはデザインされたプログラムの制約の内にある。選択するという行為についてはいくつか選ぶことはできても、選択肢は作れない。あるいは選択しなければ物語は動かない。そこには、活字読者が、小説の中で生きることができると同時に、活字を用いて新たな世界を作るという意味での自由度はない。ビデオゲームに特徴的なのは、享受者の参入度の高さを自由度の高さと誤認させる仕組みだ。システム全体の自由度の低さ、制約を意識させないようにする強固な効果がそこには生まれている。

この点から重視すべきは、ビデオゲーム経験自体が、一見して能動的で享受者主導型の体験とも思われがちだが、それらを従属や服従のメカニズムとしてもとらえることができるという視点である。例えば、押山憲明はプレイヤーがアナキストであろうと共産主義者であろうと、ゲーム内では王の命令にしたがい、あるいは村人の要請にしたがわねばならず、そこに奉仕する者とされる者との逆転（奉仕されるべき消費者＝ゲームプレイヤーがゲーム内世界に奉仕することによって快楽を得る）があるとする。[58] だが、この指摘をゲーム内世界の物語への服従といった意味で矮小化してはなるまい。この点を、ビデオゲームリテラシー全体にかかわる問題としてとらえるなら、ゲーム中の主体となるためにはゲーム内の法に従わねばならない点を強調し、ゲームプレーヤーの受動性を強調する藤井雅美の指摘は正しい。[59]

もっとも、読書においても、私たちは絶えず小説のルールに従っている。単に小説内で表明される思想的立場について言っているのではない。例えば私たちは視点や時間的な加工を受けた物語を、そうしたルールに従うことで解読する。内面描写や人称の選択といった、多くの約束事を受け入れねば小説はそもそも読み続けられない。その意味で、ビデオゲーム体験自体も多くのルールに服従することと、ゲーム内の諸々の命令にすすんで応じることによって成り立っているが、ビデオゲームの問題は、服従と快楽の強度のつながりにある。ここに、先に指摘した享受者の機能的な参入度の高さが、ビデオゲームのシステム自体の自由度の低さを見いだし難くするという仕組み、及びビデオゲーム体験が強力な完結性をもったある現実性の水準を構築するという点を重ねてみよう。

ちなみに、ここで現実性の水準の構築、判断と述べているのは、「現実／虚構」、「ゲーム／現実」といった二項的判断を自明の前提として議論しているのではない。あらゆる情報の受容の際に、様々な判断材料（明示的であれ暗示的であれ）から私たち享受者が一定レベルの現実性、信頼性を一時的に構成してそれらの情報を受容する、という仮定をたてててここでは考えている。こうした仮定に対して、しょせん現実性レベルの決定は動的である、という理由から、その決定不能性に議論を還元する立場には立たない。そうした立場が、すべてを虚構として単純に一元化する議論につながりかねない点については、前著においても議論してきた点である[60]。

活字媒体ももちろん多くの約束事、規約を持つが、同時に、私たちがその約束事を改変、再構成することができることが大きな特徴だ。私たちはそうした規約を利用して、活字によって新たに物語を書くことができる。一方で、ビデオゲーム体験においては、こうした規約の再構成、新たなビデオゲームの作成、といったことは通常難しい[61]。同じく約束事とはいえ、後者は、装置に依存しており、いわばブラックボックスを経由して容易に認識、改変が困難な約束事が作られている[62]。ここに、不可解なシステムを介して作り上げられた世界への参入、といった事態が起こる。つまりどのように作られたかが分からない世界に没入する、ということとなる。

私たちが情報の現実性、信頼性のレベルを決定するには、この「どのように作られたか」、その情報がいかにしてできあがっているか、についての知識が大きな要因となる。例えば私たちはテレビニュースが、カメラの動きや編集、アナウンサーによる説明、といった一連の過程からできあがっていることを想定することによって、あるいはどれだけそうしたプロセスを想定できるかに応じて、その情報の現実性をそれぞれが決定、調整することができる。その意味で、ビデオゲームの提供する世界は、その世界についての距離、現実性の定位が、棚上げ状態のままで受容がすすむということが起こる。先に述べた、ある現実性の水準を構築する、とは詳しくはこういったプロセスである。情報の作成プロセスが見えない、理解できないがゆえに生じる対象への距離のとりがたさ（強力な没入）がおこる可能性もここに指摘できる。

戦争の表象をめぐって

読書であれ、映画受容であれ、そこにはある虚構の水準への乗り入れ、没入があることは同じだが、ビデオゲーム受容の特徴は、まさに「没入の強度[63]」にある。そしてその強度が、ビデオゲーム装置の一部となること、機能的に不可分な役割を享受者が担うことを通して、そのシステムの延長と化すことにおいて生み出される。ビデオゲームのもたらす快楽は、その意味で、システムに従属し、一体化する快楽と言ってよい。それが、安定したルールと、装置自体の不透明性が作り出す独自の虚構性への乗り入れと連動している。装置の一部となる欲望が、いかにビデオゲーム享受において蔓延しているかは、膨大な数のビデオゲーム情報誌の、レビュー記事を浸している言説を検討してみればよい。それらの評言をひたしている価値規範は「操作性」の善し悪しであり、いかにスムーズに享受者の反応がストレスなくビデオゲーム内の対象に反映されるか、が評価の重要な要素となっている。そこでは、描かれた人物の思想や出来事の展開よりも、いかに装置と享受者の障壁をとりのぞくかが優先的に論じられる。というのもこのことがまさにビデオゲーム享受における快楽原則の重要な要素となっているのだから。

ビデオゲーム享受を論じる際の現実／虚構といった区分は、独自の没入のプロセスと強度への問いに置き換えられねばならない。そして、戦争とその表象をめぐるビデオゲーム固有の問題が立ち上がってくるのはまさにこの地点でもある。ここにおいて、現実／虚構といった二項性への還元、あるいはその決定不能性への議論の還元は、極めて反動的な帰結しかもたらさない。というのも、その決定不能性、棚上げ、それによる私たち自身のしめる歴史的な地点からの独自の切り離し、こそがビデオゲームに没入するプロセスの一部なのだから。八九年末から九〇年にかけて、戦争シミュレーションゲームにおける従軍慰安婦を思わせる画像について問題化した事例をとりあげてみればよい[64]。市民団体から制作会社にむけた公開質問状が出され、会社側がそれに回答するにいたるこの問題は、同時に自国がなした侵略行為をゲームにするという、他者へ向けた痛覚の決定的な欠如であるとともに、「他国の痛みに対する傲慢なまでの無神経さ」にもつながる点を吉田裕は問題化する[65]。これはまさに、こうした現実性の未決定、棚上げによる没入のプロセスによって引き起こされるわけであり、ビデオゲーム享受の際に、そこで再現される出来事から独特の距離感が作り出されていることを示している。そして一見自由で可変的な「歴史」の構築が、同時に特定の史観の一部分に安易に回収される危険性をも明瞭に指し示している。

ビデオゲームと戦争とのつながりは、単に商用ビデオゲームがその内容レベルで戦争をしばしば素材として用いるということにとどまるものではない。六二年にMITで現在のビデオゲームの原型とも言えるプログラムが作られた時点で、そもそもミサイルを打ち落とすゲームであったというのは示唆的だが、実際には戦争自体を観察、管制可能なものとしてシミュレートするウォーゲームははるかに過去にさかのぼって考えることが可能だ。P・P・パーラは、ウォーゲームの軍事利用の歴史を細かく論じ、電子的ウォーゲーミングの到来を、一九六〇年前後に見ている。おそらくここで注意すべき指摘は、こうしたウォーゲームが、本来思考不可能なことを思考可能にしていること、描き得ないことを表象可能にしているという事態、例えば大量破壊兵器の応酬が、もはやいかなる意味をも未来からはぎとってしまう冷戦期においてさえ、戦争の「管制することのできるモデル」を提供するという事態だ。そしてさらに付け加えるなら、そうしたモデルにおいては、ゲームのデザイナーの考えや傾向が、情報のコントロールやシステムの操作に大きな影響を与えるという点だろう。[66]

現在の商用ビデオゲームの状況をここに考えあわせるなら、[67] そうした想像し得ない状況を想像可能なものに再編するという以上に、それらが画像の再現性を究極の地点としていることにも注意したい。昨年発売されたビデオゲーム機器が「通常兵器関連汎用品」[68] として指定されたことは記憶に新しいが、それがグラフィック処理能力という画像の再現力にもかかわるものだったことに注意しよう。岡真理は映画『プライベート・ライアン』[69] における冒頭の戦闘シーンにふれつつ、戦場をまさに「かくあった」ものとして迫真の再現が技術レベルで可能にされているその瞬間に、そしてそれが物語の流れに組み入れられ、それを補完する瞬間に、決定的に排除されるのが、主体的な選択も、意味ある行為も決定的にはぎとる戦争の「出来事性」だということを強調する。すなわち、強力な再現と「リアル」な構築物への欲望は、実は「戦争という出来事の否認」という規制とも結びついてもいるわけだ。[70]

この規制を、ここでのビデオゲーム固有の没入の様式とともに考えあわせてゆこう。実在の兵器や戦場を詳細に再現しようとするビデオゲームは、実はある特定の場所、時間で起こったことへの探求へと私たちをかりたてているのではない。それらが、ほとんど偏執的なまでに詳細で膨大な兵器や戦場、はては当時の地形や天候といった情報を盛り込む方向にあるのは、実はそれ自体自立した世界、完結した情報のマトリックスを作ろうとする欲望にこたえるものであり、それによって、独立した現実性の水準を確保することを可能にするものなのだ。したがって、この空間は、特定の場所、時間に結びつく出来事に対する私たちの責任やそれにむけていかに行為するか、といった意識と遊離する。

詳細な戦争データは、特定の軍事オタクに向けられたものでもなく、むしろ情報の自己完結性によって閉鎖的な現実性の水準を構築するためにあり、それゆえにこそプレイヤーは何ら責任や反省を問われることなくビデオゲームの戦争に没入してゆく。そしてそのプロセスは、先に指摘したシステムの一部となる欲望に支えられる。そして戦争する装置のまさしく一部分に私たちが「なる」ことが、ビデオゲームの中に様々な形で設けられた戦う妥当性、動機づけを疑わないようにする仕組みともなる。また、ビデオゲームの提供する「戦況」内でプレイヤー側が極めて厳しい初期条件におかれることで、被害者として自らの戦争行為を正当化する傾向が生じるのではないか、という指摘も考えあわせることができよう。(71)

ここに、さらにテレビメディアがもたらした受容の規制、すなわちテレビという画面内で起こる出来事と、私たちとの距離の問題も重ねて考えることができる。つまりテレビに映し出された出来事に対する視聴者の関与性の薄さ。(72)あるいはさらに切り離されているがゆえに、そこで映し出される地を想像上の地として、そこに過剰に、無責任に自らのナショナルアイデンティティを投影しようとする

欲望がうまれる可能性もあろう。(73)

これらの指摘を重ねるなら、享受者自らが戦争を再現しつつ、その表象からの責任を徹底して回避することを同時に可能にした独自のビデオゲームリテラシーの様相が見えてくる。山下恒夫は、ミルグラムの服従実験を引き合いに出しながら、(74)こうした装置を介して作り上げられる画面内の出来事に対する距離が、戦争ゲームを遂行するビデオゲーム享受者の責任回避のメカニズムと連動していると考えている。(75)ただ、ここでの関心からすれば、むしろ通称アイヒマン実験とも呼ばれるミルグラムの服従実験は、(76)ビデオゲームの提供するシステムへの従属、享受者がその機能の一部分となることによって、そしてそのルールに見合った効率よい動作を行うことによって、外部に向けた自らの責任の一切を抑圧することが可能になるという側面についてむしろ有効な説明を提供していることとなろう。さらに言えば、ミルグラムの別の指摘、命令に従って自らが誰かを傷つけるような行為を行った際、傷つけた相手を見下すことによって自身の行為の正当化をはかる傾向が被験者に見られたという点を考えるなら、ビデオゲームの持ち込む戦争の表象が、というよりもそのシステムと享受者との関係が、新たな典型化と排除の規制を作り出しつつあると考えることもできる。

情報を受容する一連のプロセスを意識化しないこと、そのプロセスの一部分として身をゆだねることが、責任回避のメカニズムと連動するという仕組みはまた、第四章において、実際の戦争に関連する史料を扱う際に、再度ふれることとなるだろう。この第二章では、主に情報を理解するプロセスから問いを発しているが、第四章では、戦前、植民地へと人々を送り出してゆくための情報が地域で広がる流通プロセスに焦点をあてている。そしてそこからは、そうした情報を広げ、流通させるプロセスに誰が、どうかかわったか、という問題や、その問題を明確に問わなくなったときに、きわめて短絡的に戦争責任を指導者、命令者に帰して各々の戦争責任を抹消してしまいかねない危険性が生まれてくることが問題となる。

本書の冒頭でふれたように、「点」から「プロセス」へと読みの問題を展開することで、新たな問いかけを提起してゆく、とはこうしたことをさしている。

投書と記憶

最初に確認したのだが、ここでのねらいは、単にビデオゲームリテラシーを論じるという所にあるのではなく、対比的に紙面による活字メディアに短絡的な評価を下すことでもない。多様なメディアの享受プロセスを考えるためのスタンスについて議論し、それについて考える道具をそこから引き出してゆくことにこそねらいがある。実際、これまでの議論から、例えば私たちが「実際の出来事」という水準で受容し、私たちがかかわる出来事を把握する身近なメディアとして、新聞媒体を論じることができるかといえば、決してそうとはいえない。というのも、新聞媒体にしろ、テレビ媒体にしろ、そこでの語り、伝えられる出来事は固有のフォーマットによって規制されており[77]、そこで提供される「現実性」は、むしろニュースとしての加工しやすさ、情報の入手の難易度、視聴者への関与度、といった諸々の要素によってつくりあげられる「現実性」でもある。にもかかわらず享受者は出来事や事件には不安を抱いても、いやむしろそうした報道内容への注目自体が、情報のフォーマットに対する不安を抑圧してしまう。その意味では、私たちは、理解し得ない、あるいは表象しがたい対象を、理解しやすい範型に変換するためにこそ新聞を、あるいはテレビを利用してさえいる。現場性や即時性をともなうテレビの報道技術は、一見報道される固有の場所や時間を私たちにもたらすかのようにも思える。しかし、その技術は、逆にその報道の「定型」を通して、その出来事を、日々起る数多くの出来事の一つ、均質で匿名化された事項にかえてゆく技術でもあるのだ。

したがって活字メディアに対する読書行為の研究は、こうした各種情報フォーマットとその規制についても焦点をあててなされるべきなのだが、その意味で私が注目したいのが、そうした新聞フォーマットと読者の関係の中に、「投書」がもたらす効果だ。実際、雑誌や新聞の投書欄については、読書論の側からも様々なアプローチがなされている[78]。ただ、多くは読者側のパラダイムや意識、あるいは読者層の調査、といった方向づけのもとになされている場合が多い。だが投書は、新聞媒体を例にあげるなら、媒体のもたらす時間に別の時間軸、読者の私的な時間をもたらすし、また、固有の身体を持ち得ない新聞の送り手に対して、固有の発信者の名前を持ち込みもする。その意味で、読者が情報の様式、さらにはシステム自体に介入する多くのパターンがそこには生まれ得るし、さらには、新聞読者に対して、読者自らの存在を顕在化させる効果も生まれてくる。

先の戦争の表象の問題に立ち返るなら、そうした多くのパターンを見いだしうる例として、八六年から翌年にかけてなされた「朝日新聞」の「談話室　戦争」の場合をとりあげて考えてみればよい[79]。この企画は八六年七月から翌年八月にかけてなされた戦争をめぐる投稿によって構成されており、後にいくつかのかたちで刊行されることともなる。掲載された投稿や同時期の記事を検討すると見えてくるのだが、そこには、新聞のフォーマットの作り出す時空間とは異質な時間が、戦争体験の記憶、時間が持ち込まれてくるさまを見てとることができる。

この年はまた衆議院参議院同時選挙で自民党が圧勝し、五五年体制が崩れてゆく年であるとともに、テロ報復のためのアメリカのリビア空爆、日本史教科書の国際問題化といった今日につらなる問題が顕在化している年でもあった。その同じ紙面で、戦争体験者、非体験者を問わず、幅広い意見や体験が掲載される欄となっていたし、私自身その欄のリアルタイムの読者として欄の効果を大きく感じとりもした。

四千を越える投稿があったとされるが、実際にその内容も多岐にわたる。それらがまさしくその数だけの戦争があったことを、一人一人の体験、場所の記憶とともに伝えているし、それを書く、読んでもらう場を作り出す契機となり得たという意味でこの企画は重要だが、その一方でもしもこの企画が戦争の「記憶」という枠組みの中のみで行われたなら、ここで述べている新聞という「型」に対する様々な力は弱まったに違いない。実際には戦争の体験ばかりではなく、戦争を体験していない世代の戦争観や、それをめぐる応酬、あるいはもしも戦争になったら、といった問いかけや現在の政策に至る意見までが幅広く掲載される場となっていた。そして先にも述べたように、この欄は新聞の言葉、あるいは新聞というかたちへと読者の目を向けさせ、それを意識し、かかわってゆくあらたな読者を作り出す様々な可能性が見えてくる一つのケースとなっている。

原則匿名を排して構成されたこの企画は、固有の名を持ち、体験を持つ発信者の言葉からなっている。新聞が、総括的で俯瞰的に事件や世界を語り得るのは、そのベースを特権的で匿名の言葉が支えているからである。多くの証言や見解は、引用として記事内にくりこまれ、それら個々の体験や感情の一段上から、新聞の言葉は語られ、それが、物事を見わたす読者の感覚を支える。固有の声を抑圧することではじめてなりたつそうした場の中に、一人一人が固有の体験をもち、声をもっているがゆえにこそ活字となり、掲載されるという投書という場は独自の働きをすることになる。

世代や年齢や、様々な職業の差異を抱え込んだ「声」は、特権的な新聞の言葉自体をむしろ異質なものとして意識化させもするだろう。そして目の前のメディアが、訴える機会、書く機会のない多くの声をとりのこした言葉によって構成されていることも。あるいは書く機会を持たなかったがゆえに消えてゆく膨大な記憶と時間の所在を。

また、新聞が伝える「時間」や「出来事」に対する違和感をもこれら投書は作り出してゆく。「談話室　戦争」の多くの投書は、戦前や戦中の「日常」であり、一人一人の時間がそこには書き込まれている。そしてその背後に、まだ語り得ていない、伝えきれていない膨大な人々と言葉がある。新聞では、基本的には新しい出来事でなければニュースにならないし、日常もまたニュースにならない。だが、新聞の提示する「現在」とは、まさしくこれら語り残された、語り得ない領域、時間の所在を忘れさせるために機能する。おそらくはそれこそが日常的に起きている「事件」にほかならないのだが。

新聞の報道パターンは、固有の一回的な出来事を、繰り返される記述の「型」へとしばしば変えてしまうし、そのことが紙面の出来事に対する私たちの距離感、読む場にいる読者をおびやかさないような、安心して出来事や事件を知り、見渡すことのできる距離感を作り出している。こうした紙上と読者との関係を意識化させ、描かれた出来事とのかかわりをも意識化させる可能性を投書という場ははらんでいる。

このことは、戦争の当事者性をめぐってかわされた一連の投書のやりとり、応酬からもうかがうことができる。例えば投書「軍国の妻の悲しみ」(緒方泉)に対する「銃後の妻の演技」(長谷百合子)、さらにその反論に対する「もっと根本的な疑問」(長谷百合子)[80]。ここには、自分を戦時中の弱い犠牲者としてみたてること、戦争の被害者として自己を表象することによって、当時の体制に順応してきた自己責任を棚上げにして目をそらすことになってはいないか、といったことが問われている。さらに、あの時代を知らない者には分からない、つまり当時の体制にいかに抗い難かったかは分からない、というかたちでこの議論を避けることの是非についても意見の応酬がなされる。だが重要なのは、こうした投書者の責任の回避をめぐるやりとりが、現在目の前で起っている問題、報道される出来事と自分との関係から目をそらすという、新聞読者の責任の問題として議論の展開を見せている点だろう。

つまり、かつて戦争に抗することができなかった、というが、現在はどうなのか。当時の紙面においても、「戦争」につらなる出来事や事件は日常的に起っている。SDI構想への日本のかかわりや、日々報道される日本史教科書をめぐる議論、あるいは戦艦ニュージャージーをはじめとする日本に入港する艦船の核装備疑惑と、「戦争」は過去への責任という問題としてあるばかりではなく、実は目の前の出来事に対する責任としてもある。それら日々報道される出来事に対して何もしようとしないことが、実はかつての戦争への迎合と結びついていはしないか。そうした現在の新聞を読む行為へ、新聞の読者への一つの批判として、この投書のやりとりは機能する可能性も持っていよう。

新聞を読む、知ることを通して、既にそれを受け入れた一人という責任を負う事になるのだということ、知るということ（あるいは知らないということ）が、既に引き受けるべき責任を生み出していることをも意識化させるかもしれない。過去の責任を現在の読者がしめる自身の場所と単純に切り離して責めることのできない、読む行為にともなう責任が、このやりとりを通して浮かび上がってくる。

これら投書は、単に読者側の意見としての枠を越え、新聞というフォーマットへの違和感を意識化させ、そのフォーマットがはらむ様々な問題を考える糸口ともなっている。いわば新聞という言葉の場を作り変えるような力が、戦争をめぐるこれら投書群から見えてくる。こうした、言葉の場そのものを作り変えてゆくような、これまでの言葉で言えば情報のプロセスそのものを意識化させ、組替えてゆくような可能性を、私たちはメディアに対して求めてゆくべきだし、積極的にそれを評価し、見出してゆくべきでもある。

この章では、メディアの中で常に作り変えられ、変動するプロセスとして読みの問題をとらえてきた。そして、そうした中でメディアへの新たな関わり方としての読み方をも論じてきた。こうした視点に立つときに、決定的に重要なのは、読みの「現在」がいかにして作り上げられてきたのか、を問うてゆくスタンスだろう。史的なパースペクティブを欠いたまま、読書の「現在」を考えることはできはしないし、私たちがとりこまれている読み方の規範や約束事を明らかにしてゆくことはできない。私たちが知らずに身につけてきた読み方、理解の仕方に対して批判的な距離をとる最良の方法は、それがいかにつくられてきたのかを知ることである。第三章からは特に過去の資料を対象として表現と読書の問題を考えてゆくが、そうしたアプローチが必要なのはこうした理由による。

第三章　小説ジャンルと読書の規則

三・一 「教育小説」と「立志小説」

死をめぐる二つの情景から

前章では特に現在の読みの能力について、それを支え、作り変えてゆく技術という観点から考えた。そういう観点から、多様なメディアについての議論が、どのような読みについての問題を提起しているのか、それらメディアの中での読書はどのように営まれているのか、を考えた。出来上がった表現という「点」を研究するということに関心を限定するのではなくて、そうした表現を作り、送り、売り、理解する広いプロセスの問題へと開いてゆくことの重要性をそこでは述べてきた。しかしながら、それは表現に対する詳細な検討の重要性をなくすものでも、無視するものでもない。読書は技術の中で、すなわち出版形態や流通システムや教育制度、既存の他メディアとの関係の中で作られる行為であるとともに、それぞれのテクストの具体的な表現によっても作られる行為だ。したがって具体的な表現について考えることなく読書の一般論を展開することは、そうした要因を切り捨て、抑圧することにほかならない。例えば、あるジャンルや似通った傾向をもつ小説群は、それに応じた読みの慣習や読書集団を形作るし、それが制作や販売形態に影響しもするだろう。ここで、特定のジャンル、小説群と読者の関係を史的に考えようとするのはそれゆえである。

例えば次の小説の一節について読んでみよう。

「林君！……林君！　もう、たうたう駄目でしたか！」

かう言つた荻生さんの頬を涙はホロ〳〵と伝つた。

母親は歔欷《すすりあ》げた。

遼陽占領の祭で、町では先程から提灯行列が幾度となく賑かに通つた。何処の家の軒にも鎮守の提灯が並んでつけてあつて、国旗が闇にもそれと見える[1]。


二〇世紀初頭のこの小説の一場面は、日露戦争の戦勝に沸く中、ひっそりと田舎で病死する青年教師を描いている。田山花袋の『田舎教師』の一節である。貧しさ故に上京して勉学を続ける道を断念し、恋愛や学問への希望から遠ざかる寂しさの中で次第に心身ともに荒れ、ついには肺病を病んで死んでゆく。

花袋のこの小説はよく知られているが、この小説が出てくる以前に、学なかばにして地方の小学教員となった主人公の道程に焦点をあてた〈田舎教師〉テクスト群があることはあまり知られていない。例えば、その一つである『村夫子《そんふうし》』のラストを見てみよう。ちなみに「村夫子」とは田舎の学究を蔑んで指す場合もあるが、この時期の用法について言えば必ずしもマイナスの用法として用いられてはいない。


「お合さん、お合さん」

「……」

病床で安雄の写真を抱き最期を迎えるお合
—蓮實珂川『村夫子』(育成会、1908・4)

> 「誰か来ておくれ。お合さんは大変だ、お合さん」今しも安雄に嫁ぐ花嫁を乗せた馬の一行は、この家の門に通りか丶つて、人声が近く聞こえるから、誰れかに来て貰つてと思つてお勝は声を限りに呼んだが、応へるものは軒端に引つ掛けて置いた簑笠の風にゆられて戸を叩く音のみである。[2]

　題名も発表時期も似通った二つのテクスト。引用では、外を通ってゆく華々しい行列に対比された屋内での死が、クライマックスとして織り込まれているという点まで共通している。しかし実はこの引用はむしろ両者の違いを際だたせるために持ってきたものだ。一方の小学教師清三は、前に述べたように小学教員としての自分の立場に不満と焦燥を抱きつつ寂しく死んでゆく。もう一方の小説の小学教員鈴木安雄は地方で教育に携わることに至上の価値を見いだし、許嫁と結婚して家庭を築くことになる。そしてここで息絶えているのは主人公の安雄ではなく、安雄がかつて約束をかわし、教員になる道程で捨てることとなった女性お合である。

　この時期のいくつかの〈田舎教師〉テクストを検討すると、いくつかの共通したパターンも見いだし得る。そしてまた、いくつかの似通ったテクスト群の中で特定の小説を読むことにおいてはじめて見いだし得る問題も出てくる。つまり、いくつかの類似したこの時期のテクスト群を背景にしつつ、例えば花袋の『田舎教師』を検討するとき、それら背景に対してどのような特異性をこのテクストが持っているのかが浮かんでくる。何がそこで共通しており、何を欠いているのか、といった点を検討することもできるだろう。ここでは、そうしたことを検討しつつ、テクスト群の中で生成する読みについて考えることもあわせて行ってゆこう。

ジャンルへのアプローチ

こうしたアプローチ、すなわちテクスト群と読者の関係を史的に考える方法について、少し補足的にこれまでの章との関係の中で説明しておこう。以下この章では、「教育小説」や、同時期の「立志小説」、「殖民小説」をとりあげることとなる。これまで、こうした小説群はあまり文学研究領域では問題となってきていない。それにはいくつかの理由がある。これらの小説は、「教育」や「立志」という言葉からもうかがえるように、教育的で実用的、いわばその使用目的が明確な小説群だ。近代の自立した小説概念は、こうした利用価値を蔑視する中で形成されてきた。例えば現代でも、人とのつきあい方を学ぶため、とかコンピュータの使い方をマスターするため、財テクのノウハウを学ぶためといった使用目的が限定されたテクスト（小説、や漫画、ビデオ）はあるが、そうしたテクストは、あくまで小説や漫画としては二流の、二次的なものとして位置づけられる。というのも、それらは別の目的のために奉仕しているからであり、テクストそれ自体が独立して価値を持つとは言い難いというわけだ。

また、あくまで作家や文学的価値を重視する史的記述を行うなら、そこでは個々のテクストや作家の達成度をもとにした序列化がなされるため、有名な作家や作品は論じられても、あまり有名ではなく、類型的でしかない作品群は論じられず、むろん文学全集や個人全集にも入ることなくますます研究の対象から追いやられてゆくこととなる。言うまでもないことだが、研究の対象から追いやられているということは、歴史的に何の役割も果たさなかったことを意味しているのではないし、それらを読んだ読者が少なかったことを意味するのでもない。

しかしながら、ここではただ扱われなかったという理由だけでこれらのジャンルを考えようというわけではない。実はこれらのジャンルを扱うのは、読書について考える素材としては利用価値が高いからだ。それは以下の理由による。「教育小説」や「立志小説」は、先に述べたように読むことと用いること（使用目的）が重なるジャンルである。そこには理想的な教員像や、立身出世の型があり、それを読む行為は、それらの型を身に付ける、学ぶ行為と重なり合う。したがって読み手に提供する型や規範が比較的はっきりしているという特徴を備えている。つまり読むことを通して植えつけられる欲望、願望のかたちが、典型化されているということだ。そしてさらには、それが複数のテクスト群としてあるため、共通したパターンや型としてそれを考察することができるということもある。しかし、そうした考察のしやすさなら現在の定型化したテレビ番組を素材としてもよいし、そうしたアプローチを否定するわけでもない。

にもかかわらずここであくまで「教育小説」や「立志小説」を扱うのは、これらジャンルに典型化されている、読むことと、学び、成長し、階層的に上昇することとの重なりが、まさに近代の読者の一面を指し示してもいるからなのだ。識字層の拡大と、文字を媒介にした階層上昇の欲望の中で近代の読者は形づくられてくるが、これらのジャンルには、そうした読者の欲望が明確に織り込まれることになる。それゆえにこそ、こうした史的な読みの欲望を見定め、その行方を検討することが重要なのだ。これは単にある時期の表現にはらまれた願望のかたち、読者に共有することをもとめる典型化されたそのかたちの問題にとどまらない。それが何を引き起こし、どのような思考につながり、どういった事態とかかわってきたのかを考えること。もしも現在の読みにおける規範や願望を考察するならば、こうした読みについての史的な思考と調査は避けることはできない。でなければ現在読みについて考えることの意味そのものを見失いかねない。

教育小説と『田舎教師』

この時期の、理想の小学教員像を描き出そうとする小説群、すなわち「教育小説」のジャンルに関しては女性教員の描き方の問題とともに別の場でも論じたことがある[3]。そこでも少しふれたことなのだが、しばしばそれらには似通った状況設定があらわれる。それは『田舎教師』の清三の設定のように、都会での栄達を一方におき、その一方に地方の小学校勤めをおいて、両者のせめぎあいのもとに主人公を置く。そして多くの場合には、より高い地位や中央での栄達の機会がやってくるのだが、あえてその地方の小学教員を選び取り、最終的には家庭を持って校長となる、あるいは碑が残る、ということを理想的な結末として準備する。

例えば冒頭の『村夫子』もそうした一つであり、師範学校を女性問題でやめさせられた安雄が、別の地方の小学校で努力して本科正教員の検定試験に合格し、故郷の小学校に勤める。やがてより給与のよい中学校から誘いをうけるが思いとどまる。人々は「鈴木君それでこそ理想の小学教師だ、前途多忙の少壮の身を、社会から余り尊敬を払はれてゐない、この職の為に一生を捧げて村夫子となることを誓はれた」と喜び、やがて安雄は校長となり、村夫子頌徳の碑がラストでたてられる。

別の例では小泉又一『教育小説棄石』(4)で描かれる小西誠一があげられるだろう。父が病没し「中学を二年にして退きし彼は傾ける家道に懊悩しつゝ、村の小学校に臨時雇いとして」勤め、やがて師範学校を出てある村の小学校に勤め、母校の主席訓導として招かれるが、それを断り、やがてその小学校の校長となる。

もっとも、近代の教員史からは、実際には極めて経済水準の低い小学校教員において、よりよい給与を求めて別の学校へと移る教員が数多かったこと、また、町村が小学校費を負担していたがゆえに給与の地域格差が大きかったという事態がうかがえる。それゆえにこそこうした理想像が物語の枠組みとして作り上げられてきてもいる。そして、こうした物語枠は、より細かく見れば、それを支えるいくつかの価値観をになった言説によって歴史的に構成されていることがわかる。それは「あるべき」型なのである。そうした「あるべき」姿、価値観を語る言葉が根拠としている、よりどころとしている一群の表現の型、すなわち言説のパターンをそこに見てゆくことが可能だ。その価値観の根底にあるのは、児童を神聖視し、児童への愛情を至上とし、教育、中でも初等教育をもっとも神聖なる行為として描き出す言説だ。

『教育小説棄石』の誠一は、実業界に転じようとする友人に語る。「……元来、君は教育のために教育しやうといふ心が無いから駄目だ」と、「教育」がそれ自体自立的な価値をになわされ、また「我々の職業は物質以上なんだ。彼の天真爛漫で、清浄無垢な子供を教育する其の間の楽しみは甚麼《どんな》だらう」といった言説が説得の要として用いられる。「我が愛は幾多可憐の小天使と、慈悲深き母とに捧げん」といった児童を神聖化するメタファーによって彩られた彼の言葉。こうした言説から、教育と国家の親密な関係を見て取るのは容易なことだ。子供そのものに価値がある、教育そのものに価値がある、といった自己目的化した言いまわしは、同時にある種の思考停止であり、それらの思考が社会的にいかなる作用を引き起こすことになるのか、といった問いを見えなくするメタファーでもある。児童を神聖視し、教育を至上の行為とし、校長を至上の到達点と考える思考は、同時にそれまでに作り上げられている支配体制を自明のものとして疑わないこと、受け入れる思考でもある。もっとも、こうしたことは『教育小説棄石』や石川栄司『理想の小学教師』[5]に描かれた各種天皇のページェントや、さらにはこの誠一のように、大水で荒れ狂う中「御聖影」を救いに行ったりと、露骨に描かれてもいるのだが。そしてまたそれは『田舎教師』にしても例外ではない。

　小林清三の死をもって終わりを向かえる花袋の『田舎教師』は、これらのテクスト群を背景に置いたとき、前述の典型的な物語の枠組みが途中で途絶えた形を持っている。つまり校長になって、田舎教師としてたたえる碑がたって、というところまでゆかずに死んでしまう。では、清三の死というプロットをあらかじめ抱え込むこのテクストは、そうした典型化された小学教員像のかたちへの批判、否定として考えることができるのだろうか。

なるほど、清三の描写においては、先述のパターンとむしろ対照的な人物造形がなされてはいる。校長と対座した清三は「学校教授法の実験に興味を持つ人間と、詩や歌にあこがれている青年」として対置して描かれ、また、清三の内面を語る際にも「校長自らも鼻を高くしてその地位に満足して居る」といった校長職へのさめた言い回しを用い、「自分は彼奴等のやうに校長になるのを唯一の目的に一生小学校に勤めている人間とは種類が違ふ」といった言葉を内面において語らせてもいる。そうした教育至上の思考への蔑視ともいえるような描写。つまり彼の内面は「「自分はこの高き美しき小学教員の生涯を以て満足しようか」などと考へることもある」といったように、先のパターンに自分をそわせようとするものの、絶えずそこに距離を感じてしまう人物として描かれている。清三の文学趣味や「センチメンタル」は、そうした対比をきわだたせもしている。また、これは女性関係においてもそうで、男性教員が女性の教え子に抱く欲望も「教育小説」の一つの定型的なパターンなのだが、『田舎教師』では清三とひで子の関係として出てくるものの、これもまた、清三の死によって成就することなく終わる。

しかしながら、一見対照的なように構想されつつも、実は両者が似通った欲望に憑かれているということ、あるいは共通する欲望を読者に喚起するテクストであるということをここでは中心的に論じたい。

記号への奉仕

この共通する点を一言で言うなら、記号への欲望、あるいは記号への信奉というふうに表せるだろうか。この時期の教育雑誌を検討すると、当時の教員達が実験、観察という方法的なパラダイムの中で、どれほど児童や自らの内面を記号化する欲望に動かされていたかをうかがうことができる(6)。児童の内面や記憶を、文字や記号で記述、表象しようとするとともに、教員自らもまた、自身を理想的な記号と化そうとする言説があふれている事態がそこにはある。

清三は一見教育に冷ややかな距離をとりつつあるようだが、まさにこの記号、文字に憑かれた人間なのだ。清三が恐れ、しかしそれに目を向け考えずにはいられないこと、それは「無名」の死である。新聞紙上で人々に知らされる死と、世間の人には知られずに村で生き、死んでゆく人々とは清三の内面でしばしば対置され、「センチメンタルな心」を喚起する。それは同情と自己憐憫となって無名の死の耐え難さを増幅させる。新聞紙上の大島孤月の死や、「新聞紙上の壮烈な最期を遂げた士官」は、報じられない「無名」の死の恐怖を清三に喚起する仕組みとしてこの小説に組み込まれているのだ。

風景や雲の形や花の名前を紙の上に書きつけてゆくことに情熱を向ける清三、そして文字として日々を書き付けてゆく清三、さらにはそのように自分の生活を文字化することによって自分の生活を規制しようとする清三。雲の事を書くときにさえ日付や時間がそれらに記載されていることに注意しよう。記号として残らない時間や対象は彼にとって意味がないのだ。そういう点から見ると、例えば友人の郁治が、清三もひそかに思いをよせる美穂子の手紙を披露する場面は、単に清三の美穂子への恋が実らぬがゆえに清三を失望させているのではないことも分かる。清三の羨望は、何より、郁治が美穂子の内面を記号化したもの、文字化され残っているものを所有していることへの羨望でもあるのだ。また、彼が唯一「自分の家庭にひきつけて」「幸福」を思い描くのがひで子という「教へ子」であることも忘れてはならない。この場合「教へ子」は、教育の言説の内部に属し、なおかつ自身の階層的な優越を常に保証してくれるまなざしをもたらす存在、いわば記号の秩序の従僕として夢みられているのだ。

新聞、手紙、日記といった文字は、無数の読者に向けられている。文字になること、それは複数の読者によって読むことができるようなかたちになることでもある。手紙や日記は一見私的ではあるが、言語化される以上、その言語を理解する想像上の集団のまなざしが、そこには前提とされている。無数の、不特定多数の想像上の集団に認知されているという前提が、それらの文字の永続性や普遍性の幻想を補強しもする。

清三は確かに村や学校において、生徒や村人から「先生」としてある程度の尊敬を払われるのだが、そうした具体的な地域に住む人々のまなざしは、決して彼を満足させることはないだろう。というのも、それら具体的な少数の人々のまなざしは、彼自身をそうした永続性や普遍性を帯びた記号に変えるには十分ではないからだ。

「名」への欲望

〈田舎教師〉テクスト群を背景において花袋の『田舎教師』を読むとき、記号化する欲望、記号となる欲望といった共通点が見えてくることを論じてきたが、さらに花袋の『田舎教師』は、むしろそれをきわだたせることによって成り立っている特異なテクストなのだということがその対比からうかがえるようになる。前者が、理想的な教員像、理想的な家庭像を実現することを通じて記号となるのに比べ、『田舎教師』は具体的に、なるべき像を欠いた、「名」のみへの純粋な願望によって成り立っている。

そしてまた、それにもかかわらず、つまり具体的な理想像や、具体的に成し遂げた何があるということも特にないにもかかわらず、「名」が残る、石碑が残る、というかたちを持っているのが花袋の『田舎教師』なのである。無名なのに碑が残る、何にもなっていないのに名が残る、というこのテクストの奇妙さはもっと意識されてよい。このことは作中の登場人物清三について言えるのみならず、『田舎教師』というテクスト自体についても言えることだ。つまり『田舎教師』は、無名の登場人物清三がテクストの中の世界で碑、名を残すとともに、この書物自体によって文字として名を残す。清三はただ記号への欲望を生きているのみだというのに。そういう二重の意味で、無名を有名に変える機能を帯びているテクストなのだ。無名＝有名という奇妙にねじれたメビウスの輪は、読み手を記号へのはてしない羨望の過程に閉じこめている。だが、ここで注意しなくてはならないのは、それら純枠に記号となることを求める欲望についてなのだ。

　こうした欲望を作中もっとも誘うのは、広く浸透する記号、誰もが目にする記号、やはり新聞なのだろう。新聞の活字や写真は、単なる記号ではない。それは、無数の読者に向けられていることを前提とした記号であり、それゆえにその表現は多くの読み手の期待や関心のありかを内に潜ませてもいる。つまり新聞の表現は、単に出来事を報じるばかりか、多くの読み手にとって関心がもたれていること、報道しなくてはならないこと、がどういうことなのかをも表現している。新聞の表現は、こうした解釈者「集団」の読みのルールをも常にかかえこんでいる。新聞を読むとは、同時に新聞を読む「集団」の約束事に慣れることだ。清三が求めているのは、そうした「集団」のまなざしを受け取ること、それによって広範に通用する記号となることだった。だがその「集団」はむろん無色透明なものではない。

　『田舎教師』に織り込まれた日露戦争というイベントは、その集団が不定形でつかみどころのない無数の集団などではなく、「国民」という明瞭な枠組みをもった集団なのだという事態を浮き彫りにする。清三が求める集団のまなざしは、その集団が「国民」としてより鮮明な表象となるにしたがって、国民からまなざされることへの羨望、国民、国家にとって意味ある記号となることへの羨望へといとも容易に変貌してゆく。無数の想像上の集団が、明瞭なまとまりとして意識されるに従い、名への羨望は「国民」としての動員へと回収されてゆく。

　こうしたことは田舎教師の語りの水準の見かけ上の変化においても明瞭に見て取れることでもある。このテクストの語りは、終盤ではもはや特定の登場人物の内面に限定されることなく「人々の心は」、「国民の心は」あるいは「全国に」、「何処の家でも」、「全都」という総括的な語り口へと変容してゆく。だがそれは正確には変容ではなく、実はこのテクスト全体の語りに潜在していたものなのだ。清三の内面における羨望の叫びを語り伝える言葉が、ほとんど強迫的に抱え込まざるを得なくなっている想像上の集団、その語りにおいて絶えず前提とされている集団、その羨望と意志を語るための規範となる集団が、より明瞭に言葉を得て出てきたにすぎないのだ。

そういう意味で、『田舎教師』は、読み手を名への羨望、あるいは記号への信奉に巻き込み、欲望を喚起しつつ、無名＝有名となることを実現するテクストであると同時に、その欲望を「国民」として動員されることへと振り替えるメカニズムを内包したテクストといってよいだろう。

「立志小説」論へ

前節では、いわば〈田舎教師〉群といってよいような、地方での小学教員の造形についてとりあげた。そこでは都心に出て、名をなす、立身するといった読者の欲望を、地域教育への奉仕へ、さらには抽象化された教育という価値へと振り向ける仕組み、さらには国民という表象を通してその欲望をすくい取ってゆく仕組みがあったのだが、次に取りあげたいのは、失意の人物というよりはむしろ立志、成功する人物像を積極的に描き出そうとする小説群、「立志小説」である。

ここでは、主として「立志小説」と冠する一群の小説を対象としながら、その小説群における表象のばらつき、あるいは共通性を考えてゆく。さらには、それらの表現が作り得る読み方、あるいは読みの枠組みについて考える。具体的には、明治三〇年代の後半期に数々の「立志小説」を執筆した堀内新泉の諸作をとりあげる。それらの表現が読者に生み出してゆく欲望、その生産、再生産の技術を検討してゆくのが主要なねらいである。と同時に、ここで焦点をあてる地点は、そうした欲望が「殖民」の言説とつながってゆく一つの地点でもある。このことも後に詳しくふれてゆく。

ただし、ここでの検討はかなり局所的な作業になる。「立志小説」というジャンルが意識的に用いられ、数多くの実作をも生み出した場に焦点をあてはするが、そうはいっても特定作家が制作した小説群であり、なおかつ特定の時期に発表されたものである。したがってここでの分析をすぐさまその時代の認識の仕方全般につなげることも、また「立志」をめぐる意識がどのように史的に変化したかという図式に直結することもできない。そうした図式に一足飛びに還元する方法をとることがここでのねらいなのではない。例えば前田愛は立志をめぐる言説の波及プロセスを『西国立志編』から『帰省』にいたるサイクルとして素描する。(7) だがそのサイクルは一つのサイクルでしかなく、実際には三〇年代においてもやはり多様なかたち、場で「立志」をめぐる言説は生まれている。ここでの分析はあくまでそれらの一つとしての分析となる。また、ここでのスタンスは、明治三〇年代に活発になる「成功」や「実業」をめぐる表現とともにこれまでしばしば教育学、社会学の領域で論じられてもいる問題を、特に小説というジャンルの形成と読者との相互作用という観点から考える試みとしても位置づけることができるだろう。

「立志」の描き方、表象を問題とするとき、特にここで対象とする時期を特徴づける点として、実業系ジャーナリズムとのつながりを視野にいれておかなくてはならない。この時期、学術系の経済雑

「立志小説」広告
―「殖民世界」には毎号掲載

誌が民間経済雑誌と分化し、後者が一般読者向けの営利的な経済雑誌として成長するとともに、それらに「成功の指針としての実益雑誌型への傾向」(8)が強まっている。そうした中で生じてくる「成功ブーム」あるいは雑誌「成功」の諸表現については、竹内洋の諸論をはじめとしてすでに繰り返し問題とされてきている。(9)特に雑誌「成功」については、投稿を中心に実際の読者層を特定しようとする試みや、(10)そこでの表現の様式と出世観が連動しているという興味深い指摘もなされている。(11)ここでとり上げる堀内新泉の「立志小説」はまさにそうしたただなかで量産されてくる。新泉は成功雑誌社の記者として立志欄を担当し、実在の人物の成功談や人物談、さらには処世法といったものを執筆し、そうした中で「立志小説」と冠する数々の小説を連載、刊行してゆく。成功雑誌社から『立志小説人の兄』、『立志小説観音堂』や『立志小説人一人』等を刊行し、その一方、『精力増進法』、『時間活用法』や『立志之工夫人間学』といったより実用的な著作をも刊行してゆく。(12)こうした過程で、自身の小説を意識的に一つのジャンルとして提示する。その著作についての成功雑誌社広告においては「立志小説家堀内新泉」、「立志小説界の泰斗」といった表現を用いて広告されている。(13)実際には「立志小説」という程多くの「立志小説家」がいたわけではなく、名称のレベルでは「立志小説」というのは堀内新泉の「パーソナルジャンル」とでもいった方がよいだろう。

ここでは、それらテクスト群に共通する枠組みや表現上の仕組みについて検討してゆくこととなる。これまで、新泉の著作はほとんど問題とされることはなかった。文学研究の領域においてはその類型性や規範性の強さから「芸術性」の薄いものとして評価され、とりあげられ難いことについては先に述べたが、社会学や歴史学の分野から見たときには、「立志」や「成功」をめぐる論説や随想はしばしば対象とし得ても、小説群に焦点をあてるということが方法的にあまりなされはしない(14)。だが、まさにそれぞれの専門領域のはざまにあるこの地点で、「立志」と「殖民」とが確かに交差しているということ、表現上のつながりが生まれていることに注意しておこう。新泉は成功雑誌社から発刊された雑誌「殖民世界(15)」にもかかわってゆくとともに、そこで今度は「殖民小説」と冠する小説を書き始めることとなる。これについては後に詳しく論じよう。むろんこれは堀内新泉という限られた調査対象において見ることができる現象でしかない。とはいえ、例えば小河内五橋『立志小説殖民王』からもうかがうことができるのだが、「立志」と「殖民」が小説ジャンルとして結合し合うという事態は、新泉のテクスト群に限られるものではないこともまた確かなのだ(16)。

資本を代替する表象

ここで主として扱うのは『立志小説人の兄』、『帰郷記』、『立志小説全力の人』、『立志小説観音堂』、『立志小説逆境の勇士』、

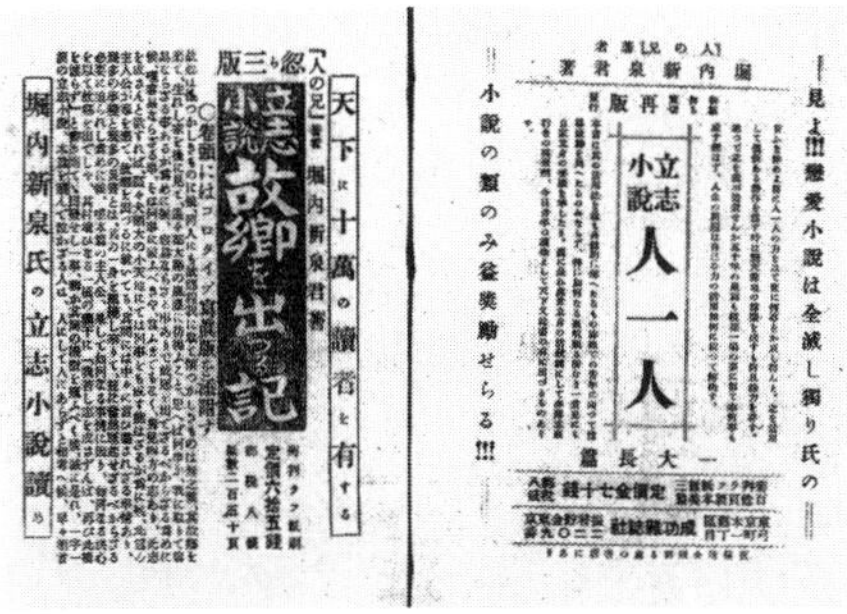

新泉の著作広告—『汗の価値』
（成功雑誌社、1911・2）より

『立志小説人一人』、『立志小説此父此子』といった小説だが、雑誌にのった短編や実用書の著作も必要に応じて参照しつつ論じてゆこう。ちなみにこれらの著作の売れゆきも気になるところだが、『帰郷記』は一九一〇年（明治43）に一一版、『立志小説人の兄』は翌一九一一年の時点で六版と版を重ねている。[17]

これら小説群は、描写する用語のレベルから話の展開、パターンのレベルまで、かなりはっきりした類型性を備えているのが特徴となっている。そこに共通する展開、設定の枠組みは「資本を欠いた者が事業を成し遂げてゆく」というパターンといえるだろう。その「事業」なるものは実際にはそれ自体中身がない自己目的化した用語として機能しているのだが。これら小説が発表されてくる時期は、一方ですべての階層にわたって上昇アスピレーションが浸透しつつ、その一方で、その上昇階梯が制度化され、学歴と職業資格の結びつきが強化、整備されるという事態が進行している。[18]そして教育費の自己負担率の少ない実業専門学校や師範学校はともかく、高等学校、帝国大学といったルートは高額な教育費の負担からして、実際には資本を欠いた者が上昇してゆくことが極めて困難な状況が現出していた。ではこの小説群の主人公たちはなぜそれが可能なのか。いかなるプロセスを経て上昇してゆくのか。その先に何があるのか。

言うまでもないことではあるが、資本を欠いたまま出世してゆくプロセスを、読者を納得させられるようなかたちで、小説として量産してゆくのは難しい。その困難さを補償するために動員される表現の仕組み、表象群が作られることになる。それらは、まとめて言えば、資本の領域を拡張するというかたちをとる。金銭ではなく、身体や精神、さらには社会関係や男性性といったものを資本として動員するという表現となる。そのため、これら小説群において、そうした諸表象の価値が上昇するといった事態が起こってくる。重要なのはそれらが単に重視されたり価値あるものとみなされるという点ではなく、資本と等価な代替可能なものとしてワンセットにして繰り返し提示されることを通じて、積極的にそれらの価値が生産、強化されてゆくということだ。

諾《よし》！俺も男だ、今年は十八！何は貰はいでもこんな屈強な身体と、今日まで何処へ行つても人に悪まれぬ正直な心を親に頂いて居る！これを資本に伸《の》るか反《そ》るか、仮令《たとひ》石に食ひつくやうな思ひをしてなりとも、何か一番身を立てる工夫をしてみやう(19)

『立志小説観音堂』で奮起しようと決意した今村孝吉は、こう語る。そもそも発憤の契機自体、貧しさ故に侮辱されたばかりか「これから出世もしやうと云ふ男子の頭にこんな傷まで」つけられた、といったように身体、頭を傷つけられるという設定がなされる。こうした身体を資本として絶えず意識し、注視させてゆく言説は、設定や登場人物の言葉を通じていたる所にあらわれる。『立志小説人の兄』では苦しい生活の中で病気の父を抱えた池端格一は、しばしば身体への気づかいと節制を意識しているが、それでもなお、自分自身病気に倒れた折「大切な健康を害うまでに進むのは、それは決して真に事業を愛する人で無い」と父親から諭されることとなる。あるいは『立志小説全力の人』ではより露骨にこれからは「各人体力の競争時代に入」ること、そして「身体の強いもの程が、即ち精力の強い人程が、何を遣つても他を征服するように成る」ことが確信をもって語られる。ここで用いられる言葉「精力」については、新泉は『精力増進法』において、「個人、家庭、国家、世界の発達進歩」といったすべてのものがそれに還元されてしまうような過度の意味を負わせ、「有らゆる階級」の差異をそこに帰してさえいる。

とはいえ、作中でしばしば口にされる言葉以前に、そもそもこれらの小説群は、病気で親族を失うことによってまず経済的な苦境に立たされる、という設定をほとんどすべての小説においてとっており、その意味では親族の欠落を通して、そしてその欠落が引き起こす経済的な辛苦を通じて、親族の欠落と財の欠落とを不可分の表象として立ち上げるのだ。『立志小説人の兄』では母の死、父の死、『帰郷記』での父の死、『立志小説全力の人』の父の死といった設定。『立志小説観音堂』での母の死によって奉公に出されるという設定や、『立志小説逆境の人』における父の死といったように。

だが単にこうした身体や親族が損なわれることへの恐怖を増幅しつつ、それらの価値を上昇させるという点のみが問題なのではない。資本の代替としてのイメージの立ち上げを通じて、身体や親族に連動した別種の表象がすべりこまされ、立ち上がる仕組みになっているという点に注意しなくてはならない。もう一度この節のはじめに引用した引用文にもどってみよう。そこでは、身体と同時に「男」であることがワンセットになっていた。実業をめぐる言説においては、身体イメージの価値上昇は、男性イメージと連動する。これら小説群において、事業を成す主体は、明示されるかされないかにかかわらず常に男性を前提としている。成功するための身体、それは男性の身体であり、さらにいえばこれら小説群においては「男らしい」身体こそが事業を成し遂げるための資本と代替可能なのだ。

そもそも「人の兄」、「此父此子」といったタイトルからもそこに通底している「男性」系列の表現を想像できようが、新泉の「立志小説」においては多くは父―子関係が主軸となる。先にあげたテクストはともに母を失った父子家庭という設定であり、[20]『立志小説観音堂』や『立志小説人一人』も同様で、ほとんど「父子家庭小説」とでも呼びたいほどだ。さらには父と子の別離（生別、あるいは死別）に焦点があてられる。こうした小説群の設定上の特徴から、それらがいわば「男」を伝達する装置として機能していることがうかがえる。すなわち、父親から息子へと生き方の指針を伝達する場が設定されることとなる。直接父親が病床から、あるいは別れに際して口にするというかたちで、あるいは父親の周囲の人々がしばしば口にする父親評価の言葉というかたちで。

こういうわけで、『立志小説人の兄』の池端格之進は「彼の人の主義――人は頼まん――潔白だよ、男子らしい」といったかたちで評され、『立志小説観音堂』の今村孝吉は「男子は睾丸が一ツありやア何《ど》んな事業でも出来る！屹度《きっと》出来る！」と叱咤激励されるのだ。また『立志小説全力の人』では「仮初にも男子と生れて、そんな旧い因縁の糸を手繰るようなことは、断じてすべき事ではない」といった登場人物の内面の規制として機能する。そればかりか、「独立自活（これが男の骨とも見るべき）」、「心地よし！世はこんな気前の男で無ければ、終生真個の味方は得られぬ」といった特定の人物の内面に属さない地の文においてさえ、積極的な語り手の支援を受けながら、男性性は経済的自立という価値意識とも連動して価値ある表象として立ち上げられる。

ではその「男」という価値は実際にはどのような意味合いを帯びているのか。それらは先の引用からもうかがえるように、「誠実」、「潔白」、「正直」といった通俗型の商業倫理によって支えられている。成功するために欠いている資本の代用として、精神的な徳目や理念が、これらの小説群ではしばしば強調され、あらたな資本としての可能性をそこに見いだされてゆく。

アヽ人は信用が大切だ！人に堅く信任せられる価値ある者であれば、何んなに好い知己をも得て、世に大事業を完成する事が出来るが、世に価値ある人の信用に背いては、終生何等の事業も出来ぬ。(21)

こう記す『帰郷記』は、資本を欠いた青年が、とある事業家の信任を得るプロセスと出世プロセスとを重ねて描くこととなるし、『立志小説観音堂』では妻を若くして失った貧しい農家の父が「正直茂作」と呼ばれ「金にかけてはこの村一等の貧乏人であつたが、心は一番の長者であつた」として描かれる。そして「正直」であれば必ず成功することを遺言として残してゆく（なのになぜ彼自身が貧しいかという問いは当然抑圧されている）。また、『立志小説人の兄』の池端格一は、会社で次々と出世してゆくのだが、具体的な作業内容は見えず、ただ「雄大なる気迫」、「金石の如き意志」、「真直なる行為」といった精神的な要因がその理由として強調される。これらの特徴から作り出される効果としては、一方で経済的な成功、失敗の原因を個人の精神内部にもとめるという規制を読む側に作り出すと同時に、一方で成功した到達地点（結果）よりも到達プロセス自体に読者の関心を振り向けるという点を指摘できるだろう。後者については次の節でより具体的に問題としてゆく。

これら立志小説群の諸表象から、資本の欠如へのまなざし、注意を、別の回路に分散させるシステムを作り出しているということが見えてくる。それは事業を成し遂げてゆくための元手として、身体、家庭、性、精神といった諸形象に価値づけを行いつつ、そしてそれら相互のつながりを作り出しつつ、同時にそれらを成功や出世が可能になるためにあたかもそれ以前から存在していたかのような原因、あるいは条件として機能させる。経済的な問題が身体や精神の用語系に移し替えられるシステムがここにはある。

立身プロセスの自立と空白

前田愛の描き出す官員、政治家を到達点とする地位アスピレーションに対して、竹内洋は明治三〇年代後半の立身出世を特徴づけるものとして金銭アスピレーション、成功して富貴に至るというアスピレーションを指摘する。(22)だが、実を言えば新泉の「立志小説」において繰り返し反復されるのは、まさにその金銭に対する極度の蔑視にほかならない。それは登場人物の形象、特に「金貸し」の形象、描写において明瞭に指摘し得ると同時に、様々な小説中の発言におりこまれつつ語られる。『立志小説人の兄』において、主人公の家庭と対照的な負の描写を引き受け、悲惨な末路をむかえる「これ守銭奴として、彼を知る人の限りの人に知られている」金垣家は「金より重宝な物が何処に在る！」

と公言している「金貸し」である。『立志小説全力の人』に登場する、やはり同様に負の諸特徴を身にまとわされる「椎朱《つゐしゅ》の叔父」は「高利貸しとは、彼奴も善々因業者だな！」と主人公の家族、親類の人々から嫌悪され「所が何を云つても、相手は酷い金貸をする位の人物、今も色々話しては見ましたが、義理も情けもありはしません」ということとなる。また、「世の金持ちの子孫は目下何を為しつゝあるか、その多くのものの末路は、今日如何になりつゝあるか。これ丈云へば、最う充分であらう」（『立志小説全力の人』）、あるいは「学資が無くて学問が出来んようなそんな弱い奴ぢやア、学資があつても物には成れぬ！金持ちの令息《むすこ》が何よりの手本だ！」（『立志小説観音堂』）といった表現にみられるように、経済的豊かさ＝堕落といった定式化された表現も少なくない。このことは、前節での特徴とも深く関わっている。というのも、「巨万の富をかけてもこれは買はれぬ、立派な相続者《あととりむすこ》」（『立志小説全力の人』）とか、「彼の女は金で買はれぬ二個の宝（その一は眉目形美しく生れたのと、他の一は如何にも従順なる心を有《も》つて居るのであつた）を有つて居る」（『立志小説観音堂』）と、金銭に代わる価値を対立項として立ち上げることを可能にするからだ。

　さて、このように金銭を、そして経済的に豊かになる地点や、富裕なる者を否定、蔑視するという特徴を述べてきたが、それではこれら小説群において、いったい目指されている地点とはどのような地点なのか。それは「実業家」となること、「事業」を成すことということになるだろう。より正確に言うならばそれは事業よりもそれを成すこととそのものにある。というのも実のところ、登場人物の言葉を支えている小説中の理想の地点は、特定の事業の達成とか、どのような事業をなすかといったことではなく、事業をなすこと、成そうと努力すること自体に移っているのだから。何かのための事業、実業ではなく、事業それ自体が価値を帯びた場として自己目的化している。[23] つまり職を得ることよりも「自分の目的は俸給取たるにあらずして、一廉《ひとかど》の実業家たらんとするにある」とし、貯蓄も生活のためではなく「贅費を省いて、後日それを有益な事業の資《もとで》に喜んで投じやう」とするためである（『立志小説人の兄』）。『立志小説全力の人』においても、高級官僚というのは目的地点とはなり得ず、主人公は「ホンの一時の腰掛け」ということになるわけだし、亡き父親の親友である男山は彼に向かって「役人など詰らんもんだよ、まあ早く足を洗つて」他の事業でも始めればよいと諭すのだ。

とはいえ、登場人物達が「実業の黄金時代が遣つて来る《ママ》です」（『立志小説全力の人』）、あるいは「最う除除《そろそろ》日本にも実業の黄金時代が遣つて来ますぞ、否、来なければ成らぬ！」（『立志小説観音堂』）と「実業の時代」を待望するのだが、やはりその「実業」の実質的な中身はほとんど見えてこない。それは成すことにおいて価値あるものでしかない。すなわち、経済的な成功、到達地点自体の否定的な描き方は、あるいはその到達地点自体の実質を欠いた描き方は、価値の場を到達地点から到達する過程へ、具体的な何かを成すことよりも困難を越えてたゆみ無く努力する過程そのものへと価値の場を移してゆくこととなる。

新泉の立志小説においてもっとも特徴的な点が出てくるのはここにおいてである。すなわち、辛苦、困難のプロセス自体を神聖化し、価値ある場として自立させるという特徴だ。出世し、経済的に豊かになる到達点が重要ではなく、むしろそのために厳しい経済状況の中で苦しむこと、苦しみを積極的に受け止めることに価値を与える。このことは、成功することではなくそのための努力自体が尊いとか、報われなくとも誠実で勤勉であればそれ自体で価値があるといった「修養主義」の流行現象と混同されてはならない。ここでとりあえず指摘しているのは、あくまで小説の形の上での特徴、「艱難辛苦」それ自体を聖別し、苦しみそれ自体を評価する小説群の形態的な特徴である。

　大統領ガーフヰールド氏の所言は忽ち彼れを捕へた。曰く、「貧窮は青年が父祖より継承する遺業の至幸至福なるものなり」と。[24]

　それはしばしば格言調で（あるいはこの引用のように実際の格言として）地の文に浸透するとともに、主人公にもたらされる忠告として提示される。『立志小説人の兄』では「苦労した人で無ければ物には成れぬ」、「幸福の母は苦労である」、「偉人を育てあげた乳は大方艱難である。大きい人程多量にこの乳を呑むで居る」、あるいは「先考《ちち》も生前繰返して、「辛苦の人は神聖である」と謂はれた」、「「辛苦は人を神聖にする」と云ふのは実際だ」といったように。その他の小説から指摘するなら、「苦痛は最良なる幸福の変装したるものである。」（『帰郷記』）、「偉く成つた人の前身の多くは皆俺のやうな貧乏人の子ださうな。」（『立志小説観音堂』）、「世の中に大きな事業を成し得るやうな大人物に仕立てやうと云ふには、何うしても小供の時から世の中の冷たい雨や風に晒して、その身体並に精神をウンと鍛練はせなければいけません」（『立志小説逆境の勇士』）といった指摘が出来るだろう。

　最後の例は、「大きな事業」のためであって苦しみ自体を価値としているわけではない。しかしながら、この小説は構成そのものにおいて、辛苦のプロセス自体が自立していることを表している。というのも、『立志小説逆境の勇士』という小説は、序において「逆境の勇士として尊敬すべき川辺氏の哀史なり奮闘史なり成功史なり」とは述べるものの、実際には幼少期の父との死別、母との別れといった部分のみで完結しているのだ。同様の傾向、すなわち成功した到達地点は提示されるものの、苦しみのプロセスのみで実質的な上昇プロセスを欠いた構成を持つという傾向が彼の小説群には指摘できる。短編「立志小説春の声」は両親を貧困の中、病で失う悲しみに焦点をあてて、最後の数行で突如として回想形式を利用して裕福で成功した現在の時点へと一足飛びに飛ぶ構成をとるし、「立志小説銀貨」でも同様の時間構成となっている。(25)

したがって、これら「立志小説」の際だった特徴として、到達地点を否定し、その到達プロセス自体に価値の場をうつすこと、さらにはそのプロセスが、艱難辛苦というプロセスに還元されると同時に、実質的な上昇プロセスが空白となってゆくということが言えるだろう。(26)次の節においては、これまで指摘した形態的な特徴に、補足的な指摘を交えながら、それらがいかなる読み方を生み出すことになるのかをより細かく検討する。

表現と読みの枠組み

新泉が次々と生産した「立志小説」の形態的な特徴について述べてきた。そしてこれらの小説群に共通する表現のパターン、構成や登場人物の形象の仕方における共通性、小説の内部の価値基準を論じてきたわけだが、これらは同時に、ある読み方の枠組みを指し示してもいる。小説は常に読みの約束事の束であり、それ自身の表象のシステムを駆使しつつ、その情報（小説）の理解の仕方、受けとり方そのものをも生産する。そのような形で、表現と読者の間で作り上げられていた受容のスタンス、読み方の枠組みを歴史的に問題化することをここでは試みている。[27]

では、これまで指摘してきた諸特徴が作り上げていた読み方とはどのようなものなのだろう。結論から先に述べておくなら、それは「艱難辛苦」に安心してひたっていられるような読みのかたちである。読みつつ、いわば「辛苦という快楽」の場に停滞する読書であり、目の前の経済的な苦しさや困難を、システムの内部で甘受してゆく読み方、理解の仕方だといってもよい。このことをより細かく、具体的な表現の特徴とからめながら以下論じてゆきたい。

前節で強調しておいたように、これら小説群においては、成功し、出世した到達地点ではなく、むしろふりかかってきた困難の下で苦しむ、その苦しみ自体を価値ある場として立ち上げる。それは、「苦しみ努力しつつある現在」自体に価値を認め、同時にその時点へと読者を封じ込める表現といってもよい。だが、そうした苦しみや困難の聖別は、同時により大きな読みの枠組みの中ではじめて機能する。すなわち、現時点での艱難辛苦が、やがては報われるという安定した時間的なパースペクティヴを前提として必要とするし、さらに言えば、そうした報われるという事態が訪れるためには現時点での評価システムが将来も永続しているという前提も必要だ。つまり、これら小説群はそうした読みの枠組み、前提を必要とし、読む過程においてそれを読者が補充するよう要請してもいるわけなのだ。より具体的には、成功し、豊かになった到達地点を小説の枠組みとして提示し、同時に到達点への具体的な上昇プロセスを空白として残し、苦労しつつある現時点への注視を引き起こすことで、それらをつなぎあわせる読みの枠組みを要請する。このことを補強しているのが、到達点を示唆、意識させる枠組みだ。それは単に成功した者が苦しい過去を回想するという回想形式にとどまるものではない。

例えば、ここで扱っている「立志小説」においては、描かれている人物が、現在成功した実際の人物なのだということを様々な形で指し示すことで、そうした到達地点を前提として読む枠組みを保証する。『帰郷記』や『立志小説観音堂』の広告コピーには「現代の大実業家某氏の実歴」に材をとったということや、「今日に名を成せる或る知名の士の実歴を根拠」にしたといった言葉があるし、『立志小説逆境の勇士』をはじめとして序においてそれを示す場合もある。だが、より興味深いのは、それが地の文の語りの乱れや語りの自己言及という形で作中において示される場合だろう。

さあ君の我が実業界に於ける光明的経歴は、実は此処に初めて始まるので、君が半生の伝記作者の聊か世に紹介しやうと思つたのも、実は君が事業に属するのであつた（中略）ア、過去数ケ月の間、我が日々机に向つて親しみ来たりし池端氏よ。我は最早『人の兄』としての君が伝記の一部分を終るべき運命に近く迫つて来た。(28)

『立志小説人の兄』では、少年期から次第に現在に近づくにつれ、作中人物の呼称が「格一」から「池端氏」、さらには「君」という呼びかけ調にまで変化してゆく。あるいは『立志小説観音堂』でも「さて、彼我の契約は相済んだ。同時に孝吉は、いや今村氏はモスリン会社の販売員に為り」といったかたちで呼称を変化させてゆく。『立志小説此父此子』における主人公に地の文で用いられた敬語表現の例をあげてもよい。すなわち、これらは、すべて三人称形式の小説であるにもかかわらず、実際の実業家をモデルとしているため、話が成功している現在時に結びつくにしたがって、呼び捨てにできなかったり敬語表現を使ってしまったり、といった「配慮」が出、それがそれまでの語りの調子にばらつきを与えることとなる。だが、こうした形態のばらつき、乱れ自体が、同時に、現時点で存在する成功者の所在を読者に意識させる修辞としても機能することに注意しなくてはならない。

この節のはじめに述べた読み方、つまり経済的な苦しさや困難をそれ自体価値あるものとして受容する理解の枠組みは、こうした形態上の特徴とそれを具体化する読みの行為の中でうまれてゆく。そして、強調しておくべきは、それが同時に二重の意味で読者が辛苦に「安心してひたれる」ような読み方でもあるということだ。それは描かれた苦しみや貧困を、やがて報われるための価値ある経験として安心して小説の中で受け入れることができるという点で、さらにはそうした長期的な価値評価のシステム（やがて報われる）が、それ自体永続するものだという幻想を前提として与えてくれるという点において。

だが、その安心してひたれる読み自体を可能にしている表象とは、第二節で具体的に指摘しておいたように、資本を代替する表象の立ち上げによって支えられている。例えばそれは「男らしさ」や精神的な鍛錬といった価値を立ち上げるとともに、その欠落こそが経済的な困難、失敗の原因であるという思考回路を作る。資本の欠落、そしてその地点にむけられるはずのまなざしが、こうした自己への閉ざされた注視の回路に回収される。こうした表象の回路と読書行為の関係をこそ見て取るべきなのだ。

「立志小説」群を対象にして、そこで作られる読み方、理解の枠組みについて考えてきた。最初に述べたように、それは時代の思考パターンに直結できるものではない。だが、これらの小説群が生産される過程で、まぎれもなく立ち上がる一つの読みのあり方なのだ。つけ加えるなら、こうした読みの問題を離れて言説のみの歴史的な分析ができるわけではない。それは例えば、たとえこの時期の小説において、貧しい悲惨な人物や出来事が描かれていたとしても、そうした表現のみを自立して考えたり評価したりできはしないということを意味している。たとえそうした場面があろうとも、同時にそれらを辛苦という快楽として受容する読み方、枠組みが一方にあるのだ。そうした理解、受容の枠組み自体を問題化してゆくというねらいの中で、ここでの分析は進められている。

三・二 〈立志〉から〈殖民〉へ

「立志小説」の行方

以上において論じてきた問題は、さらにいくつかの問題を提起する。ここでの「立志小説」は、同時期の実業雑誌の諸言説の中で生成され、読まれている。そうした実業をめぐるディスクールとの相関性はどうなるのか。また、最初に提起したように、「立志」をめぐる諸言説が、「殖(植)民」[29]をめぐる言説といかに連接することになるのか。以降はこの方向において、調査を展開してゆくこととなる。
　例えば、新泉のかかわってゆく雑誌「殖民世界」という場の検討も、そうした二つの問題を顕在化させてゆく調査となる。新泉はこの誌上で今度は「殖民小説」と冠する小説を執筆する。そしてそこでは、ここで述べた小説群の型が反復、転移してゆく事態を見て取ることができる。すなわち、苦労しつつあるプロセスは、苦しみ、悲しみつつ移民する旅程というプロセスに移されるのだ。一九〇八年（明41）の「殖民小説殖民隊」、あるいはそれに続く「殖民小説深林行」(30)にしてもそうだが、植民地という目的地点が描かれるよりも、その旅程の苦しみ自体を小説化することとなるのだ。

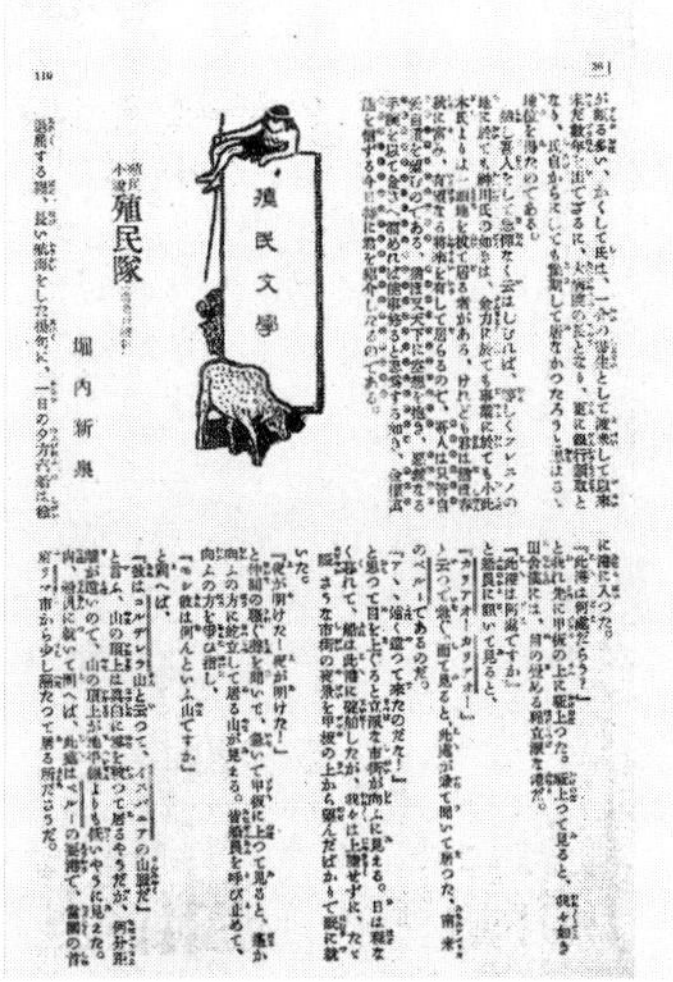
殖民文學
殖民小説 殖民隊
堀内新泉

新泉の殖民文学―「殖民小説殖民隊」
（「殖民世界」1908・6）

　苦しみ自体のプロセスを自立させてゆく型の背景で、この雑誌の諸表現の中から、資本の欠如を代替する可能性をもった新たな表象が流入してくる。資本がなくとも成功できる、広大で安い土地に豊穣な農作物という定型化された表現がしばしば用いられるようにもなってくる(31)。

　流石《さすが》は米大陸だ、僕の持つてゐるのだけでも五十万町歩ある。何うだ驚いたらう、それで春にでもならうものなら確にパラダイスだ。〔中略〕それで大きいんだよ、君、村の猫の額程の地を想

像したつてだめだよ、僕は君に今一度勧める、是非やつて来給へ

こうした海外へと誘う言説と、これまで述べてきた読者のひたる辛苦のプロセスはつながりあってくるのだろうか。そしてそこにどのような海外や植民地イメージを作り出してくるのだろう。あるいは国家や領土をめぐるいかなる表象がそこにはうまれてくるのだろう。[32] 次に考えたいのはこうした「立志小説」の行方である。

論じる手順としては、堀内新泉のかかわった雑誌「殖民世界」をとりあげてその表現を検討することにしたい。特に「南米」と「殖民」をめぐる問題系をそこから抽出し、そこでの表現と読者の関係について検討しよう。また、当時の実際の南米への移民事情や植民政策との関係のもとでそれらを考えたい。そして、そうした中で、いかに海外がイメージ化され、表象されているのか、そこでどのように読み手を海外へ誘う表現が生み出されているのか、といった点をも論じてゆく。また、それは「移民」をめぐってなされる錯綜した議論やイメージの場を論じることともなる。その上で、小説の形象において、それらがどのような形で具体化され、どのような読みの空間を生み出しているのかを考えてゆきたい。

だがそのまえに、これまでの「立志小説」とそこで生まれる読み方についての議論の背景となっている、実業をめぐる言説の中に、いかに「殖民」の問題系が流入してくるかを見ておこう。竹内洋は雑誌「成功」における「海外雄飛」については、特に一九〇〇年代に入って誌面で強調され、「海外活動」欄の創設や「記者と読者」欄における「海外」欄設置といった動きが見られることから、実質

的に頭打ちとなりつつある低学歴層が成功するルートの一可能性として、海外植民についての記事にも力を入れていたことを指摘する。[33]ここでは、当時の実業系の一般雑誌として「成功」とならんで大きな存在である実業之日本社の雑誌「実業世界」の誌面構成から、明治三〇年代後半の「海外情報」の扱いについて見ておこう。

日露戦争のはじまる一九〇四年（明37）、この雑誌にも戦争にかかわる企画がいくつか設けられるが、そうしたなか、経歴小観欄に「日本人の海外成功者」ができる。[34]翌月には「海外の発展地」欄が出現している。[35]ここではおもに「韓国」の農業経営が対象である。当時実業練習生としてアルゼンチンに滞在していた丸井三次郎は「南米の事情」[36]において南米の紹介記事を書いている。「南米」をめぐる諸イメージについては後に詳しくとりあげることとする。その後も丸井はアルゼンチンについての情報を掲載し、山口周平も「亜爾然丁《アルゼンチン》殖民事情」などでその紹介を行っている。[37]丸井はその記事において、森岡移民会社がそれまで行っていたペルー移民の成果が芳しくないことと対比しつつ論じているが、その森岡商会の森岡秀吉はペルー植民の有望さや、現在まで送り込んだ移民の送金高や労働条件についても論じている。[38]そして翌年「海外渡航案内」欄が新設される。[39]その他、「清国」、「北米」、「シャム」が海外としては登場しているが、先の森岡秀吉をはじめ、読者からの南米渡航に関する質問に適宜答える形式をとる論もあらわれ、「南米」が海外発展地として強調されていることがわかる。[40]

成功雑誌社から雑誌「殖民世界」が刊行されてくる背景には、こうした海外での成功、発展という情報の増加がある。以降では、「殖民世界」における諸表現を細かくみてゆく。渡航先の各国、特に南米の国々の情報における国家、人種の表象のあり方、「殖民」自体のとらえかた、さらには記事の形式や構成によって生み出される読者への効果の問題をも含めて論じてゆきたい。

海外、南米イメージの行方

雑誌「殖民世界」は雑誌「成功」を、「殖民志望者」向けに特化したようなかたちで作られている。その綱領には「殖民志望者の唯一伴侶となり」「大陸的世界的の実業家を、我国民中に養成せん」といった文句が見られる。内容としては海外の風土や風俗、植民可能な有望地の職業情報や渡航方法、植民者の現状などの情報があり、植民者や植民政策についての主張がある。形式としては、論説ばかりではなく、海外からの便りや読者との応答、植民にまつわる懸賞小品文を募集したり、「殖民文学」欄をもうけて「殖民小説」と冠した小説を掲載したりもしている。

この雑誌は、学歴をも含めて、資本を持たない者が成功する経路を提示しようとする方向性をもっている。安価な土地や利益を得るのに有利な条件を備えた「海外」という場を、格好の資本の代替物として表象の中に組み入れてゆく。ちょうど海外に出かけ、その土地を入手してそこから利益をあげるように、海外の土地を誌上で情報化することを通じて、あらたな「富源」を作り出してゆく。

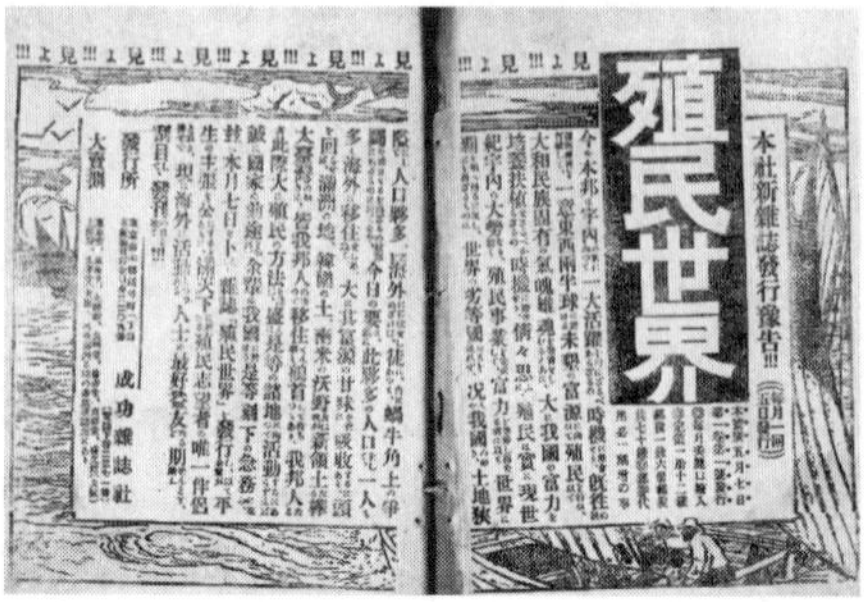

「殖民世界」の広告—雑誌「成功」（1908・5）より

「殖民世界」においては、こうして「有望」情報化された世界が作り上げられる。「カムチヤツカ半島の大富源」が、そして「比律賓群島の一大福音」が詳細な数値とともに有望な労働の地として紹介される。[41]注意すべきは、そうした細かな数字が、単に客観的な数字ではない、ということだ。それは「有望」度という「数量」へと世界を変換するレトリックなのだ。例えば柳沢義一郎「羅暹《シャム》は如何なる事が日本人に有望なりや」は外国の単なる職業紹介ではなく、「日本人」への有用度に変換された「羅暹」なのである。[42]

そうした「有望」度において、もっとも雑誌の表現の上で優位をしめているのは「南米」という場である。それは他国の描かれ方と比べてもきわだっている。もっとも、「南米」への植民というイメージは、内田魯庵「くれの二八日」にも既に書き込まれている（この場合は中米だが[43]）。周知のごとく、この背景には明治三〇年の「榎本殖民[44]」を契機としたメキシコ植民への一時的な関心の高まりがあり、この小説に描かれたメキシコの描写が、地理的な情報を十分ふまえていることは既に指摘されている。[45]では、この明治三〇年代後半の南米への関心は、どのような状況のもとにあったのか。ひとまず南米移民の実状をとらえておくことからはじめよう。[46]その上で、当時の南米、ブラジルやペルーを中心にそのイメージをおさえながら「殖民世界」の表現を考えたい。

ブラジル移民については、一九〇五年（明38）に現地に着任した外務省通商局長杉村濬《ふかし》が外務省に送った報告書により、ブラジル移民の有望さが情報としてもたらされ、それが新聞等で広く知られることによってブラジル渡航熱が高まってゆく。[47]ブラジル渡航旅券が交付されはじめるのが一九〇六年（明39）二月である。ブラジル移民熱の高まりは、より大規模な契約移民、サンパウロ政府と皇国殖民会社との間で結ばれた契約をもとに三〇〇〇名を三年間に送る契約を翌年一一月に結んでからである。一九〇八年（明41）四月八日に移民を載せた笠戸丸は神戸港を出発するが、雑誌「殖民世界」はまさにその翌月、この出発の模様の写真をも掲げて五月一日に発行されるわけである。[48] ペルー移民は、森岡商会、及び明治殖民会社が手がけており、一八九九年（明32）から始まって、この年までに九回、六二九五人を輸送している。この数は一九〇九年（明42）一二月までに五一五八人に減少しているが、その要因は過酷な労働や風土病による病死が多くを占めている。[49] アルゼンチンは移民の受け入れ、支援はしているものの、基本的には欧州移民優先主義であり、実際の入国はかなり制限されることとなった。大正期までのアルゼンチンへの移民は、ブラジル移民からの転入者であり、その数はわずかである。[50]

出発の光景—笠戸丸にて（「殖民世界」1908・6）

さて、そうした状況に対して、この雑誌はどのような「南米」像を作り上げているのか。一言でいえば、他国と対比的に、きわだってその土地の広さ、獲得しやすさ、労働条件や気候の良さが強調されている。例えば、古在由直は、すでに日本人でも土地への投資がはじまり、地価の高騰のはじまった「韓国」とは異なった地として、しかも荒地でさえも十分利用価値のある場として「南米あたりの荒蕪地」を引き合いに出している。[51] あるいは「北米」と対比し、「北米」は社会も完備しており、相当な資本が無ければ成功は難しく、排斥運動もあり、「北米の地は小成功は得られるかも知らぬが到底大業の出来る処ではない」、だが、南米では「「事業」は「人」の来るを待つて居る」とする論もある[52]。

大隈重信「大和民族膨張と殖民事業」も、北米の排日熱にふれつつ、「南米の天地」を有望視し、「天然の富源は至る処に埋没して居る」と述べる。「広潤豊穣なる地」であり「人口四五億を容れて尚余裕」であるのにくらべ「朝鮮は先づ五六百万から一千万」が限界としている[53]。この人口と国土の問題は、植民の主要な理由づけとなる点なので後に再びとりあげることになるだろう。また、メキシコの「キミチス殖民地」の面積、気候、雨量などの細かい数字をあげて説明したり[54]、ペルーでの護謨樹の栽培、樹液の採取に従事する「日本労働家」の写真を掲載し、あわせて細かい地誌的情報を掲載した記事も出てくる[55]。執拗なまでに提示される細かい数字は、一見不要に思えるが、過剰なまでのその数字こそが、それを提示すべき理由が十分にあるかのような効果を生み出すのであり、その意味では数字の提示こそが、その数字自体の重要性を生み出しているといってもいい。

雑誌自体の傾向としても、南米への植民を支援しようという方向性をかなり明瞭に見てとることができる。記者の署名のある「墨士哥《メキシコ》殖民の有望」ではメキシコを「本邦殖民の好適地」とし[56]、同じく「伯剌西爾《ブラジル》の移民契約」では、年々二千名の日本労働者を送る契約を水野龍が結んだことを「我国移民の前途に一大光明を与えしもの」と評価している。また、同じく記者「秘露《ペルー》移民規約の革新」では森岡商会が期限六ヶ月の短期契約移民を行うことも、移民増への新たな試みの一つとして評価してもいる。

実際の細かい渡航費用や方法、手続きについての情報ももちろん掲載される。ブラジルについては

「殖民地として好適な理由」をあげつつ、皇国殖民会社のブラジル政府との契約についての説明がなされ、「殖民の享く可き利益」としてブラジル政府からの医療面、住居面の支援や会社からの土地払い下げについて、土地所有権の獲得についても述べ「三千円以上の貯蓄を一ヶ年になすことを得べし」と論じられ[57]、また仲介する移民会社の紹介を含めた具体的な旅費、手続きなどの情報も掲載されている[58]。メキシコについても農産物の収入、純益計算が細かく提示されており[59]、ペルーの日本人労働者の詳しい実地紹介や具体的な衛生面の問題も含めて記事となっている[60]。

雑誌表現と読者

雑誌の形態や記事の配置を考えながらこれまでの問題を考えるとき、そこからさらにこの雑誌独自の意味作用を見出してゆくことも可能だ。配置、構成のレベルでは、南米各地と北海道、韓国の拓植は、ほとんど同じレベルで並べられる。こうした配置は、一方で実際にはかなりの遠方にある南米の各地を、近距離の植民地と同じレベルでつなぎあわせることを誌上において実現する。それとともに、他方で植民地としての「有望」度を同一の次元で比較することを可能にもする。

巻頭の図版においても、北海道植民とブラジル植民の図版が併置され[61]、同じ「富源」欄において「韓国」と「南米黄金郷伯刺西爾《ブラジル》」とが並べられ、そして後者の「有望」度が対比的に強調される[62]。韓国の場合、事業の大半は「資本がなければ出来ない」あるいは「小資本家同士連合」することによってはじめて可能になるという、より現実的な条件を提示する。一方後者は、移住者に「渡航旅費を支給し、且つ凡ての殖民者に向つては土地を給与する制度を取れり」とする。

こうして対比的に「南米」の位置は高まってゆく。特に北米の記事などはかなりシビアであり、「十分の資力がなくて出掛ける者は成功を焦せる様なことでは到底行かぬ」として地道な職工勤めの方法が紹介されている。[63] また、テキサスの「畜力と器械とを応用する」「大農的」生産にふれて、「威張屋の日本人はカラ駄目」、「日本ではテキサスへ行つて米作すれば、三年で資本を取返し、五年目には大金持になると考へてる者もあるらしいが、空想も甚しいもんだ」ということを収支計算を細かくあげつつ論じるケースからもそれはわかる。[64]

北海道や中国朝鮮での労働についても、決して安易ではないことが細かく言及される。例えば北海道に移住するにしても、所得は移住五年目からやっと「年百五十円」とされているし、[65]「朝鮮」は渡航費はそれほど高くもなく「殖民地として天与の好適地」とされつつも、「新開地を開拓して一角千金的悪儲けをしやうと思ふと当が違ふ」として「小農者の小資本」では成功はおぼつかないことが説明されている。[66] 中国にしても「支那語も話せずに支那人を対手に商売するなどは無謀も甚だしい」とし、「満ゴロすらゴロツク余地がなくなつて居る」から「精選した実力のある者」が植民すべきだと論じられる。[67]

これらの記事が、先にあげた「南米」イメージと並べられることによって、「南米」の「有望」度はきわだたせられる。国家の領土内の植民地の表象へと海外の地を取り入れるとともに、その地を「有望」情報とする構成、表現がここにはある。むろんそうした有望さを強調する数値自体がある種のレトリックでしかないことは先にも述べた。実際には、例えば一九〇八年のブラジルへの第一回移民の場合にしても、耕地契約労働者がいかに厳しい条件におかれたかは既に数多くの調査がある。「殖民世界」では、収支計算をあげていかに利潤を得ることができるかが掲載されてはいるが、そうした計算には、農作物の価格変動も、労働の熟練度も、また間作による収入が制限を受けることも、耕主経営の売店によって不当な価格の商品を買わねばならないことも入ってはいない。

しかしながら、実際に情報量の入手経路の限られた「南米」情報は、同一の視察、報告者による情報に頼ることとなるとともに、その記事に基づいて新たな記事を作るという回路を生み出してゆく。情報の少ない国や国民に対して、別の記事で用いられた決まり文句や類型をあてはめて再生産するという傾向を作り出しているのだ。

例えば長風散士「南米最有望の日本人手職」は「ラテン民族中の最劣等の西班牙民族」、「遊惰の民」と「土着の秘露土人」、「遊民」の雑種である現在の「秘露人種」は「昏愚」とするが[68]、朝日胤一「秘露日本人会活動談」では「秘露人は、ラテン民族中の最劣等人種西班牙人と、性来懶惰な秘露土人との雑種」、「遊惰の民」といった表現が見られ[69]、類型的な表現の流用、呼応を見てとることができる。また、こうした効果は読者側にも波及する。それが明瞭になってくるのは懸賞当選小品文である。この場では、読者は誌上で作り上げられた「海外」へと自らを置き、誌上でのイメージに染まった表現を用いつつ、川柳や友人への手紙を生産する。懸賞当選小品文の「友人に渡米を薦むるの書」や、「嗚呼偉大なる哉殖民事業」[70]、あるいは「懸賞当選狂歌」の「雨もなき秘露の国に来てからは蛇の目も下駄もつい忘れけり」、「インヂアンの黒き娘に見とれつゝ椰子の実かじるテキサスの野辺」といった例は日本の国内からの投稿者によって作り出される[71]。だが、更にこの雑誌は、その中に実際の海外からの書簡や川柳をおりまぜており、それが仮想の「海外」に迷彩を施してもいるのだが。

誘いの言説空間

前節では、「殖民世界」が作り出す「南米」像を中心に検討した。次に、海外にゆくことをいかに正当化し、その理由づけを行うか、といった点について、この雑誌の表現を同時代の表現の枠組みについても視野にいれつつ見ておこう。この雑誌における「殖民」観、「殖民政策」観について考えることとなるが、先に触れた人口、数の言説についても補足的に説明しつつ述べてゆきたい。そうした数による理由づけは、「人口」問題への不安として、そしてそれを解消するにあたって「日本国民」が本来持つ「膨張的な性質」を伸長させてゆこう、というかたちの表現として、この雑誌には頻繁に表れてくる。

大隈重信「大和民族膨張と殖民事業」は人口が「年々の増殖」により「百年を出でずして一億の人口となる」ことを述べ[72]、竹越与三郎「殖民文学を振起せよ」では「近来我邦人口の増加は実に澎湃として潮の来るが如し」として「百年を出ずして一億の同胞は我国内に充満」するとする[73]。また、ブラジル移民に悲観的になるなら、「マルサスの人口論」がもたらす結果を目にするであろう、といった警告や[74]、「我国の人口は年々歳々増殖を示し来たり既に最近に於ては一ケ年七十万人以上の増加を示」すことを指摘し、人口増加率を他国と比較している論もある[75]。

こうした人口過剰をめぐる危惧と、海外への植民がセットになっていることは言うまでもないが、この誌上では、海外へと膨張してゆくことが「本来の国民性」と結びついてしばしば論じられることになる。先にひいた竹越は、日本の「国民性」が植民地建設に適するとして「暹羅《シャム》に於て墨士哥に於て我が大和民族の雄飛せる形跡あるは歴々として見るべきものなり」としているし、人口論とともに、「徳川氏三百年間の鎖国主義」が「帝国民の膨張的性格を圧迫」したという立論も見られる。[76]こうした、江戸時代に抑圧されることでできた日本の島国根性の批判、といった文脈の背景には、竹越の『二千五百年史』[77]の史観、民族の南方渡来説や混合民族論の立場があり、それはまた、日鮮同祖論の立場に立つ歴史学の記述、当時においては久米邦武『日本古代史』[78]の主張においても見られる表現である。こうした民族の「起源」、あるいは「本性」をめぐる一つの立場に近い位置をこの雑誌ではとりつつ、その議論を、海外への膨張、発展への思考と結び合わせてゆく一つの具体的な地点となっていることに注意しておきたい。[79]こうしたなか、国家の発展を示すための「離郷移住の勇気」が語られ[80]、「島国を去って海外の荒野に出る」ことが「国家の防腐剤」として価値づけられてゆく。[81]

　そして、これらの情報をより信頼性のある、説得力のある形に加工している手法として、この雑誌においては書簡形式や対話形式、経験者へのインタビューという形式が指摘できる。移民を世話する人の口から「誰れでも三四千円の金は〔帰国時に〕もつて来る」といった証言が掲載される。[82]あるいは、メキシコから一時帰国している小林直太郎のもとに届いた植民者からの私信を転載する形で「目今の景況は未だ増加の見込も有之」としてその地の有望さを伝える。[83]蛍光生「妻に与へし出稼人の手紙」は、手紙の形はとるが、分かりやすい口語での呼びかけ調。あのとき奮発してメキシコに来てよかった、というすでに二千円近く送金できたことを報告し、「身体さへ丈夫なら、家にゐて困る人は、早くこちらに来るに限るだ！」と呼びかける。[84]

こうしてかなり実際とはかけ離れた情報ももたらされてゆく。例えばペルーは「不作の無い処」どんな年でも極めて「豊穣な収穫」が得られるとする。また、「日本では非常な美人は凄いといふが、秘露に行けばその凄い性の美人がいくらでも居る」そして「日本人に対しては悪感情は更にもつて居ないので、よろこんで結婚する」、「現に日本移民で少し長く向ふに居るものは、大分これ等の美人と結婚して居る」と描きだされるのである。[85]

人口をめぐる言説について考えるには、先に触れた数量表現についても検討しておく必要がある。各種南米案内はこの後も出てくるが、水野龍『南米渡航案内』でも、海外への渡航、労働が、外貨獲得として効果があることとともに、人口過剰や、食糧問題の解消策としてとらえられている。[86]大正期に入っての『南米事情』や『南米移民研究』においても、人口過剰の解消地として「南米」をとらえている。[87]こうした人口観はマルサス説の影響下にある。マルサスの人口論における思考は、すでに一八七六年（明9）より紹介が行われ、[88]明治二〇年代には人口論といえば特にマルサス説と述べなくともそれを指している例も出ており、かつ、その説への批判も表れている。それが様々な場において「俗流化、常識化[89]」されてくることになる。

この時期の実業系雑誌からは、特に「数の説得力」が強化されつつあることもうかがうことができる。人口にしても、そして賃金や利益に関しても、過剰なまでに詳細な数値が列挙される。そうした事態を典型的に見てとることができるのは先にあげた雑誌「実業之日本」の表紙だろう。一八九七年（明30）一月に創刊されたこの雑誌の表紙は、毎号表紙に日本地図を用い、毎回各種の生産高や取引高等の情報を地域別に数値化して図案化している。領域の限定と数量化をこれほど明確に表しているものはない。限られた領土に充満する「数」が、極めて具体的なイメージをもって提示される。[90] 実際、三〇年代はまた統計学史においても、人口統計をはじめとする各種統計調査が大規模に行われてくる時期でもある。日本が国際統計協会から一九〇〇年（明33）の世界人口センサスに参加するよう勧誘されたことを受けて、三〇年代においては人口センサスへの関心の高まりがあった。それは明治一九〇二年（明35）一二月公布の「国勢調査ニ関スル法律」につながってゆく。[91] 物価統計においても、日本銀行調査局が一九〇〇年（明30）の金本位制導入にともない東京卸売月別物価指数の計算を開始している。[92] また、体系的な賃金統計の始まりとも言える「明治三三年農商務省統代一二号令達」と、それに基づいた調査の開始をあげてもよいだろう。労働問題の前景化に応じた各種労働統計のもととなる調査も三〇年代に入って刊行されることとなっている。

「殖民世界」においても、極めて多くの「数」、「統計」が登場する。繰り返しになるがあくまでそれは客観的な数値というレベルのみで議論すべきではない。それは様々な要因を消去した上で出てきたレトリックとしての「数」でもあるのだから。

表現の相克

さて、これまでこの雑誌における南米イメージの生成と、植民の動機づけ、さらにはそこでの海外へと誘うレトリック、形態的な特徴を同時代の言語状況とあわせ論じてきた。次に、ここまで論じてきた特徴を、先にとりあげた「立志」イメージとの関係のもとに考えるとともに、「殖民小説」の分析につなげてゆきたい。雑誌「成功」に見るような立身出世に関わる雑誌の言説が、「殖民世界」における民族や人種決定論的な枠組みになぜ、どのように接続するのか。そしてまた、海外での成功と、それまでの国内での成功は果たして相似形のように接続しているのか。

これらの問い対して、例えば、欠如した資本の代替を海外という領土に求め、国内での成功の枠組み、欲望の形を、そのまま海外への「国家」の欲望にふりかえてゆくという単純な図式が浮かびそうだが、こうした図式もまた疑わしい。ことここにおいて立ち上がってくる「南米」という場に関して言えば、そうした単純な事態が起こっているのではないからだ。

特定個人の「立志」や「出世」に関する言説と対照的に、「殖民世界」の諸表現においては、「殖民」というテーマに応じて「人種」や「民族」の主語化という事態が起こってくる。だが、「南米」という、将来的にも日本の領土として見なしがたい場においては「殖民」が「国家」や「国土」の表象と乖離してゆく。つまり、民族の発展を国家の領土の発展と同じようにとらえる限り、南米移民はむしろ「国家」から離れる、出てゆく行為ともなる。それとともに、南米移民をすすめる言葉においては、それまでの「立志」の主要な装置の一つである成功した後に立ち戻る「故郷」や「帰省」が否定される。これらの点から、「殖民」の枠組みはそれまでの「立志」の枠組みと相容れなくなってくること。また、それゆえに、それまでの「立志小説」と形の上では相似形に作られた堀内新泉の「殖民小説」は、まったく違った読みの枠組みで受容されるという事態が起こってくることを指摘してゆこう。

まず最初に、この雑誌の表現が、しばしば「人種」や「民族」の主語化を引き起こす点を論じておこう。具体的には、民族、国民の性質によって植民事情や植民政策を解釈、説明、評価するかたちの言い回しとしてくりかえしあらわれる。例えば日本人の海外発展が盛んでないのは「我が国民の海外発展に功を奏して得ないのは、永く養はれ来つた国民性《ナシヨナルキアラクタリスチック》に起因」すると見る論。[93] あるいは先にもあげたが、ペルーの労働者を論じてに関して、現在の「秘露人種」は「ラテン民族中の最劣等の西班牙民族」という「遊惰の民」と「土着の秘露土人」の雑種であるがゆえに「昏愚」なのだとして、その地での日本人の成功を確言している場合をあげてもよい。[94] また、そうした海外での成功と国民性を並行して論じたり、植民地での勢力の拡張と人種観を並べて論じるという例は多い。[95]

したがってこの雑誌では、先に指摘した国土の有望情報化と同時に、人種、あるいは国民の類型化が、説明や解釈の装置として常時用いられている。その一方で、この雑誌においては、「殖民」が、「日本」の「国土」や「人種」という枠組みを動揺させてもいることを指摘しておこう。つまり、「南米」という場が、人種が混交する場であり、なおかつ「日本」という国家に属さない場であり、そうした場を評価し、誘う表現もそこに出てくることになる。

先にあげた蛍光生「妻に与へし出稼人の手紙」では「労働者の中には、英吉利人も居れば亜米利加人も居り、墨士哥人も居れば独逸人も居り、中米人も居れば黒人も居り、朝鮮人、支那人、露西亜人、仏蘭西人、西班牙人、何処の国の人でも来て居る、その中に日本人も八百人ばかり居るが、イクラ大勢でやつて来ても、仕事はこれからドシドシあるだ！」として、民族混交の場へと誘う。[96] また、「英、米、独、仏諸国人と共に事をなし得る」ことを積極的に評価している論もある。あるいは内藤昌樹「黒龍沿岸の重要商工業」のように「露国」への移住を誘い「彼等は所謂大国民で和し易く、人情に厚い種族」、「移住せんとする何国人にも、至大の便利と至大の保護とを与へる」とする論まである。[97]

さらに、一時的に海外に出ることを批判し、「日本国」を忘れて海外を自分の故郷とすることを積極的に主張するのがこの雑誌の特徴となっている。[98]多くの論者によって「永住するもの」が少なく、「出稼ぎ人」となる原因の改善が訴えられており、[99]先にふれた鎖国主義を引き合いに出して「一種の懐郷病患者」となった日本国民を非難し、「永住の念」の欠落が批判されている。[100]「一度渡航して彼の地に着けば、最早本国を忘じ去る。これ真に殖民の真髄」なのであり、[101]また、早田元道「思郷病は殖民の大毒也」に語られるように、「畢竟思郷病は殖民の大毒」とされるのである[102]

こうして、日本の「国土」への執着が批判される。ハワイでの日本移民について論じた進藤道太郎は市民権や選挙権の獲得に無関心なことを批判し、「五年か三年かの後には故山に帰るつもりのもの」ではだめだと言う。[103]そして欧州移民の「本国あるを忘れてゆく」、「最早その地を墳墓の地と定めて更に故山を憶ふことをせぬ」ことを評価するのである。

実際、「南米」のような遠方への植民については国内においても議論は一貫していない。確かにこの雑誌においては「南米」は有望なのだが、そこには、上にあげたような「国家」や「国土」、「民族」について、それらを当然の前提として価値づけることが難しいような事態が現れる。この雑誌は比較的方向性がはっきりしているが、例えば有望な植民先として多くの人物にアンケートをとった場合、[104]植民先として、韓国、満州を中心にせよという意見も多い。つまりそこでは、あくまで「将来日本の属邦若しくは勢力圏」（井上雅二）を、「母国に近く」「帝国の勢力圏内」（神山潤次）こそを有望な植民先と考える立場も強い。「殖民世界」は「南米」を「殖民」の最有力地としてイメージ化したが、それは、「国家」を拡張する思考と、「国家」の外部に位置しようとする思考を同時に招き寄せることとなっているのである。

「立志小説」と「殖民小説」

これまで述べた特徴は、「立志」という価値を形作っていた表現の場に、極めて異質な要素を持ち込むこととなる。「個人」としての上昇過程であったものが、「国民」自体に置きかえられてしまう。個人にとっての成功する情報というよりも、日本にとっての有用さに応じた「海外」の情報化もなされてゆく。そしてまた、自らの成功し、立身する起点、苦難の出発地点（故郷、故国）にもどることも否定される。もはや故郷に錦は飾れない。それればかりか、そこで誘われている場は、国内と違い、評価システム自体の普遍性や永続性もあてにできない。そこでは、日本語による、日本の階層意識や評価尺度が通用しない「領土外」の場がまちかまえていることとなる。しかしそのあてにできなくなってしまった要素こそ、「立志小説」の読みの枠組みを支えていたものだった。

こうした点について、小説の描き方を軸に考えてみよう。「殖民世界」には「殖民文学」欄がある。この「殖民文学」は、この雑誌で一つの植民教育の方法として試みられているものでもある。新渡戸稲造は、単に数値を重視した無味乾燥な地理教育のかたちをとった植民教育を非難するとともに、より平易に刺激的に地理教育する方法として「殖民文学」の可能性に言及している。[105] また、竹越与三郎「殖民文学を振起せよ」では、「国民性」を刺激、指導する役割を期待されている。[106]

新泉は、ここに、「殖民小説南米行」、そしてその続編である「殖民小説殖民隊」、「殖民小説深林行」という「殖民小説」を掲載する。[107] その特徴は、先の新渡戸の主張を裏付けるように、細かい地理的な描写を交えながら描かれる。以下は「殖民小説殖民隊」における「笠戸丸」からの描写シーンである。


『夜が明けた！夜が明けた』

と仲間の騒ぐ声を聞いて、急いで甲板に上つて見ると、遙か向ふの方に屹立して居る山が見える。皆船員を呼び止めて、向ふの方を指し、

『モシ彼《あれ》は何んといふ山ですか』

と問へば、

『彼はコルヂレラ山と云つて、イズパニアの山脈だ』

と言ふ、山の頂上は真白に雪を被つて居るやうだが、何分距離が遠いので、山の頂上が地平線よりも低いやうに見えた。尚、船員に就いて問へば、此処はペルーの要港で、当国の首府リマ市から少し隔たつて居る所ださうだ。


あるいは次のような描写からも、地理的な海外の知識を具体的に与えようとしていることをよく見てとることができる。

モエンド市は、恰是《あたかも》我が国の長崎市を見たやうな地形をして居る市街で、土地の高低定まりなく、ホテルは何れも高台に在つて停車場に臨み、中々景色の好い市街で、一方の湾港に向つた所は、浪が高く岩に怒つて、絶えずドーン〳〵といふ高い音が聞えて居る。

だが、まずこの小説はそれまでの新泉の「立志小説」の枠組みをそのまま用いるかたちで作られていることを指摘しておこう。すなわち、資本を欠き、父をも亡くした青年が、苦しみつつ努力してゆくプロセスが描かれる。「殖民小説南米行」において、「自分」はまずこう語り出す。

> 自分は九州の山間に生れた薄命者だ。山間に生れたからと云つて皆薄命者とは限らぬ。資産さへあれば、随分呑気に生活して居るものも少くないが、自分は田畑を合して三反しかない貧乏百姓の家に生れたので、決して幸福とは云はれなかつた。

この青年は横浜港から明治移民会社の斡旋により、ペルー移民に加わって笠戸丸に乗船することとなる。山間の農村で土地をほとんど持たず、なおかつ父親さえ亡くしてしまっている状況におかれた青年。これは立志小説群において用いられる典型的な枠組みの一つであった(108)。そして都会で貧しい中、苦しみつつ努力するプロセスの代わりに、海外に移民する要素が取りいれられている。

続く「植民小説殖民隊」、「植民小説深林行」において、ペルーにゆき、目的とする植民地まで、過酷な徒歩の旅を続け、厳しい深林行を経て目的地をめざす様が描かれる。やはりここでも、到達地点での作業や仕事が描かれるのではなく、ひたすら移民する行程に焦点があてられている。ちょうど「立志小説」において辛苦するプロセスが自立的に描かれたように、新泉は「殖民小説」で目的地へと進むプロセス自体に焦点をあてる。成功する地点は示されず、ここにあるのは、ただ辛苦しつつ進んでゆくプロセスそのものであり、先に述べた辛苦のプロセスの自立という特徴も備えている。しかしながら、この小説において決定的に異なるのは、「立志小説」と異なり、それらが、言語的、地理的な国家の管轄から逸脱してゆくプロセスになるということだ。そこでは、前提となる評価システムも安定して支えてくれる制度もない。

いくつかの意味で、こうした小説は失調せざるを得ない。彼はこの後もいくつもの「立志小説」を刊行するが、「殖民小説」ではそうした形跡が見出し得ない。この理由は、単に移民受け入れ先が限定されたという外的状況にのみ起因するものではないのではないか。形態的に類似したこの小説が、「立志小説」が与えていた「辛苦という快楽」を与えられないのは、まさに「立志小説」を支え、その前提となっていた読みのあり方、枠組みを形作ることができなくなってしまうからではないのか。

先に述べたように「立志小説」は、前提として永続的な評価システムや安定した時間的パースペクティヴを読者に要請し、その上で安心して辛苦にひたることができるという読みの枠組みを作り出していた。ところが、それはあくまで「領土」内において前提とし得るものだ。また、「殖民小説」はやがてたどりつく成功した到達地点を前提とすることもできない。「立志小説」は現実に存在する実業家や成功した人物を示唆的に用いたり、成功した地点からの回想形式を用いたりすることによって読者にそうした前提を与えていた。ところが、「殖民小説」はほとんどリアルタイムの出来事である南米移民を枠組みとして採用する。したがってそこでは、成功した到達地点を前提として読者に想定させようにも想定させることができない。冒頭で示される「決して幸福とは云はれなかつた。」という一見成功地点からの回想形式ともとられる書き出しは、実際には不安定な見えざる未来しか読者に与えることが出来ない。

我々の如き貧乏人が、内地へ愚図々々して居つて、今日の少い日本の米を食潰すよりか、君も一番奮発して外国出稼と出かけては？〔中略〕これから先のご奉公には、平和の戦争に力瘤を入れるより外道《ほか》がない！来給へ、来給へ、君も愚図々々して居らんで、一船後から奮発し給へ！

小説の中で、こうした友人の手紙に「自分」は奮起して渡航しようとするのだが、この友人の手紙は、前にふれた懸賞小品文「友人に渡米を勧むの書」のような誘いの形式と変わりない。こうした小品文はしばしば読者、あるいは時には記者が、移民を頭で想像して、その豊な仮想の地からの手紙というかたちをとると述べたが、実際に成功した実業家や実在する成功者を示す場合とは異なり、それはあくまで仮想された到達地点でしかないのだ。

自明化された階層性やその上昇プロセスが、もはや前提とならない場。つけ加えるなら、このことは三〇年代までの部落問題小説における「海外」の表象をも合わせ考えてゆくことが必要になってくるだろう。海外渡航による差別脱出、そして立身する、といったタイプがそこには表れてくる。[109] そこでは、「海外」はある意味で解放の場としてイメージ化されているが、[110] それは同時に、既存の制度内、

「領土内」の評価体系から脱してゆくプロセスでもある。こうした描き方は、「領土外」を自由な場としてイメージ化する一方で、「領土内」の約束事や評価が前提にできない場として、そうした不安をかき立てる「海外」という表象を形作ってゆくことにもなるだろう。(111)

また、雑誌「殖民世界」の諸表現が作り出す場も、「殖民小説」を失調させてゆく要因となっている。ここで論じてきたように、この雑誌では「南米」は、豊かで条件のよい場としてイメージ化されている。だが、「立志小説」の形態をつぐ「殖民小説」は、辛苦としてその行程を描くかたちをとる。そのため、「殖民小説殖民隊」や「殖民小説深林行」は、苦難に満ちた旅の行程を、そして植民先に到着するまでに風土病による死亡者がでるという過酷な状態を描くこととなり、雑誌の提供する情報と食い違った世界が描かれることともなってしまう。

また、一時的な「出稼ぎ的」植民を批判し、海外への帰化、永住を主張するこの雑誌の論調は、「立志小説」が備える、帰郷による故郷での再評価、という未来の評価軸とも齟齬をきたすこととなる。かといって、一時的な「出稼ぎ」による「成功」は、結局のところ外貨を稼いで帰国することだが、そうした金銭を得ることのみに帰結する「成功」は、先に論じたようにそもそも「立志小説」が否定する到達地点でしかなかった。

こうして、形態的には全く「立志小説」に類似する「殖民小説」は、それまでに要請されていた読みの枠組み自体が失調することによって、そしてまた雑誌の作る言説の場と齟齬をきたすことによって、二重に異形のものとなるのだ。そこで描かれるのは、もはや安逸な快楽としての「辛苦」ではなく、ただゆく先のない、辛苦のプロセス自体となる。そこでは、耐え難い辛苦自体が露出し、「領土外」への逸脱の恐怖として機能してしまう。それゆえにこそ「領土外」での成功を志向する新泉の「殖民小説」は機能不全に陥ってしまうのだ。それは、これまで述べた読み方、理解の枠組み自体が変容していることを示すとともに、領土内／外という境界の強度が読みの場にも浸透してきているという事態を、すなわち「領土外」へ赴くことが逸脱の恐怖と不安をもって読みの場に力を及ぼしつつあるという事態を示してもいよう。「実業之日本」にしろ、雑誌「成功」にしろ、四〇年代に入っての南米植民の表象上の優位は薄れてゆく。「立身」や「成功」は「領土内」という領域と依存関係を強化しており、それは「領土外」での個人的な成功を機能不全に陥れるものでもあるのだ。

この章では、具体的な表現、雑誌レベルから雑誌の周辺の表現、そして小説ジャンルの中での表現をとらえながら、そこに生まれる読みの枠組みについて論じてきた。だがその一方で、ここで論じてきたことは、いったい具体的に、どこで、どのような人にどのように読まれたのだろうか。「海外」のイメージについて語り、動員といった言葉を用いたが、一体どれだけの人々が、どのようなプロセスを通してこうした読みを形作ったといえるのだろうか。次章ではこうした疑問を批判的にうけとめる形で、新たな読みの問題を提起してゆきたい。この章の冒頭で述べたように、ある時期の表現を分析してそこから読み手との関係をさぐるという方法は、表現されたテクストという「点」（たとえそれが数多くの「点」であれ）と読者とを直結して論じてしまいがちだ。そうした思考によって見えなくなる読みの問題を、表現が広がり、流通するプロセスに焦点をあてることで見いだしてゆきたい。

第四章　読書と地域リテラシー

―領土と信州の表象をめぐって―

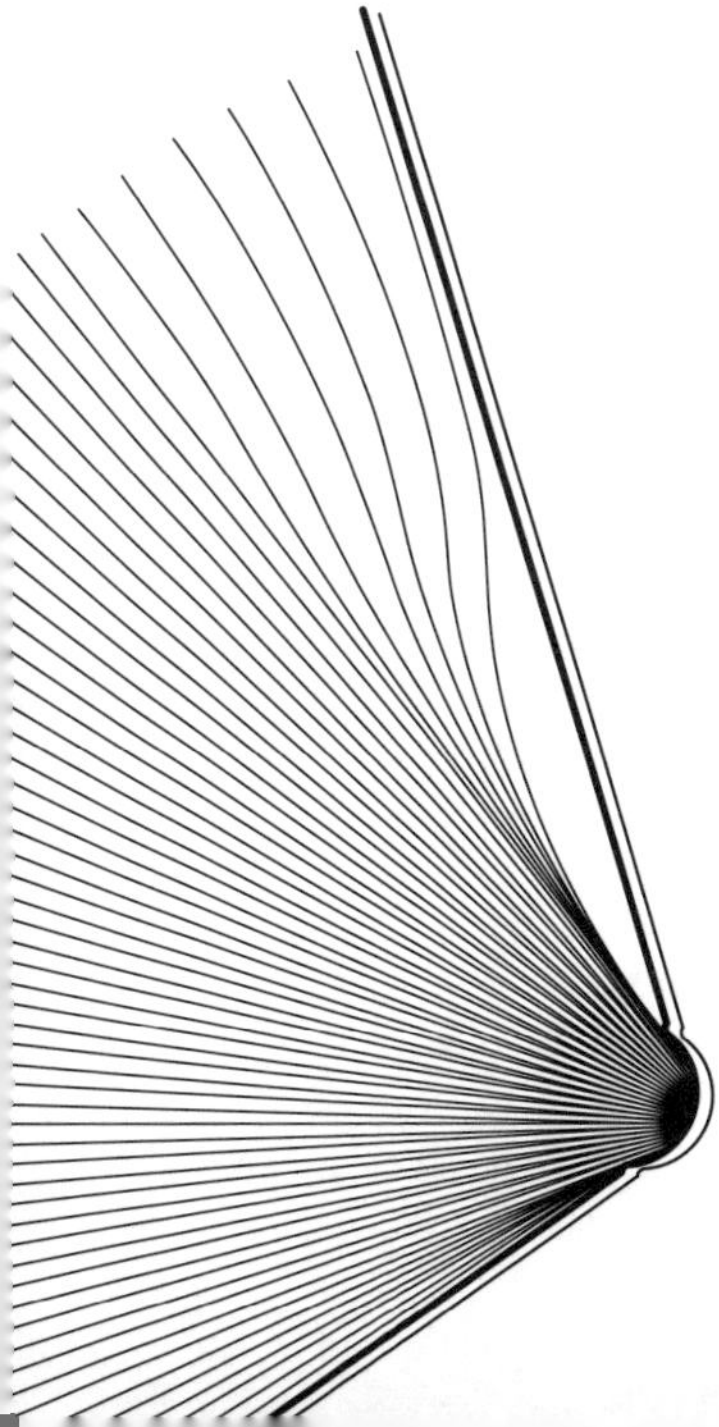

四・一　地域の情報ネットワーク

読者はどこにいるのか

読書について調査する方法は様々だが、特に近現代を対象としたときには、雑誌や新聞を通して、つまり比較的部数の多い中央で刊行された出版物をもとにして、そこから読者像や読者の意識を考えがちだ。例えば「中央公論」や「太陽」といった総合雑誌の記事の配置や内容から想定されている読者を考えたり、読者への効力を考えたり、あるいは直接読者からの投稿をとりあげたりと、確かに明らかになることは多く、そうした方法を否定しようとは思わない。

私自身そうした方法にもとづいてこれまでの章で考え、論じてもきたが、そこでは中央の言説対そこから想定される均質化、一般化された読者、というかたちで考えてしまいがちであった。つまり、具体的にどのような場所で、どのような人々に、どのような形で情報が広がり、届いていたのか、というプロセスへの問いを欠いたまま、表現対抽象的で一般的な「読者」関係を論じてしまいがちだった。しかし当然のことながら、雑誌の言説がそのまま読者に反映することはあり得ない。この章のねらいは、そうしたこれまでのアプローチに批判的なスタンスをとりつつ、情報が地域において具体的に流通するそのプロセスを問うことである。というのも、以下において明らかにしてゆくように、表現は、まさに具体的な地域での読みを支える諸々のプロセスや技術によってこそ、その力を発揮するからである。

全くの昼夜兼行で、交通の許す限り、午前と午後と夜間と一日三回の講演をした所もあり、昼は講演夜は幻灯に依つて、耳からの外眼《ほか》から海外の実行を知らせることに苦心したし、又、所に依つては午前は小学校の生徒に、昼食の時間は町村役場吏員に、午後は青年会又は婦人会に、夜間は幻灯によつて一般大衆に、一村に一日を費し四回の講演をした、特に地方の婦人は昼間の集会には出ないが、夜間而かも幻灯だと、平生着《ふだんぎ》のままで、手拭いでも被つて出られるので、多くの聴衆が得られた(1)

ここにあげたのは一九一五年（大正4）前後の長野県の状況であり、講演者は後にも触れるが永田稠《しげし》である。彼は同書で「長野県下で二百五十回以上の講演をなし、その聴衆は十五万人に達した」とし、また別の書で「海外発展の講演会、幻灯会、活動写真会、印刷物、出版物等が限りなく当時の信州に活動した」と述べて「一回の聴講者は少ない時で二百人、多い時には三千人を越へた」、「平均五百人とすれば信州百八十万の人口の内、約十二万五千が私の講演を聴いた筈」としている(2)。つまりここで機能しているのは限られた場所でなされる雑誌対読者の間の力関係ではない。婦人会や青年会といった地域集団に訴えかけつつ、気軽に楽しみに出かけることのできる地域イベントという形をとった「力」なのである。

この章では、大正期から戦前にかけての長野県の移民情報の流通、再生産のありかたを、引用に見えるような、この時期の講演や教育活動、幻灯会や地域雑誌といった様々な情報の流通プロセスを素材として考えてゆく。前章では、南米移民の言説対読者の関係についても考えたが、この章での問いは、その考察を先に述べた形で批判的にうけつつ、新たな読書の問題を提起してゆく試みとなるだろう。それは、単に地方の研究や調査「も」重要だというスタンスではなく、近代文学を研究する言葉が、そもそも前提としている均質な読者、均質な流通という思考自体への批判的な問いかけでもある。

近年文学研究の領域では、言説研究、文化研究という形で文学テクストに素材を限定しない幅広い調査がなされてもいるが、それは一方で調査した印刷物と読者を直結して考えるという単純化された思考に陥る危険と隣あわせているのだ。特に近代以降を研究する場合、私自身、刊行物＝全国的流通＝読者の形成というふうに前提としがちであったし、表現する主体とその作品を主として研究し評価する作業を行ってきた近代文学研究領域において、それは特に強い前提ともなっている。第一章でも触れたが、近世以前の読書調査では、しばしば地方の旧家や寺社の蔵書調査といった方法が、単に史料を見つけるだけではなく、その史料の流通状況や形態を知るためにも活用されている。近代以降の調査ではそうした史料の分布はさほど問題とならず、それらが均質に流通している、あるいは広がっている、という前提に自動的に立ってしまう。また、そこには印刷物中心主義というか、印刷物こそが人々を動かしてきたという関心に立つあまり、実際にそれが読まれていたのか、どのように広がっていたのか、といった問いは抑圧されてしまう。

第二章では、読書を調査し、考えてゆくときに、それを単に書物対読者関係ととらえるのではなく、作り、送り、売り、読み、教えるといった様々な技術として、それらが形作るプロセスとして読書をとらえることを強調した。確かに八〇年代以降、日本文学の研究では作家という送り手に中心をおくのではなく、小説の仕組み自体に関心を向ける、あるいは読者の理解の仕方に関心を向ける、といった形での研究や教育も進んできた。だが、それらにしてもやはりこうしたモノやプロセスに対して十分な関心を払ってきたとは言い難い。例えば、国語の授業で教科書を用いるが、いったい現在、どれだけの学校で国語教科書の編集のされ方、審査のプロセス、流通の仕方を教えているだろうか。[3]そもそもそうした国語の授業などあるのだろうか。私がここで述べている、読書を具体的な技術やプロセスの問題として考える、とはそういうことを指している。唯一の作品対抽象的な読者関係を語ることだけではなく、こうした具体的なモノやプロセスが果たしている文化的、政治的な機能にもっと注意をむけるべきなのだ。それは国語教育にとっても二次的な、付随的なものでは決してない。

具体的な地域調査に乗り出してみれば、そこであらたに「技術」あるいは「プロセス」のはらむ多くの問題が見えてくる。私が数年前から勤務することとなった長野県では、明治末から大正期にかけ、多くの移民を積極的に送り出している。ではどのように海外についての情報や移民情報が伝えられたのか。実際に調査をすすめてみれば、それは単に雑誌情報というかたちばかりではなく、一方的な国策といったものでもなく、移民を推進する海外発展についての民間の地方講演活動や、教育活動が実際には目に入ってくる。むしろそれらの動きにうながされつつ、県や地方の教育会がバックアップしてもいるし、そこには多様な地域メディアがかかわっている。そしてもしも海外へと動員する「力」が生まれるとしたら、それら介在する様々なメディアや組織が作り出したプロセスのただなかにおいて、なのである。

論じる順序としては、まずさきほどから触れている移民情報を流通させた多様な地域メディアについて検討することとする。これが物理的なネットワークだとするなら、その次に取りあげるのは、いわば表象上のネットワークである。具体的には「信州」あるいは「信州人」というまとまり、つながりの意識といえばよいだろうか。一言でいえば長野県民がどのような自己表象をもち、どのようにその頃流通していたのか、あるいはそれはどれだけ明確なまとまりをもっていたのか、ということになる。

このように、物理的なネットワークと、表象上のネットワークとが相互に関係しあう場の中で、海外へと動員する力や技術が生まれてくる点を論じてゆく。そしてそのうえで、こうした考察から見えてくる問題点を考えてゆくこととしよう。

幻灯、地域雑誌、講演会

どのような地域メディアやイベントによって移民情報が広がっていったのか。そこに介在したメディアや組織、イベントについて考えてゆく。まず講演会や幻灯会といった活動について、それがどのように開かれ、どのように受け止められていたかについて見ておこう。長野県出身でもある永田稠は日本力行会の会長であり、この時期に限らず民間での移民支援活動を行ってきているが、大正期には後にふれる信濃教育会や信濃海外協会が主唱して移植民幻灯会や海外渡航の指導員養成のための講習会を開いており、それに依頼される形で講演や幻灯会を行っている。こうした講演会がどれだけ人を

○移植民幻灯講演会
信濃教育会主唱に係る、下高井各郡各町村の開催状況は左の如し

十一月	九日	晴	平野学校	七百名
同	十日	同	穂高学校	七百名
同	十一日	同	戸立岩分教場	二百五十名
同	十二日	同	柏尾学校	四百名
同	十三日	同	上木島学校	八百名
同	十四日	同	倭学校	八百名
同	十五日	同	平岡学校	一千名
同	十六日	同	中野学校	八百名
同	十七日	同	往郷学校	九百名
同	十八日	同	日野学校	七百名
同	十九日	同	夜間瀬学校	七百名
同	二十日	同	穂波学校	七百名
同	二十一日	同	平穏学校	六百名
同	二十二日	同	長丘村七瀬区	四百名
同	二十三日	同	高丘学校	六百名
聴衆総計				一万五十

幻灯講演会の参加者数—「信濃教育」（1917・12）より

集めたか、どのように関心をひいていたかについては、先の引用からもわかるが、具体的な人数については信濃教育会の会誌「信濃教育」からもうかがうことができる。ここに掲げた以外にも、日本力行会の会誌「力行世界」では埴科郡を中心として「講演回数二十五回其聴衆少なきも百名多きは七百名に上り」として詳しい実施日時や場所がふれられているほか、[4]『日本力行会創立五十年史』には永田が一九一六年（大5）、四〇日間にわたって行った関西から九州方面で講演活動が記されている。[5] 移民講習会に用いられた幻灯のスライドについては、長野県上伊那郡宮田村に幻灯師岸本與《あたえ》の用いたスライドが残っている他、日本力行会にも二〇〇枚程度保存されており、それらのデジタル資料化と整理をも行いながら調査を進めた。幻灯史料の扱いや保存、整理については、後で別の問題とも絡めながらふれることとする。

信濃教育会の移植民幻灯講演会、信濃海外協会の海外発展講習会、あるいは郡の教育部会や青年団が催した講演会が、一部の選ばれた読み手たちにばかりではなく、地域の幅広い層の人々を動員していたことはこれら資料からもうかがうことができる。では、実際にそれらの幻灯会に出た人々の反応はどうだったのだろうか。信濃海外協会の会誌「海の外」には、「話すものも聞くものも皆白熱」していたとし、講習会をきっかけに南佐久、更級、上高井、南安曇、下伊那等、各地に海外協会の支部設立の相談が進み始めたことが報じられている。[6] また、永田稠『信州人の海外発展』によれば北安曇

郡視学の中村国穂が学校を訪れて講堂で行った講演によってブラジルへの「海外熱」にとりつかれたり、村の青年会で永田の講演を聴いて力行会に入会、移民したケースが見られる。また、そこには更埴郡長の津崎尚武の講演に感激した人々の文章が実名で掲載されており[7]、実際に海外渡航へとつながるきっかけともなっていたことが分かる。

幻燈に用いたスライド―その外形
（日本力行会所蔵／幻燈画像史料）

また、これまで引用してきたことからも分かるとおり、これらのイベントとともに、それを支える組織、そしてそこから出される様々な小出版物、会誌といった地域メディアもそこでは機能していた。先にあげた「海の外」を出す信濃海外協会は、一九二一年（大10）一二月、県知事岡田忠彦や国勢院総裁の小川平吉、貴族院議員今井五介、信濃教育会長佐藤寅太郎や日本力行会長永田稠らが設立を協議し、翌年「県下の有力者四百余名の賛成を得て其創立を見る」[8]。各地で講演会を開催し、機関誌の発行を始め、「創立当時の会員は其数二千二百余名に達[9]」したという。

「海の外」の発行部数はもとは三〇〇〇部で、昭和に入って部数を倍増するのだが[10]、注意すべきは、この雑誌が、国内と海外の同郷の人々を結ぶネットワーク作りを意識的に行っていることだろう。そのうちの五〇〇部は海外各地に送られ、海外で働く同郷人からの通信を積極的に誌上に載せる。「始めから本誌の原稿にするつもりで御送付を願ひ度い[11]」と海外読者に編集サイドから訴えかけるとともに、それを記事にし、逆に「信州便り」欄で長野のことを海外に伝えもする。基本的には県内への海

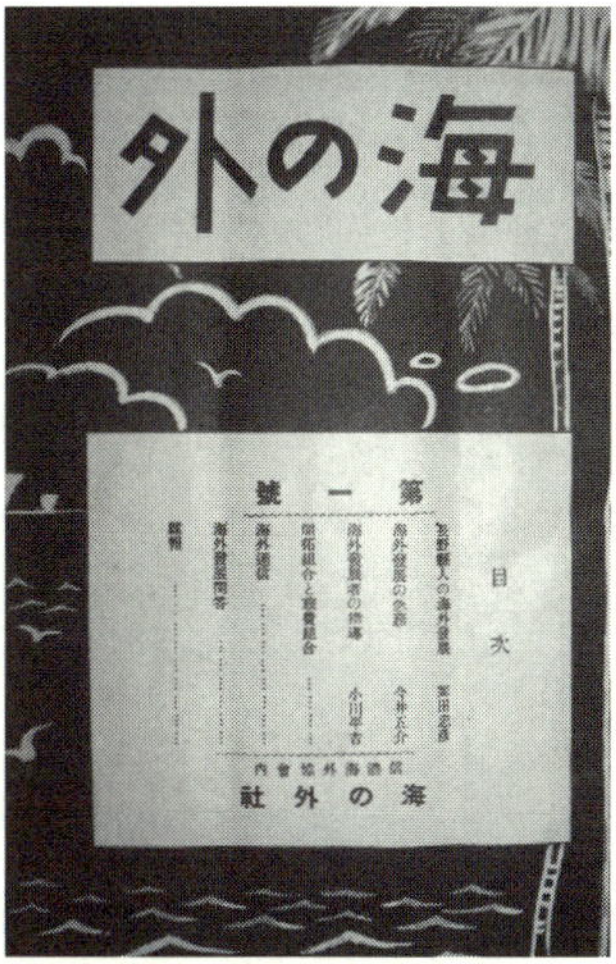

創刊号の表紙―「海の外」
（1922・4）

外発展の啓蒙、宣伝を目的としつつも、信濃海外協会の国内外の支部が増えるにしたがい、在外県人と県内とをつなぐ役割を担ってもゆく。

信濃海外協会の設立や活動と大きくかかわる信濃教育会は、現在も続く「信濃教育」を機関誌として発行している。信濃教育会は、一九一六年（大５）六月の総会において五大宣言を決議するのだが、そこで「世界的知見ヲ拡充シテ大ニ海外発展ノ実ヲ挙グルコト」がうたわれ、海外発展教育に力をいれてゆく。海外発展について述べたこの時期の論としては、後にボルネオに移民する坂本市之助の論や『信濃殖民読本』を編集した中村国穂の記事などが見られるが、記事の中身よりも、むしろ学校を通した強力な組織力、人的な影響関係を作り上げていることを注意すべきだろう。すでに明治末には「苟くも本県に教育者として従事するもの信濃教育会会員にあらざれば肩身の狭き感あるに至る[12]」と述べられている。

県下六千の教育者をして、悉く信濃教育会会員たらしめんと勧誘するものなり、之に加ふるに、篤志者有志者市町村学務委員学校医の諸君にいたるまで、成るべく入会を懇請して、会員総数約八千人にいたらしめ、独り教育者の局部団体たるのみに止まらず、真正に長野県における、威力あり且つ強大なる教育団となさん[13]。

こうした強いつながりを作りあげつつ、佐藤寅太郎は、一九一四年、会員頒布から雑誌を発売制とするとともに、「各学校に一部以上の購読を要求せん」と「信濃教育会の勢力を地方に分布扶植」する方針を述べている。そして機関誌はいわばそれぞれに散らばる組織をつなげ、維持し、さらに広げてゆく接点としてはたらいてゆく。

組織という力

雑誌や講演は、それ自体孤立してなされるわけではなく、当然それには動員するための連絡網、開催する場所をさがし、作り上げ、その費用を出すルートがあってはじめてなされるものである。それらイベントはそうしたルート形成を通してまとまりや広がるきっかけを作り出してゆく。前節でふれた信濃教育会、信濃海外協会、日本力行会は、相互に協力、バックアップしつつ人的にも経済的にも流通しあうネットワークを形成してゆく。

日本力行会は一八九七年（明30）一月に東京労働会として設立され、一九〇〇年に改称されている。その頃に出された十蔵寺宗雄の『渡航案内』には「同会の学校を卒業したものは非常に多く、今や全世界に活動してゐるので、後輩の海外発展に非常な便利がある」としている。[14] もとはキリスト教の立場から貧民救済を旨として設立され、労働の斡旋という側面から、海外への移民事業を支援してゆく。ちなみに現在は国際感覚を重視した理念のもとで、留学生の支援活動や国際協力事業を行っている。明治期には雑誌「救世」、「渡米新報」をそれぞれ五〇〇〇部、「救世」一万部の他、『渡米案内』、『新渡航法』といった本を出している。[15] したがってこれまでのように長野県にあって地域雑誌を刊行しているといった組織とは異なる。しかしながら、一九一二年（明45）に、長野県出身の永田稠が会長となってより、彼自身「力行会の仕事にたづさはつた時に、私を助けてくれたのは信州出身の諸君である」、「後に力行会の後援会員となつて下さつた各位も多くは信州出身者である」[16] と述べているように、移民支援活動に関しては長野県と積極的に関係を形作ってゆき、信濃海外協会の設立や「海の外」の発行にも協力している。彼が請われて、長野県でおこなった幻灯講演についてもすでに見てきたとおりであり、この時期の会誌「力行世界」においても長野県の消息を伝える記事は多い。

これまで、幻灯会、講演会や地域雑誌を通して、複数の組織が、その刊行物やイベントを通して相互に関係しあいながら移民情報の流通網を作り上げていたことについて述べてきた。単純に全国的な雑誌や刊行物、あるいは中央からの政策の強制といった、点と民衆を矢印で結ぶ図式化された考え方にたって考えるかぎり、こうしたつながりの中から生まれる力を見極めることは難しい。

実際には、地域の教育者や教育者集団の積極的な活動があって、はじめて海外発展教育の積極的な推進は可能になるのだし、実際に教育現場では、植民教育用教材の不在をうったえ、植民教育の専門機関を要望し、教材を自分たちで作ってもいる。

私は多くの海外渡航希望の青年に対し「君は何所で海外発展のヒントを得たか？」と云ふ質問を与へるが、其回答の多くは「学校の先生から」と云ふのである。[17]

植民教育用の補助教材として刊行された『海外発展主義の小学教育』のなかでこう永田は述べている。そして同じく南米移民への植民教育に力を入れた中村国穂は、「我国の海外発展は実に実業補習学校の力によつてこそ初めて其徹底を期せらるることと思う[18]」とし、ボルネオに教え子とともに移民した坂本市之助が送ってくれた南洋の産物が、植民教材として長野県内各地で活用されていることにふれている。中村はまた、別の場では「信州の海外発展は教育を以て立たん」として「独り長野県は植民研究会が村にも出来郡にも県にも出来[19]」として長野県の植民教育が地域主導ですすめられてもいることを述べてもいる。信濃教育会も海外発展教育に関する独自の調査、研究活動を行っている。

また、それらの活動に、民間の側から、例えば永田の講演や調査、執筆活動のような協力がなされてゆく。「情報」としての海外は、まさしくこうした移民する、あるいはし得る人々をかかえる場や地域において、独自の強固な流通ラインの中で広がり、かつ新たに生み出されていることがわかる。そして県や郡の活動と、学校、そして民間の機関とが、相互に入り組みながら、地域ネットワークを形作っている。それは例えば信濃海外協会の雑誌「海の外」は県庁内に発行所を設け、信濃教育会会長や永田稠らも執筆し、一方で県や教育会が永田に講演や幻灯会や海外調査を依頼し、また日本力行会は長野県出身の政財界人を通して移民支援活動を支援し、学校をまわって移民に積極的な教育者と関係を形作り、さらにそれら教員が独自の植民用教材や学集会を催す、といったメディアイベントを通じての相互乗り入れのうちに生まれているネットワークである。そして読みの場、とはこうしたネットワークの中においてこそ作り出されるのであり、またこれらのネットワークを介して新たな情報が作り出されてもゆくのである。

表象上のネットワーク

これまで、主に物理的なネットワーク、組織と組織、あるいは人的な交流、そして刊行物や声、幻灯を介して作り上げられたつながりについて述べてきた。次にここで問題にしたいのは、信州人、あるいは同郷人といったつながり、想像上のつながりがいかにできあがっていたのか、である。これについて、地域や県民といったまとまりが、どのようにイメージされ、想像されていたのか、について雑誌「信濃教育」をもとに考えてみよう。もとより、この雑誌の記事からこうした信州人をめぐる表象を取り出したところで、それがかなり局限されたイメージでしかないことはさけ難い。

しかしながら、ここで教育雑誌を用いるにはそれなりの理由がある。というのも、教育という領域の言語は、漠然とした集団に対し、明確に枠を規定し、それに言葉をあてはめ、カテゴライズし、合理的な根拠をもって言葉で説明しようとするからだ。そしてまた、活字という手立てを通して、あたかもそうした集団的な「気質」や「まとまり」が実在するかのように思わせるのも、またこれら教育雑誌をはじめとしたメディアの機能でもある。簡単に言えば、教育雑誌は、そうした想像上の集団に言葉で明確に輪郭と根拠を与え、表象として流通させる、その容態について明らかにするためのかっこうの素材なのだ。

なかには「優生学上の信州人」といった形で、「信州民族」を身体的な特徴や気質を含め、学の言葉で説明しようとするケースもある。「信州民族」の起源にアイヌ民族の大きな影響を認め、身体や気質をそれによって理由づけ、「信州人」を説明する言葉。[20]これはかなり極端な例だが、これほど明瞭ではないにしろ、あたかも共通の起源と性質をもった集団があるかのような科学的な根拠づけを言葉で行おうとしている場合は多い。

信州人、信濃人といった地域の人柄や性質論としては、明治初期、いや近世以前からあるのだが、ここで重要なのは、単にそうした人柄や性質をとりあげる言葉ではない。そうではなく、ある価値や使命を担った集団として「信州人」をあらわし、説明しようとする言葉である。そしてそれゆえに「国民」や「民族」の価値や使命を語る言葉ときわどく隣り合っている言葉である。それはこれから見るように、あきらかにこの教育雑誌には根づいている。先にふれた五大宣言では、海外発展とともに「汎信州主義」が唱えられてもいた。このないわば日本の信州化計画のような思考が出てくる背景には、何らかの形で「信州」を価値づけ、規範、模範として意味づける根拠が作り出されているはずだ。

「本県ノ所長ヲ発揮シテ汎信州主義ヲ鼓吹スル」とする五大宣言が決定された時期から、こうした信州の気風を全国へと広げてゆこうとする積極的な議論がなされている。また、この時期、大正四、五年の「信濃教育」には、信州に大学を創設することをめざす言論動向が見られるが、そこでも、「信州」を日本へ、世界へと広げてゆく志向性が反映されている。それ以前にも、例えば濱幸次郎「信濃教育論」のように、「国家思想」を作る準備段階、初歩的段階といった二次的な位置づけとして地域教育をとらえる立場を批判し、むしろ中心点、高所として「信州」をまわりに押し広げてゆく教育をめざす、といった論があるし、[21]大学をめぐる議論としては、伊藤長七「信濃大学創設の国論を樹立すべし」が「一個の高山大学を」求めつつ、でなければ「信州人をして何時までも日本の教育会に牛耳を執らしむることができない」としている。平林廣人は「信州大学の第一歩として夏季大学の開設を促す」という論において、「信州に何物かを期待することは決して、信州人のみの自惚ではない」として、「全信州的人物即ち大日本的の人物」を生み出すのが信州であるとしている。[22] こうした同心円的な広がりの中に、あるいはその価値ある中心に自らを位置づける言い回しに注意しておきたい。

こうした動向が、信州という地点を外側へ、海外へと発展させるという思考と結びついていることを確認しておこう。中村国穂においては、「信州人の勢力を県外国外四海に及ぼさんとしつつある汎信州主義の宣伝は心持よき響を吾等の耳に持ち来す」と述べており、この「汎信州主義」は明瞭に海外移民と結びついている。[23] また、信州大学創設を論じる先の伊藤にしても、「信濃より出でて、是等殖民軍の幹部となり将校となり得る大学卒業者の多数を供給するといふことは、此亦帝国殖民政策の前途に貢献する信濃人の使命であると言はねばならぬ」として、「吾信濃人が、新領土及外国への殖民を企画する」ことを待望してもいる。つまり、同心円的な広がりは決して日本という領土にとどまるものではなく、海外へも広がるものであり、国家の植民政策と根深いつながりをも作り出しているものでもあるのだ。

では、そのように県外に、そして世界に押し広げるべき信州、信濃は、どのような価値を帯びているのだろうか。というよりも、その価値の根拠は、どのように言葉で説明されているのだろうか。そういった価値づけのレトリックに注意しながら見てゆこう。

価値としての「信州」、その「頭脳」

この雑誌の多くの信州、信濃を論じた文脈から見てとることができるのは、地理的な特性、すなわち位置、高さを何らかの価値に結びつけようとする傾向だ。日本の中心の、そして高所に位置することをもって、つまり日本を見渡し、俯瞰する地点であることをしばしば価値の根拠としている。信州は「我邦ノ脊梁」、「中心ヲ占」めるといい、あるいは「日本の中央に位し幾多錯綜せる偉大なる山脈の上に巍然《ぎぜん》してさながら城郭の如く国をな」す。つまりここには、領土の中心性と、それを見渡す高さをそなえた、あたかも地図を俯瞰するかのようなまなざしによる価値づけがなされている。

そしてこうした位置こそが「頭脳が理知的」、「明晰」な心性を生むといった論じ方、同じくそうした自然現象と「頭脳の明晰」をつなぐ宮下琢磨の論。あるいはこうした位置こそが、「座して国家将来の大計を考へ」、「渾円球《こんえんきゅう》を我帝国の儘ならしめんと画策する」にふさわしいといった、指導号令する位置として価値づける論。あるいは内堀維文のように「日本は一の島山にして、絶頂といふは信濃国なり」としてそうした場こそが「愛国心」や「国粋」の保存所であるとする論もある。

つまり、これらを集約するなら、高く、日本の中心をなす場所を表す言葉が、遠くを見通し、澄み透った頭で号令を発する、といった言葉、価値を比喩的なつながりを通してよびよせているのである。次に引用するのは編集主任の筆による「本県教育の精神と信州大学」だが、こうしたメタファーの用いられ方をはっきりとうかがうことができる。つまり、彼は「我国民精神の真意義を世界に宣揚するに本県人が最恰的の位置にあることを覚悟せん」として次のように述べる。

我国の脊梁たる位置に立ち清流を四方に奔らす本県に住する人は、其山や水の如く、又常に透徹せる大気の如く、頭脳の比較的明敏にして判断豊に思想的事業に長けて居るは、他府県人の斉しく認める所〔中略〕日本脊梁の清らかな流を四周に分下するやうに、将来の世界に発揚すべき国民精神の真意義を究明するを本県教育の大方針大精神とするも左程僣越のことでもあるまい。[30]

位置の持っている中心性、高度をメタファーを介して明晰な思考、ビジョンや指導者の気質へとうつしかえること。それが広げるべき「信州」を価値づける根拠としてしばしば用いられている表現の技巧である。

もっとも、こうした位置的な特性を考えるには、近代登山の普及による山岳イメージの変化をも考えておく必要があるだろう。閉鎖的な奥地から、偉大なる高所へという山岳イメージの変化、あるいは日本アルプスという「美」も考え合わせてよいかもしれない。近代アルピニズムが本格的に入ってくるのは大正も後期だが、小島烏水が中心となったＪＡＣ（日本アルパイン協会）の設立は一九〇五年（明38）であり、[31]槍ヶ岳や穂高の登山が文章化され、スイスやアルプスへの憧憬のうちに描かれるようにもなる。烏水の紀行文には、山岳を価値づける様々なメタファーがちりばめられてもいるし、大正期におけるアルピニズムの流行とそうしたイメージの流通は、これまでのべた価値づけのレトリックを補強することにもなっただろう。例えば大正八年の『日本アルプス画報』は、皇族の登山姿を

皇族とアルプス―登山という行為を通して「高所」で結び合う（『日本アルプス画報』東京画報社、1919・7）

写真で伝えるとともに、丸山晩霞が山を「神聖高潔」「日本アルプスは非常に神聖を保つ」(32) と論じているが、こうした山岳表象が、県や地域を代表、代行するイメージとして、その価値の形成に寄与したこともあわせて考えられるだろう。

　こうした土地、位置を介して価値づけられる「信州人」の特性の中でも、際立って多いのは、それを「信濃人」の「頭脳明晰」あるいは「哲学性」、「思想性」へとつなげてゆく論述だ。

> 本県の諸山は丘陵の如き威あり、信州人が概して頭脳の明晰にして信州の気象に富める、此等自然の現象に影響せらるる処大なるを思ふものなり。(33)

たとえ否定的にであれ肯定的にであれ、こうした言い回しは枚挙に暇がない。「他県人又は他国に出てゐる我信州人など能く我が県人は理性が発達し、頭脳が明晰であつて相応の成功はする」といった論や(34)「信州の教育者の教授振は、後者〔芸術的〕よりは寧ろ前者〔論理的〕に傾いてをる教授振」であり、「何といつても論理的に思考しての働の方が遙に勝つてをる」として「信州人は、頭脳の明晰を以て自ら誇つてをり他も亦之を許してをるやうである」とする論をあげてもよい[35]。

あるいは「本県教育者を評するものは、研究的にして哲学的なりといふ[36]」、同様に「「長野県人は非常に頭脳が明晰である、悧巧である、ものごとがよくわかる、一を聞いて十を知ると云ふ風である」と之が他府県人等の等しく一致する批評であるらしい」というふうに、それが県外の人々の意見や評価なのだとしてあげる場合もある[37]。他にもこの時期の立論からは「明透なる頭脳合理的なる判断明晰なる言語は何れも理性の長する所なり」とする論や[38]「由来長野県人はその頭脳の明晰」をもって「諸種の方面によく成功せるの人なり」とする論など[39]、長野県人、あるいは信州人と、その頭脳の明晰さとは繰り返しワンセットで用いられる表現となっている。実際に頭脳が明晰だったのかどうかはこの際問うまい。そもそも精神の働きを「頭脳」や「脳」という局所にもとめて語るという語り方、価値づけの仕方自体が明治後期に広く流通してくる用語法であり、「頭脳明晰」という起源自体が近代に作り出されたものでもある[40]。ここで注意したいのはむしろ、これらの表現が、こうした自他ともに認めている性質を持った集団、あるいはまとまりがある「かのような」思いを抱かせるということなのだ。

これらの価値づけは、先にも見たような地理的な要因をもってしばしば説明されている。「信州人の頭脳が理知的に明晰」であるのは偉大なる山脈の上に巍然してさながら城郭の如く国をなしてゐるという地形から「胚胎したのではなからうかと思ふ」とする細川寛一や「本県の諸山は丘陵の如き威あり、信州人が概して頭脳の明晰にして進取の気象に富める、此等自然の現象に影響せらるる処大なるを思ふ」とする宮下琢磨の論をあげてもよいだろう。こうした説明が一見環境による科学的な説明であるかのような用語を用いながらも、実際には類似的、隠喩的な結びつきによって説明しているにすぎないということはすぐに分かる。環境が原因で価値ある性質が生まれたように記述しつつも、実際には、環境の価値に性質を重ねることで価値を転用しているのである。

こうした価値づけのレトリックを通して、教育領域の言葉は、信州人を価値ある集団として表象することとなっている。したがってこうした雑誌表現は、教育というネットワークを介して、ある優越感のもとに自らの同一性を強め、まとまりとして意識することに寄与するだろう。

もっとも、ここで論じられているのは必ずしも価値あるものとしての哲学性や明晰さではない。それがむしろ批判的に用いられている論もある。しかしながらここで注意したいのは、たとえ否定的に論じる場合にしても、やはりそうした形容句が信州人としてのまとまりを補強するように働いているということなのだ。というのも、こうした哲学性や頭脳の明晰さ、思索的な側面を否定的に論じる場合というのは、それに対抗する価値として、共同性や協調性を求めることになるからである。つまり、批判的にそうした特性を論じる場合にしろ、やはり信州人としての共同、連帯が立ち上げられるのだ。「我が県人は理性が発達し、頭脳が明晰」としつつ「然し一般に主我的で他を推奨するとか共同するとか云ふ点が欠けている」とする論や、[41]「信州人は頭脳が理知的に明晰」としつつも「狭量孤立的」とする論の展開は、[42]そうしたものとしてとらえることができるだろう。これは、後に「人は皆謂ふ長野県人は独立自尊の精神あつて共力一致の精神に乏しと」[43]というように、海外に長野県民が団結して移民村を建設しようとする際にも用いられる言い回しとも重なるのだが、それについては後に再説する。

こうして頭脳の明晰さ、というイメージは、肯定的に用いられる際にも、否定的に用いられる際にも「信州人」という想像上の集団を立ち上げる。一方では自らの内面に頭脳の明晰さという支柱を与えることを通して、一方ではそれゆえに生じる孤立性、閉鎖性を克服しようとする思いを与えることを通して。しかしこの雑誌の表現と、読者とは、いわば一対一の関係として孤立して存在しているわけではない。この章で明らかにしてきたように、この関係は情報の流通するプロセスのただなかにおかれているのである。

したがって、これまでに述べてきた物理的なネットワークと、ここで述べたいわば表象上のネットワーク、つまり、まとまりつながっているという意識とが絡み合うなかで、海外移住をめぐる言葉が作り出され、流れ出てゆくのである。そうした読みの場において、それではどのような読み手への力が生まれているのだろうか。あるいはどのような表現の技術が新たに生み出されているのだろうか。

四・二　地域メディアと動員する技術

動員技術としての「表現」

これまで述べたネットワークを介して、海外をめぐる情報のやりとりが頻繁になされ、そしてそれが、組織や人のつながりを強化したり、再生産してもいる。表現とその受け手の関係は、こうした物理的な、あるいは表象上のネットワークを介した流通網の中で、海外へと誘う「技術」の問題としてとらえられなくてはならない。

海外在留者と連絡する点から云うても、県民の海外思想涵養にしても、本部支部の連絡にしても機関雑誌がなくては都合が悪いので、之れを発行することとし、岡田総裁が「海の外」と命名した。(44)

先にふれた地域雑誌である「海の外」は、県庁と協力しつつ外国に住む長野県人の正確な実数を調査するといった作業をするとともに、海外の県人との連絡を重視している。雑誌自体が、海外支部と連絡をとりあい、情報をやり取りするという役割をおっていた。また、南北両米を訪れた永田稠は、各地で海外協会の支部設立を訴えている。そして信濃海外協会の海外支部は本部から送られてくる雑誌をその地の各方面に分配するとともに、会費の形で本部に資金を回すようになってもいた。[45]つまり、この雑誌は単に一方向に伝えるメディアではなく、拠点を結びつける通信であり、新たな拠点を作り出すための素材ともなっていた。

また、こうした際に、海外協会の支部ばかりではなく、在外県人会が果たしていた役割も大きい。松本商業学校長の米沢武平は「私の承知して居る在外長野県人会又は信州会と云ふ様なものはかなり沢山ある」として「大連、撫順、比島のミンダナヲ、桑港、ローサンゼルス、アルヘンチナ国のブエノスアイレス市、伯国レジストロ植民地等」をあげている。[46]そして、信濃海外協会はこうした在外県人会ばかりではなく、国内の県人会との連携も支援しており、その「社説信濃海外協会の使命」では「東京に在留する信州人は皆移住者である」として相互扶助のための「同郷者の相会し得る社交機関」が必須であることが論じられてもいる。[47]すなわち、組織と別の組織とのつながりを新たに見つけ出し、さらには別の組織（県人会）に一定の方向性、目的を与え、共有するようにさえはたらく役割をもおってゆくことになるのである。

むろんこうした、あらたなつながりを作り出しているのは「海の外」にとどまらない。信濃教育会の出版活動に目を向けると、信濃教育会が一九一九年（大8）にまとめた『南米ブラジルに雄飛せる長野県人』は、こうした海外との通信を集めることによって構成され、編されており、手紙という表現を用いてつながりの意識を作り上げている。長野県出身者の移植民書簡一五二通からなり、約五四〇ページにもわたっている。これは出身地や差出人という固有名を通して見知らぬ地とのつながりを作り上げるとともに、それら身近な固有名を通して情報の確かさ、信頼性を保障する表現をなしている。またこうした書物は信濃教育会や信濃海外協会といった流通、広報網の中で流れてもゆくわけであり、かつ教員や行政側の会員を通じて、学校や町村レベルでの様々な場において活用されることになろう。前章でも書簡形式での海外からの通信はとりあげたが、そうした全国向けの雑誌に掲載されている言葉を孤立して調べる限りとうていはかり得ないような力が、こうした中で生まれてくることは容易に想像できる。

そしてまた、こうした流通網は、雑誌や出版物の流れだけではなく、実際に人を送り、送られる関係を形作ってもいるわけであり、その意味では移民する「人」それ自体をメディア化しているとも言えるだろう。また、それは移民という形での「人」の送り出しにとどまらない。例えば更級郡は、先にふれた中村国穂とともに、当時の郡長津崎尚武も同じく海外発展教育や調査に力を入れていたが、津崎は県庁の教育課長から、県視学へ、そして海外興行会社の移民募集代理人となってゆくし、移民事業に関心をもっていた白上佑吉は県庁の地方課長から鳥取県知事に移って移民策を実践する。(48) つまりここには、移民への関心や知識をもったスタッフの流通、移動、そしてそれによる海外教育のノウハウの広がり、という事態がともなわれている。

このように、通信、書簡、雑誌、書籍、人をふくめた様々なレベルで、移民情報は各種の組織やその活動、イベントを介在させながら流通しているのである。

課長、郡長、学校長、農会長、婦人会長等は大声疾呼、ただどんどん出ろと謂ふて貰ひたい、内地の開発は現在の人口であり余る〔中略〕書物雑誌を購入するも可標本実物を蒐集するも可研究

会や演説会を開くも可植民読本を編纂するも可、が尤も有効と思はれる研究方法は植民講習会を開くにありと思ふ。(49)

繰り返しになるが、こうした物理的な、あるいは表象上のネットワークを介した流通網の中で、海外へと誘う「技術」が生み出されているということになる。そしてここでそうした技術の一つとしてより踏み込んで考えておきたいのが、先の引用にもあわわれている「人口」をめぐる議論なのだ。前章においても、人口や数を強調する雑誌表現が、移民へと誘う技術の一つとなっていることを論じた。では、この章で明らかにしてきたような、具体的な地域での情報流通網を視野に入れたときに、それはいかなる形をとり、どのように効力を発揮しているのだろうか。そして前章でのアプローチではとらえきれなかったどのような問題が見えてくるのだろうか。

人口をめぐるディスクール

情報の信頼性は、その情報をもたらす雑誌の知名度や部数によってのみ増すわけではない。むしろ身近でよく知っている人物が体験に基づいて書くことを通して、あるいは日ごろ教える立場にある人の口から語られることを通して生まれる信頼性を考えるなら、これまで述べた地域における情報の流通と再生産には、きわめて重要な効力がうまれる可能性がある。特にそれが、その地域のかかえる問題とつながっている場合にはなおさらだ。

農村における人口稠密なることは、埴科郡が長野県第一で、やがて日本第一で、従つて世界第一であらう、何としても農民を我農村から他へ送り出すことが我郡第一の急務である。[50]

これは埴科郡の植民研究会によって書かれたものだが、これまでふれてきた信濃教育会会長佐藤寅太郎や、県知事の岡田忠彦、教育者である中村国穂、日本力行会の永田稠、いずれもが人口問題の切実さを語ってる。そして、人口問題の切実さを、県の農村の現状に結びつけるとともに、日本というレベルの人口論とも結びつける。さらには解決する方法としての植民の妥当性を主張する形で人口を論じている。その論じ方としては、日本の人口問題の切実さと、長野県の人口問題の切実さを重ね合わせ、長野県をもってそれを代表させる。そのうえで長野県から移民を出す、県内の村から移民を出してゆくことが、国家の人口問題の解決にも結びつくのだということをも示すというかたちをとる。当時の県知事である岡田忠彦の次のような発言は、このかたちをとっている。

我が日本の形勢と本県の状況に鑑みまして、此場合県外に発展するの思想を喚起し着々其の実現を期するは今日最も必須な政策の一つである。[51]

こう述べて、長野県が近い将来に「人口の制限、或は県民の県外移住乃至海外移民の必要を痛切に感ずるの時期が到来するであらう」とする。佐藤にしても「今我国は世界第一の人口過剰国」とであることを述べ、「而ふして我国の耕地面積は総面積の一割八分六厘」と実数をあげながら、「世界移民を奨励して所謂市町村の海外延長を策することが実に今日の急務なり」とする。[52]

永田稠もまた「毎年一百万人を海外に移出する事によつてのみ、日本人の人口問題を解決し得可しと信ずる」[53]としているし、中村国穂は「日本の人口増加年に六七十万」として「教育者の植民は教育国たる信州で引き受けるのも愉快ではないか」[54]と教育する側への移民教育を主張している。これらの主張は、先の五大宣言の出された前後から、移民の妥当性や根拠としてたびたび用いられている。

しかしながら、ここで強調したいのは、単に人口問題が日本の植民政策の妥当性を、特に長野県の移民策の根拠として用いられたということではない。それが、これまで述べてきたネットワークを通してこそ具体的な力を帯びているというまさにそのことなのだ。地域の各組織やその発行物、さらには講演、学校教育といった流通網の中で、しかるべき立場にある人々を通してこうした言葉が語られていること、こそが重要なのだ。

幻灯というメディアにしても、こうした人口と領土をめぐる数値や言葉が、具体的な力を帯びる場としてとらえる必要がある。一九一五年（大4）の「即位大嘗祭大典講演幻灯趣意」には「殖民幻灯」の趣旨として、「限りある地面に限りなく人口は増してゆきます」、「現今世界列強の人口増加率は生死を差引まして平均一万人に付一百人を増して居りますので現世界人口十七億五千万人の人が百億万人に達するは僅かに百七十五年の後に在るので有ります」[55]とされており、実際に幻灯史料としても「日米国勢比較」や「列強国面積の比較」といった形で人口や国土が視覚化されて示されている。それにあわせて、日本のゆきづまりを打開する行為として「民族の世界的膨張」の必然性がかかげられ、そのうえで海外渡航志望者を募り、相談に応じるという方法をとるのである。

海外へ—海外渡航を促す幻灯
（日本力行会所蔵／幻燈画像史料）

これら幻灯史料の中で、例えば教師が移民の妥当性を語り、教えるばかりではなく、教師自体が教材、幻灯史料化されていることにも注意したい。教師であり、実際に移民した坂本市之助は、「最近十年間に於ける長野県の統計」をあげながら「人口は約三分の一を増加せるに比して其の耕地は八分の一しか拡張して居ない」として「海外に一大植民地を建設して窮乏せる農民を盛んに海外に移植して其の生活を向上せしめ、以つて人口の過剰を調和するに如かずと断定した[56]」と述べるが、移民する教師を素材とした幻灯史料が宮田村には残っている。ブラジルに移民した上水内西部農学校や更級小学校の教諭がそこでは用いられている。前章において、教師が記号と化す欲望についてとりあげたが、その意味では、彼らはまさしく自己の身体の教材化、記号化を通して、それを見るものに移民の妥当性や根拠を指し示してもいるわけである。

信濃教育会の刊行した『海外発展指針』も、長野県の人口と耕作反別面積について、具体的に数値をあげつつ、海外発展の根拠としてそれを活用しているものである。「長野県の人口過去三十年平均の増加率一一、八を以て、今後の人口を推せば左の如し」として以下のような変化があげられている。

大正三年　一五〇〇〇〇五人
大正一〇年　一六三〇九一五人
〔中略〕
大正四〇年　二三三一四四二人
大正五〇年　二六二六三六九人

そうした人口の増加に対して、「耕作反別の近年遅々として増加せざる」ために一人当たりの耕作面積が少なくなってゆくことを強調する。そしてあわせて、「最近三十年長野県人口戸数増減表」や「最近三十年長野県耕作面積増減表」を掲げる。[57] つまりここでは、日本地図というレベルでの知覚ではなく、長野県というレベルでの閉ざされた空間として描き出され、それがより身近な空間につながる危機として意識化されるようになっている。

こうした、人口、数値の重要性、信頼性を意識させ、人口の充満する領土というイメージをはっきりと想像させ、地域に普及させるにあたっては、国勢調査の地域における啓蒙活動が果たした役割もまた大きい。人口統計については前章でもふれたが、それはまた各地での地域イベントとして、さまざまな展開を見せることとなる。一九二〇年（大9）一〇月、第一回国勢調査が行われるが、各地で

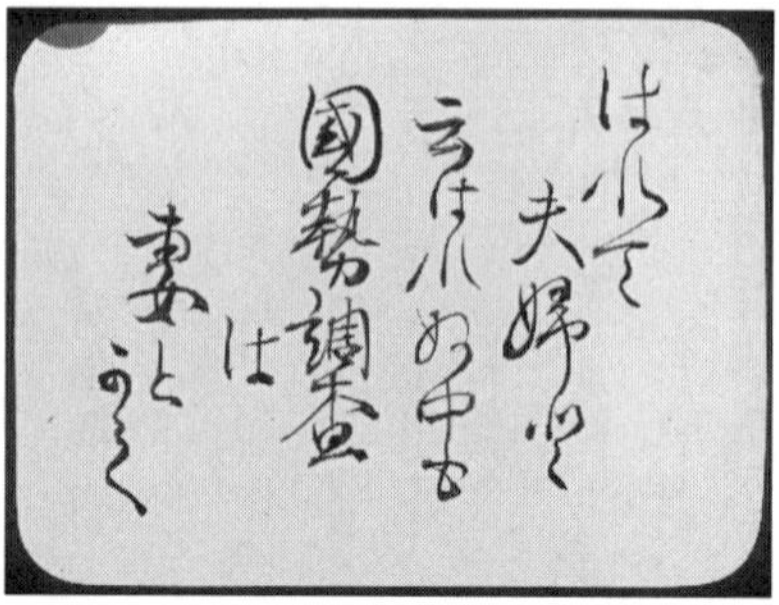

国勢調査の啓蒙―「はれて夫婦と云はれぬ中も国勢調査は妻とかく」
（宮田村教育委員会所蔵／幻燈画像史料）

記念行事や刊行物が各種見られるようになる。長野県では、この国勢調査に際して、幻灯による啓蒙活動も行われており、岸本與の用いた幻灯史料からは、そこでなされた説明の仕方もうかがうことができる。

おそらくある家族を素材にした物語形式で、国勢調査への対応を説明したのだろう。登場人物に、「国政調基《くにまさかづもと》」、「査本《さもと》為国《ためくに》」、「依勢統計《いせつねかづ》」といった明らかに国勢調査を模した名を割り振った登場人物が用いられており、実際の調査用紙の様式についても写真で示すかたちとなっている。そしてここに示したようなスライドも用いられているところからすれば、話自体にはかなりユーモアを交えて笑いをとりつつ説明するかたちをとっていたことが推測できる。

もっとも、人口をめぐってこれまであげてきた多くの資料からも分かるとおり、人口増加率や県民の総数についても調査以前から繰り返し用いられてきはした。しかしながら、この年の調査を記念して刊行された『信濃国勢調査要覧』では「在来の人口統計は載録調査なるが故に疑あり、否、明かに誤あり」として「之れを以て標準となし、材料となし、以て国民の富力を測り、糧食を察し、軍需工業動員を説き、社会政策を談ずる等凡て是れ痴人説夢に異ならず」と論じられている(58)。つまり、市町村役場の戸籍に基づいた人口と、警察の戸別におこなった調査との数値の開きが一九一九年、県内だけで八万七千人を上回ることを指摘したうえで、これまでの人口統計をもとに考えたり、判断したりするのはおかしいとするのである。ここからうかがうことができるのは、単に正確さが求められているということではなく、正確な数値がいかに判断の基礎として重要であるかを述べてもいるのであり、このイベントがゆきわたらせたのは、まさしくこうした数値の重要性、説明の根拠としての重要性なのである。

人口は、こうして県民を海外へと誘う様々なレベルの技術として用いられた。そして繰り返しになるが、領土や人口を示す数値は、こうした技術、すなわち地域でのイベントや雑誌、教育という場といったプロセスを介しながら、具体的に人を動かす力を発揮する。そして後にふれるように、こうした技術こそ、後に満州移民へと生かされ、転用されてもゆく力を作り出すものでもある。信濃教育会から一九三六年（昭一一）に出版された『満州農業移民』から以下の部分を引用しておこう。また、こうした点については再度問題とする。

我国は国土狭隘で天然資源に乏しく、国民の日常生活に必要な物資を国内で生産することは出来なくて海外の供給に仰ぎ、しかも人口は年々驚異的な数字を以て膨大して人口問題は年と共に喧しくなり、毎年三万人に近い移民を海外に送ることによつて幾分でも緩和することが出来たのである。(59)

複製される「信濃」

前節では、「人口」をめぐる数値や表現が、様々なレベルの技術として、海外へと動員する力を地域で生み出していた点を中心に述べた。この節では、海外へと誘う別の技術について考えたい。それは、「信州」を複製する、とでもいうべき技術である。実際に南米に信濃村を作る計画が大正末には実現してゆく。

人をはるかに遠い海外へと動かすために、単純化するなら二つの方向での誘い方を考えることが可能だ。一つは、目的地の豊かさや、土地の広大さを強調する方向。そこにゆけば未開の土地がただ同然で手に入り、気候は温暖で農作物も実り多く、労働する際の賃金も高い、というように。これが第三章でとりあげていた方向だ。もう一つは、目的地の等質性を際立たせる方向。つまり、現在住んでいる場所と、環境や行政面でのサービスに違いがなく、受ける不利益はほとんどないのだということを強調する方向だ。

植民的気分を全県に漲らしめ、海外に向ふこと恰も隣村に出づるが如く、恐るることなく、面倒がることなく、女子も老人も子供も、隣郡の親戚を訪ぬるが如く感ぜしめ、以て大陸的、海洋的、大国民的、発展的元気を以て県下を覆はしむべきなり。[60]

ここで用いられているのは主として後者の方法である。つまり移民する際に、隣の村にゆくかのような、あるいは県内の別の郡にいる親戚を訪ねるかのような意識を持つことを推奨する。信濃海外協会が発会した翌年、県知事の本間利雄は「ブラジル移住地建設の宣言」を出すのだが、そこにおいても、「今や我等に残された安住の地は南米の一あるのみ」としつつ、「移住の必要条件としては、目的地に渡航したる後も、郷里にあると同様なる恩恵に浴すべき施設をする《ママ》事」があげられている。(61) あるいは佐藤寅太郎は「市町村の海外延長」という論において、「一口に云ふときは海外に分家を出すなり、又海外に所謂新田を出すなり」と述べ、文字通り信州の延長として、分家を出すような感覚で海外を意識させようとしている。(62)

　そしてここでもまた強調したいのは、単に特定の論説としてそれがあらわれているということではなく、それが諸々の通信網を通して、組織やその主催するイベント、地域雑誌といったメディアを通して発信されているということだ。これまで述べた書簡や通信文を用いた雑誌記事や書物は、こうした外地と内地との距離を近づけ、見知らぬ場所を、あくまで知人や同県人が同じく生活している場として意識化させるだろう。

　広告やパンフレットを用いた広報活動も展開され、戦後信濃海外協会の出した『信濃海外移住史』によれば、この移住地、アリアンサ移住地の建設についてのパンフレットとして最初三〇〇〇部、さらに同一のものを「海の外」にのせて三〇〇〇部配布し、さらに「中外商業新報」に記事広告を出していたことが分かる。こうした成果もあり、東京支部一〇〇〇名、長野本部へ三〇〇〇名の移住希望申し込みがあったという。(63) こうした広報活動においても、いかに長野県からブラジルに移民が行ってい

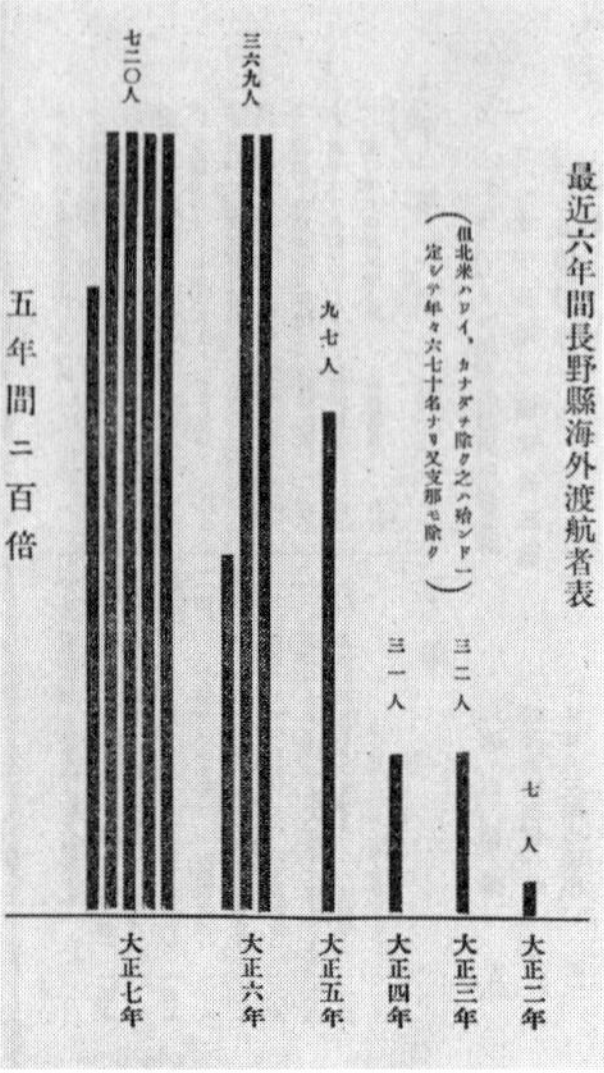

最近六年間長野県海外渡航者表
—『南米ブラジルに雄飛せる長野県人』
（信濃教育会、1919・12）

るのか、どの村からどれだけの人々が行っているか、といったことを視覚的に強調し、了解させる工夫がなされている。佐藤が序をよせ、中村国穂が編した『南米ブラジルに雄飛せる長野県人』は、信濃教育会の移植民調査の成果でもあり、「ブラジル渡航者各郡比較表」、「長野県海外渡航者表」が掲載されるが、これら図表は移民増加数の県内数値に限定し、かつ低い年を基準値としてグラフ化することを通して、急激な増加を意識させるとともに、県民というまとまり、領域を意識させるものだし、『海外発展指針』における長野県の「海外移住者都市別分布図」にもそれは言える。また、同書の「長野県海外移住者分布図」は世界地図を用いて長野県民が移民している国が網かけでパターン分けされており、これもまた県民としてのつながりを意識させるとともに、移民する場を同じ県民が住んでいる場として描き出してもいるわけである。

そしてむろん、こうした出かけやすさ、郷土とのへだたりのなさ、を訴えかける技術は幻灯や講習会という形においても具体化されている。幻灯スライドでは、実際に移民した家族が、その出身地とともに映し出されるかたちで用いられている。「上水内古里村柄沢幸之助」と書きこまれた宮田村の幻灯スライドは、一九一〇年（明43）のブラジル渡航時の家族の写真がスライド化されたものだ。ち

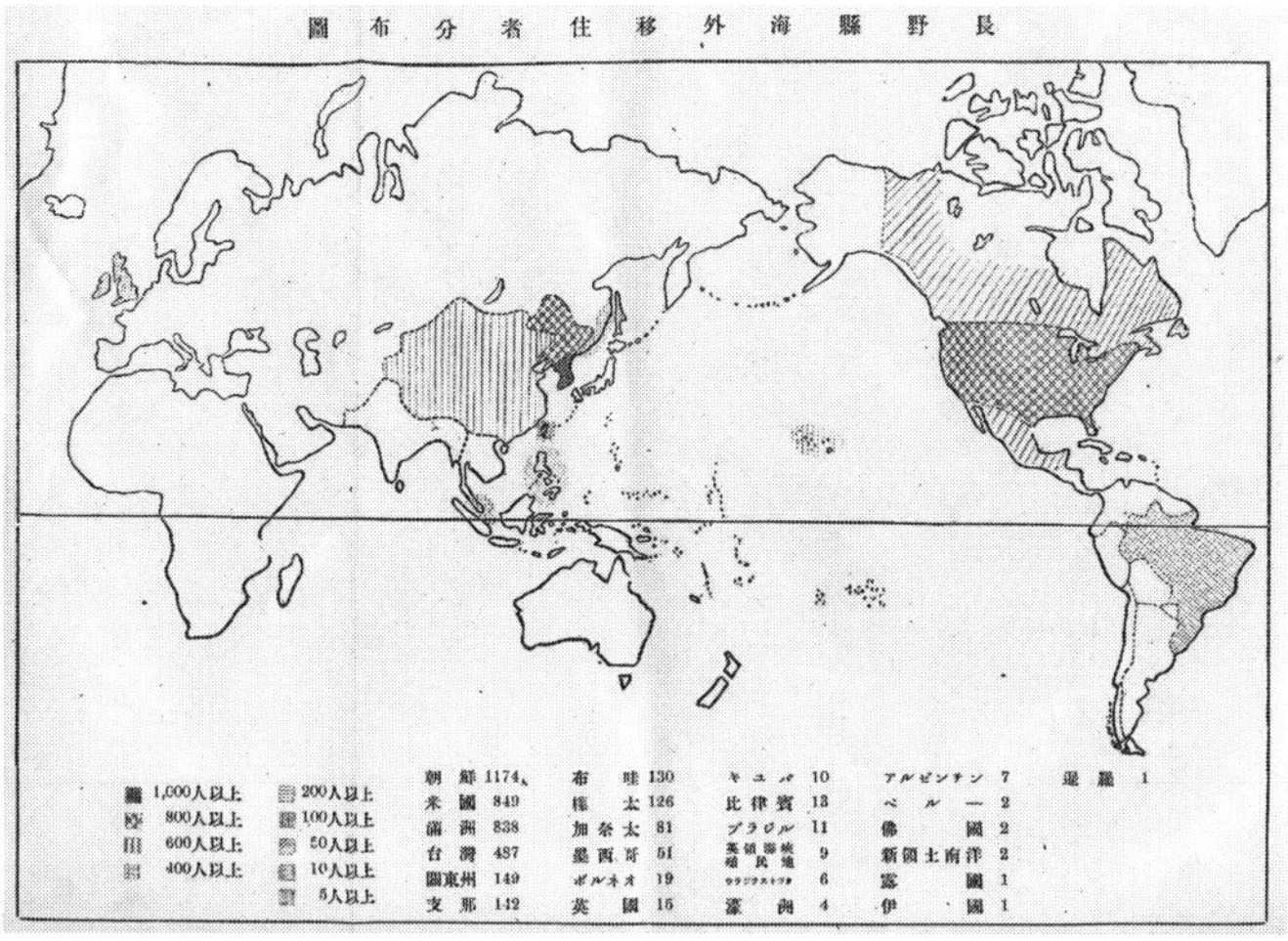

長野県海外移住者分布図—『海外発展指針』(信濃教育会、1916・10)

なみにこのスライドには続きがあり、九年後に親族である彼等をたよって移民する家族のスライドも準備されている。

こうしたなか、県知事の本間利雄は、現在では衣料品から各種開発事業までてがけている片倉グループにつらなる片倉組をはじめ、県内の郡長が設定した集まりを通して出資をつのり、サンパウロでのアリアンサ村建設がなされることになる。永田によれば、最初「信濃植民地」という名称を考えていたという。しかし、「「シナノ」」は「チノ」に通ずる、「チノ」は支那人と云う意味で、南米では甚だしく馬鹿にされている」と述べ、協力、和合という意味の「アリアンサ」を名称として採用したという[64]。

海外に信濃の複製を作ること。それは海外との近さを作り出す仕組みであり、その地へと向かう抵抗感をうすれさせる。ただ、次に見るように、この時期の移民は実態としては後の満州移民における一県一村運動というよりはむしろ多様な人々が参加もしており、また排外主義的な思考を前面に出していたわけではなかった。したがって、アリアンサ移住地の建設を、満州移民につらなる直線的なラインでつなげる記述への批判があることにも注意しておかなくてはならない。ただ、アリアンサ移住地の建設は、その建設の理念や実態にかかわらず、少なくとも満州移民を考える場合に、動員の技術としては転用可能なものであり、実際に利用されてもいる技術なのだ。

動員技術の互換性

移民自体が否定されるべきものであるはずはない。問題は、ここで論じてきた技術が、朝鮮や満州への植民活動に転用可能であり、かつ積極的に利用されてゆくという点にある。ここで述べたネットワーク、そして地域雑誌、講演活動、教育者と教育会の相互の活動は、まさしく満州移民に際して用いられている。そしてまた、南米移民はその際の県民の「実績」、移民の「根拠」として用いられもする。

例えばこの章で明らかにしてきた、海外へ分家する、隣村の親戚を訪ねる感覚で海外をとらえる、という考え方、言い方。あるいは信濃村を海外に複製する、という考え方、方法は長野県の出した『満州信濃村建設の記』においてもまさしく反復されていることを見てとることができる。

拓務省満州農業移民事業開始せられて五ケ年、同一県人三百戸を以て一ケ村を建設するといふ計

画は未だ嘗てない。謂はばこの種移民の試験移民である信濃村は我長野県の分家である。(65)

そして、この章で論じてきた情報を流通、再生産する諸々のプロセスは、満州移民において引き継がれてもゆくし、南米移民でつちかった経験、ノウハウとして積極的に活用されてもゆくのだ。ここではそうした動向を追ってみよう。さきの『満州信濃村建設の記』では、県の植民計画をたてるにあたって、「植民計画ヲ樹立シ所期ノ目的ヲ達成セムガ為ニハ講演会、座談会、映写会、展覧会、印刷物利用等ニヨリ一般ニ対シ移植民ノ重要性ヲ認識セシメ移民地ノ実情紹介等ニ依リ之ガ宣伝奨励ニ努メ」とあるように、これまで述べてきた地域ネットワークと各種イベントやメディアの活用が強調されている。これらの活動が可能になるのは、これまでに説明してきたネットワークが確立されているからこそ、なのである。実際に、リーフレット「満州信濃村建設と移民募集に就て」五〇〇〇部、「第五次満州農業移民募集要項」一二〇〇〇部、「満州信濃村建設趣意書」一二〇〇〇部やポスター六〇〇〇部といった広報活動がなされているが、そのリーフレット「満州信濃村建設と移民募集に就て」においても、やはり以下のようにこれまで述べてきた技術が再利用されているのを目にすることができる。

農家の更正と共に、困つて居るのは次三男の進路である。分家させる土地もなく、就職難の現状を目の前に見ては、親も子も憂鬱にならざるを得ぬ。そこで考へたのが満州に第二の信州を作らうと云ふことである。(66)

つまり、人口問題と耕地不足とを引き合いに出しつつ、信濃を複製し、分家を作り出すという思考が、まさしく再生産されているわけである。

そしてまた、一九四一年、「信濃教育」の「興亜教育特集号」においては、その「告示」欄で、県知事の鈴木登が、これまでの長野県の教育の輝かしい歴史として、「御稜威のもと波濤万里の外に国威を発揚せんとする海外発展思想を鼓吹」してきたことを指摘している。そのうえで、「曩には南米ブラジルに信濃村を建設し今日又満蒙開拓史上に其の特筆すべき成績を得つつある」ことを信州教育の成果として述べている。(67) つまり、南米移民、特にアリアンサ建設が、輝かしい海外発展教育の成果として、実績として持ち出されるとともに、それが海外に出てゆく心性に富んだ長野県民、移民に適した県民であることを証する「根拠」として用いられてゆくのである。

同号における「会長挨拶」においても、まず信濃教育会が「大正の初頭より海外発展の必要を唱導し或は南洋に或は南米に幾多の先進を送り輝かしき足跡を残して」きたことをこれまでの成果としてひきあいに出しつつ、次のように述べている。(68)

この勢は満州事変以後専ら満蒙に向つて傾注せられ、本会と致しましても興亜研究室の設置、満蒙支視察団の派遣を初め、青少年義勇軍の送出並に青少年開拓訓練及び教職員拓務訓練の開設等この方面に向つて多大の努力を払つて参りました。(69)

ただし、ここで注意しておきたいのは、これまでの指摘は、だから信濃教育会にこそ責任があるとか、信濃海外協会にこそ責任があるとか、行政の長が責任をとるべきだというような、特定の「点」に単純に責任を集約するために行ってきたのではないということだ。ここで問いたいのは、まさにそのように特定の書き手、指導者という「点」に責任を帰することで見えなくなってしまう技術、プロセスであり、それを考えない限り決して読み手に対して働いた「力」は見えてこないということなのだ。そしてもしも責任を問うのならば、それぞれの組織の長、行政の長の戦争責任が問われることは当然のことだが、それればかりではなく、実際にここで述べたような地域情報を作り出し、広げてゆく技術にかかわり、作り上げてきた一人一人の責任としてとらえるべきなのだ。そしてさらに言うなら、それは単にすべてのものに責任を分散させることで問題の所在を曖昧にすることになってはならない。その責任は、こうした技術、プロセスがいかに機能し、それに人々がどうかかわり、支えてきたのかという不断の問いかけとして、私たちが引き受けるべきものではないのだろうか。

点とプロセス

特権的な一部の発信者、指導者という「点」に責任を帰する思考をとるかぎり、おそらくは実際に人々を動員した技術のしくみや力のありかは見えてこない。海外協会中央会は一九三六年に信濃海外協会幹事の西澤太一郎、県会副議長熊谷村司、日本力行会の永田稠らを満州移民の調査に派遣している。その報告書は長野県人会や信濃海外協会が関係者を経由して配布したのみならず、信濃毎日新聞社ではそれを実費販売し、「数千部がすぐ売れ尽くした位であつた」[70]という。これまでとらえてきたような、こうした流通プロセスこそが重要な役割をはたしているのであり、さらに言うなら、こうしたプロセスへのかかわりかたとして、各自の戦争責任が問われなくてはならないはずだ。責任を点に帰するのではなく、プロセスを構成する一人一人の責任として考え問うてゆくこと。それはまた、現在の情報の流通プロセスの中で、私たち一人一人が果たしている役割への問いともつながってゆくだろう。

このことは、先にあげたアリアンサ村を植民政策の中でどう位置づけ、とらえるかという問いともかかわってくるだろう。『長野県の歴史』において、アリアンサ移住地の建設が、他民族を排除する郷党的な思想に基づいており、満州信濃村建設の原型ともなったと位置づけられていることに対し、[71]「のうそん」で永田久はその記述が間違いであると述べている。その根拠として、アリアンサ移住地の建設理念が、他民族を排除するのではなくブラジルに移り住み、根づくことを目指していることや、実際に参加した移民は、他府県人も交えたものであったことを述べている。[72]

この批判は一面正しく、一面誤っている。まず『長野県の歴史』が、満州移民の責任や中国残留孤児問題の責任が、「アリアンサ移住地の建設」という原点にあると読まれかねないようなシンプルな記述をしている点は批判されるべきである。これまでの議論でいえば、あたかもアリアンサ移住地という「点」に責任を集約しているかのように読まれかねない記述であり、現に永田はそう読んで反論しているのである。しかし、もしもアリアンサ移住地の建設が、満州信濃村建設とまったく無関係にあるという認識をとるなら、そしてアリアンサ建設に郷党的親睦思想が「全くなかった」という認識をとるのなら、それもまた批判されるべきである。これもまた孤立した「点」としてアリアンサ移住地をとらえているからである。

批判されるべきは、ある特定の村や組織こそ責任があるはずだという「思考」そのものなのである。実際のアリアンサ移住地という「点」において、その移民の県民構成がどうあれ、すでに見たようにこの移民は「情報」として分散し、色々な場で新たに用いられ、満州移民の際に引き合いに出され、利用される。つまりこうしたプロセスの中ではたらいているのである。また、これまで見てきたように、村を複製する、あるいは分家を出す、という形でなされている講演や印刷物の中で、その活動も意味づけられるし、受けとめられる。注意するべきは、いっさいの責任はないということを強調するあまり、こうしたプロセスの中でのはたらきに目を閉ざしてしまうことなのである。

永田稠にしても、排除や侵略という思考ではなく、献身的に移民を支援し、平和的な移民、農業移民を支持している。そして戦後において、満州移民と南米移民とでは、思想的にも道徳的にも根本的に異なるものであったことを述べている[73]。しかしその一方で危うい側面も多くはらんでいたことを見過ごしてはならないだろう。

『新渡航法』においても、「大和民族は膨張的国民だとの自信を有す可き」という主張と「世界に人種の別はなく、四海皆同胞」という思考が共存している[74]。彼の中では神道とキリスト教の思考が並存し、日本民族の神話的起源を根拠にして、日本民族の移民が当然であることを述べてもいる。

日本民族は発展しなければならぬ。日本民族は発展すべき運命を有つて居る。今教えて居る生徒が他日異境で生活することを予想して教育を施すことが必要である[75]。

こうした思考は、戦時期において、「日本人が神に育成されて今日に及んでゐると考へ、又、大東亜戦争は神命に依つて開始され、南方建国は日本民族が神授の世界的使命遂行の聖業だと信じてゐる」とする記述や「我等の祖先は大神の進捗を奉じ、高天原から高千穂に大移住を断行し、移住建国の基礎を造られた」といった記述をも生んでいる。(76) あるいは別の著作では「高千穂宮の天孫民族は、神武天皇の教導に従つて大移住を断行されれば今日本の直面してゐる新体制もその根本を精神的進展に置かねばなりませぬ」とも述べている。(77)

彼は学校における移植民用の副読本の作成も行うが、そこでなされる次のような記述を見るとき、単に平和的な移民、あるいは国家にとらわれない移民という思考としてのみ考えることにはやはり無理がある。

日本領土拡張地図を作成し、欧州の植民的東漸史、海陸発見史等を加へ国家の興亡を植民的に説明し、中学程度の学校に於ては植民史と在外同胞の発展史を加ふべし。(78)

だがしかし、ここでは永田稠個人の思想を取り出してその危うさを強調したいのではない。個人の思想としてよりも、情報の流れやつながりを作り出すはたらきや、そこで再生産されてゆく言葉や、活動についてこそここでは考えているのである。先にあげた見解、すなわち平和的な農業移民と、日本民族の神話的起源とが並存しているのは、例えば信濃教育会の『海外発展指針』においても見られるものでもある。すなわちそこでは「我が日本人種が、神代の昔より植民的能力に富めることは、古記明に之れを証する所」という思考と「真に国家の発展を期せんと欲せば須らく鍬鋤に依らざるべからず」という言い回しがともに見られる。[79] 個人の思想は孤立して存在するのではなく、まさしくこうした転移し、つながりゆくプロセスの中でこそとらえられなくてはならないのだ。

抹消されるプロセス

この章では、読みの問題を、具体的な情報の広がり方、伝わり方のプロセスを問うというスタンスで考えてきた。そこに介在したモノやそれを支えるネットワークを明らかにしてゆくという立場での調査である。それを、具体的に地域で人を動員する技術として論じてきた。そして、それが満州移民へと転用可能なプロセスでもあったこと、さらには、発信者という点を問う思考では、そうしたプロセスが生み出す力も、それを担った責任も見出し難くなってしまうことを論じた。そしてこのことは、現在でもなお、それぞれの組織や共同体のアイデンティティや役割の史的評価として、争点となり得る地点でもあることも示してきた。

満州移民における責任についても、それを特定の個人や、一つの機関という一地点の責任のあるなしが重要なのは言うまでもないが、実際には点として孤立した思想も出来事もありはしない。それはこれまで述べたようなプロセスのうちにおいて、その果たした役割や影響を見定めるべきなのだ。中国残留孤児をめぐってなされる言説は、ともすれば戦争に引き裂かれた家族の問題として、家族や教師、教え子間の離別と再開の物語に回収されがちだ。しかしながら、いかにして送り出したか、というプロセスや技術、民間で、あるいは地域の行政レベルでいかなる技術がそこにあり、誰がどうかかわっていたのかを問うことなく情動的な家族の物語に帰着してしまうことはきわめて危ういことだ。

長野県知事で信濃海外協会会長でもあった西澤権一郎は、七〇年代に刊行された『信州人の海外発展』に序をよせ、次のように述べている。

本県においては早くから海外進出の意気に富む人が多く、先輩有識者の努力によって大正時代に信濃海外協会が設立され、海外発展思想の普及宣伝をはかるとともに、大正十二年には全国にさきがけてブラジルのサンパウロ州にアリアンサ移住地を建設し、本県人のみによる集団移住に成功しましたことは画期的なことでした。

この言い回しに決定的に欠如しているのは、まさしく先に述べた技術が転用された満州移民のプロセスである。その時期を空白にしたまま、海外発展教育やブラジル移民から、いっきに現在とつなげることで、海外との交流の盛んさや国際意識の高さを証するものとしてこれまでの地域の歴史を価値づけている。こうしたあまりにも無責任な史観が提示可能なのは、読みのプロセス、情報を流通させる具体的なプロセスに、行政側も含めたそれぞれの機関や人々がいかに関与してきたのか、という意識が希薄だからだ。

そのように果たした役割を明確にすることは、決してそこに関与した人々を単純に責めることにも貶めることにもならない。指導者責任史観に強くとらわれて、特定の指導者、宣伝者をクロかシロかという単純化された枠に入れることが重要なのではない。それぞれがプロセスの中で果たした役割やその効果、それによって引き起こされた一連の出来事の中で、この問いは考えるべきことだ。

この章でふれた幻灯師の岸本與にしても、「時代背景の中でたどると、時の政府の手先となり、軍国主義に協力した面が強いように思われますが決してそうではありません」と断言するのは実際には難しい。特定の人だけが協力し、その人のせいで他の人々が巻き込まれた、という史観が、こうした弁護的な記述に反映してしまうのは分からないではないが、現在必要なのは民間レベルの一人一人が、どのようなかたちで戦争をめぐる諸々の事象に関わってきたかを真摯に問いかけ、目の前にある問題として引き受けることなのだから。

このことはまた、同時に史料収集、管理にわたる問題ともつながっている。この章では、読みを、情報をやりとりする具体的な地域のプロセスの問いとして考えてきたが、それを明らかにするためには、単に中央の出版物ではなく、地域で流通した小出版物や講演記録などの史料が必要になる。しかしながら、こうした史料は、実際のところ収集、整理するのも困難なばかりか、重要性を十分認識されないままに廃棄、消失しつつあることは否めない。それは、これまで述べてきたように流通プロセスを問い、そこに介在したモノを追うという問題意識、そしてそれによって何が見出しうるのかということが、認識としてなかなか共有されないからでもある。だが、史料が失われることは同時に、介在したプロセスが見失われるということであり、そのことはまた、発信者や指導者責任に一元化された史観や、それを回避しようと新たな物語を強弁する営みにもつながりかねない。読書への問いかけは、その行為を成り立たせるこうしたプロセスやモノへの関心、まなざしをもった問いかけへと展開してゆくべきではないのだろうか。

こうした関心に立ったとき、消失するプロセスをいかに私たちが見いだしてゆくか、という問いにとどまらず、そうした読みのプロセスを明かす史料をいかに残してゆくか、という課題ともつながってくる。読書を史的にとらえてゆく思考の必要性はこれまでの章でも強調してきたが、このことは同時に、読みについての史料が失われれば、そうした思考の土台となるものが失われるということでもある。読書について調査し、考える立場に立つなら、単に調査資料を利用するばかりではなく、その保存や整理に積極的に協力し、力をつくしてゆくべきなのではないのか。読書論と、史料の整理、保存、提供にかかわる問題を考える記録史料学とを接合してゆくべき点について、本書の最後に論じることとしたい。

おわりに

読書論とアーカイブズ

読みについて明かすもの

前章で述べてきた調査は、読みの問題を、全国的な主要メディアの内容分析という方法ばかりではなく、数多くの地域メディアに向けた問いにつなげてゆくものでもあった。実際に移民情報の問題にしても、昼間農作業をしている人々が総合雑誌を読みふけってそこから移民へと実際に決意を固める、というふうに考えることには無理がある。むしろ仕事を終え、隣近所で誘い合わせて、声のよい幻灯師の説明に耳を傾けながら暗がりに展開する異国の写真を楽しむという形でこそその情報は享受されていった。あるいは熱心に教える教師たちが語る身近な郷里の人々のこととして、移民という情報は享受されていった。そしてこうした広い意味での地域メディアの中で、海外へと人々を誘う実質的な力も生まれていったのだ。

近代における読みの問題、読者の問題にしても、単に図書館に並んだ書物に対する調査ばかりではなく、具体的な地域調査として展開する可能性は十分にある。そして前章ではその実践をも行ってきた。こうした調査を通して、一方では具体的な地域リテラシー、具体的な読みの場にひそんでいる多くの問題を見つけてゆく可能性があることを痛感するとともに、先にふれた、地域史料の扱いそのものに対する危惧を感じざるを得なくなったのも確かだ。信濃教育会や日本力行会、宮田村教育委員会をはじめとしていくつかの機関に調査にはいったが、幻灯史料をはじめとしてこれらの場所にしかないような地域史料が数多くある。しかしながら、これらの史料に整理、保存、閲覧のための十分な手立てが講じられているかといえば、そうとも言えない。そもそもこれらの機関も資料を公開すること自体を営利目的で行っているわけではなく、無償で行っているのであり、史料管理自体にさくことのできる予算や労力も限られている。

したがって、こうした機関に対して、その史料の整理、保存、閲覧が可能となるように、研究者が積極的にかかわってゆくべきなのである。調査するのであれば、単に資料を見つけ、それを素材として利用するばかりではなく、これらの史料管理に協力してゆくべきなのだ。でなければこれらの史料は次第に消失してしまう。その消失は、読みにおけるプロセスを明らかにする史料の消失を意味する。読書の問題が、アーカイブズ（記録史料）、そしてその整理、保存、公開について研究する記録史料学と交差するのはここにおいてである(1)。

現在、記録史料学についての研究は、全国歴史史料保存利用機関連絡協議会や、研修会を主催することで記録史料の収集、整理、保存、そして公開のための専門的な知識や技術の普及につとめている国文学研究資料館史料館をはじめとする活動がなされているが、これらの活動との連携、情報交換を積極的に進める必要がある。

近現代の文学研究の領域では、いやこれは文学の領域に限ったことではないことでもあるが、データの集め方や読み方、解読のしかたについては専門的な訓練を受けるものの、そのデータを保存したり、公開するための専門的な技術や知識についてはほとんど教育を受けてはこない。例えばこの章での調査に関して言えば、幻灯史料ひとつとってみても、それらがどこで所蔵されているかという情報がないばかりか、それらを具体的にどうやって補修し、保存すればよいのか、あるいはそうした幻灯史料を目録化するにはどのようにすればよいのか、といったことについて書かれたものは管見では見出せなかった。そして、近世以前の史料と異なり、こうした近現代の史料は、新しいものであるがゆえにその保存の重要性も十分認識されていないのが現状だ。

だが、ここであげた幻灯史料にしても、その果たした役割は決して軽視できるものではない。そしてこうした視覚的な情報、そして講演という声、あるいは活字といった異なるかたちの情報の中でこそ、私たちの読みの問題をとらえるべきことは、この本を通して述べてきたことである。

したがって以降においては、地域におけるリテラシーを考えるための素材となった資料のうち、特に幻灯史料を素材として、その活用の可能性を考えるとともに、所蔵や公開の現状と、望ましい補修、整理、保存と公開について考えておくこととしたい。

幻灯史料をめぐって

幻灯史料については論じる際の名称も「幻灯画」、「幻灯板ガラス写真」、「スライド」、「Magic Lantern Slides」等さまざまである。幻灯の内容としては写真の場合もあれば絵を用いている場合もあり、また、様々な形で複写資料も作られているので支持体（ガラス板）名も特に用いず、以下では、総称として「幻灯画像史料」と呼ぶこととした。基本的な形としては、幻灯に用いるためにガラス板に絵や写真を焼きつけ、場合によっては彩色し、ふちどり用の紙をはさんでもう一枚のガラス板ではさみ、ふちを細い布で貼りつけるかたちをとっている。サイズは約八〇ミリ四方のものが多いが、八〇ミリ×一〇〇ミリや三〇ミリ四方のような別のサイズのものも認められる。教育や娯楽素材として活用された他、明治期にはその彩色技術の細やかさとあいまって日本の風俗を描いた輸出用の工芸品ともなっている。[2]

幻灯画像史料についての研究は、必ずしも多いものではない。これには、まずその史料自体を体系的に、かつまとまった分量をもって提示する書物や場がないということが大きい。木村孤舟は明治後期から大正期にかけて広く普及していた幻灯活動について論じてはいるが、具体的な幻灯画像史料を今日俯瞰的に見渡すことは困難だ。そうした中、岩本憲次『幻燈の世紀』は、明治時代を中心として、それ以前、以降のメディア史とのつながりのもとで幻灯史をとらえようと試みている。[3]そこでは、幻灯について記載されている現存の目録や雑誌における幻灯関連記事をも参照しつつ幻灯の種類の内訳や幻灯会の実態について考察されている。ただ、自身で収集したスライドをもとに推測しているケースも見られ、幻灯画像史料自体に基づく調査の困難さがそこからはうかがえもする。また、現在どこにどれだけの史料が、どういった状態であるのかといった情報についてはあまり提示されていない。

幻灯は、絵や写真を多数の相手に向けて提示しつつ説明し、語るという形態からするなら、日本では中世以降広範に寺社でも行われることとなる「絵解き」や、風呂と呼ばれる桐製の幻灯機を用いて江戸時代から明治期まで行われていた「写し絵」とも共通する部分がある。[4]そして、それは映画や写真版印刷物の普及によって単純に衰退したとはいいがたい。

同じく絵を提示しつつ語る「紙芝居」が、街角のメディアとして戦前、戦後を通して広範な享受者層をとらえていたことを明らかにした山本武利の紙芝居についての調査は、幻灯調査についても多くの示唆を与えてくれる。(5)「紙芝居」の場合はＧＨＱのメディア部門が占領期に特異なメディアとして注目し、その役割を重視して多くの資料を残してもいるがゆえに、数値としてもその広がりをうかがい知ることができる。

そもそも教育的な役割が主軸となって用いられていた幻灯と、娯楽色の強い街頭紙芝居はすぐに重なるものではない。とはいえ、昭和初期から敗戦期にかけて、紙芝居の作者として活躍した加太こうじは、幻灯の脚本もまた手がけていたことを語ってもいるのだが。(6)しかしそうした制作側の関連以上に重視したいのは、街頭での子どもをひきつける娯楽としての紙芝居の「技術」が、戦時期の国内への、あるいは占領地への国策紙芝居として、プロパガンダに用いられることともなっていった経緯だろう。こうしたなかでとらえるなら、子どもという対象に向けた紙芝居に対し、そうした紙芝居に親しみ、楽しむという形で作り上げられたリテラシーをひきつぐ形で、成人層に幻灯が果たしていた効果、役割の大きさをとらえることもできるかもしれない。

これらのメディアは活字出版物に比べて今日その実態の把握は難しいし、そもそも実物にも接し難いがために、いきおい活字化された資料をもとにして歴史や思想をめぐる議論がなされてしまう。読み手の能力を考える場合においてもそうである。だが、あくまで今日残っている印刷物によって近代の思考や認識を代表させ、議論している限り、具体的な情報の広がりや、実際にそれぞれの場で人々が接した情報の力、そこで作り上げられる思考のかたちはとらえきれない。だからこそ、現在これらのメディアの調査、収集、整理、保存について考えるべきなのだ。

ここで、具体的な保存や展示の事例にふれておこう。保存や展示の現状について調査したのは幻灯画像史料を保存している以下の機関である。

同一庵藍民芸館（新潟県柏崎市）
日本力行会（東京都練馬区小竹町）
宮田村教育委員会（長野県伊那郡宮田村）
横浜開港資料館（神奈川県横浜市）
早稲田大学演劇博物館（東京都新宿区西早稲田）

まず同一庵藍民芸館だが、真宗浄興寺派正法寺で活用、収集されていた史料をもとに保存、展示されている。(7) ここでの幻灯画像史料は同寺で実際に人を集めて話をする際に用いられていたものでもある。九九二枚の幻燈画像史料を所蔵しており、その一部をガラスケースで展示し、いくつかのレプリカを自動の投影機を用いて室内に投影している。目録は財産目録の状態で、サイズと枚数、及び大まかな内容について記載されているのみである。複製されているのはその一部分である。

日本力行会は、一七九枚の幻灯画像史料を保存している。展示はしていないが一般の公開にも応じており、現物がそのまま閲覧できる状態にある。もともと用いられていた木箱に入ったまま、書物とともに書庫に置かれていた。(8) 目録は蔵書については一部作成されているものの、幻灯画像史料に関しては作られていなかった。宮田村教育委員会は、同村出身の幻灯師岸本與の親族が寄贈した史料である。七五二枚あり、補修、展示、目録化がなされている。目録は番号、タイトル、内容、破損状況、サイズの項目で、それぞれさらに細かい記述レベルが設けられており、幻灯画像史料の目録作成例として参考になる。(9) 複製はなく、史料自体を補修(ガラス板、及び縁布)して、史料の展示、紹介に利用している。いくつかの木箱にそのまま入れて保存する方法をとっている。

横浜開港資料館では、約一〇〇〇枚の幻灯画像史料を所蔵している。目録は作られていないが、すべて複製写真が作られており、閲覧者は綴じられたその複製の写真を見るというかたちをとる。史料自体は温度湿度の管理がなされた保管庫に収められている。また、所蔵する幻灯画像史料についての情報とともに、その一部が刊行されている。(10) 早稲田大学演劇博物館は、現在確認されている幻灯画像史料は一六八枚だが、現在整理中であり、正確な数は分からない。数は内部資料によるもので閲覧用の目録は作られておらず、一般公開もされていない。空調設備の整った保管庫に置かれている。

こうした現状から分かるように、現在幻灯用画像史料は、公開されているが複製や保存が十分考慮されていないケース。保存環境がよく、複製は作られていても目録は作られていないケース、そもそも史料情報自体が不明なケース、と様々であり、保存や展示に関する方法も、機関のそれぞれの事情による制約もあるが、かなりまちまちである。また、保存に関する方法や目録の作成方法についても定まったものはない。では望ましい保存、整理、目録化、展示はとはどういったものだろうか。これについて、現在自身でその作業を行っている日本力行会の所蔵資料に則して、次節で述べることとする。

幻灯画像史料の保存と公開

この書でも何度かふれてきた日本力行会は、図書収蔵庫があり、許可を求めれば一般の閲覧もできる。幻灯画像史料だけではなく、同会には明治期の写真類も多く残されてはいるが、画像史料の目録化や保存についてはまだ手がつけられない状況にある。そこで、調査とあわせて、それらの史料の保存に協力することとした。

幻灯画像史料の望ましい保存、整理、目録化、展示について同会の史料をもとにプランを以下考えてゆくこととする。幻灯画像史料は、多くはガラス板二枚によって作られており、壊れやすい。購入したときには専用の木箱に入っているが、このままの保存は望ましくはない。例えば五〇枚が一組となってぎっしり縦置きに詰めこまれていれば、出し入れでガラス面に傷がつき、周囲の縁布も破損しやすい。また、箱が傾けばガラス板が互いの重さによって破損しかねない。もともとの使用によってばかりではなく、こうしたこともあって、実際にはひびが入ったり、縁布がとれてガラスが一枚欠けている場合も多い。

こうした保管による破損以外にも、むろん支持体（ガラス板）や画像自体の劣化も考えなくてはならない。幻灯画像史料自体についてのそうした報告はないが、これについては現在保存がすすめられているガラス乾板史料についての研究[11]や、写真保存全体についてなされた報告が参考になるだろう[12]。ガラスに焼きつけられた銀塩モノクロ写真の画像は、画像物質の銀や染料の化学的劣化がおこるし、

アーカイブズのために—右は CD-ROM と閲覧シート、左は保存用フォルダと箱

また、支持体のガラスも物理的劣化ばかりでなくかびなどの生物的劣化がおこる。

すでに史料によってはハイライト部分の画像が薄れているケースや、染料自体の色が薄れているケースもある。したがってまずこれらに対しては複製を作ることを優先することとした。透過原稿ユニットを用いたスキャナーでの複写を行い、すべてをデジタル化して保存した。さらに、それをもととして、デジタル処理を加えて汚れを除去し、見やすい画像にした補正版も同時に作成した。両者をプリントアウトすることで閲覧用の一覧を作成した。利用者にはそちらを閲覧してもらうこととし、特に必要でなければもとの史料は一般閲覧は控え、専用の保管箱に入れて保管することとした。

保管については、まず刷毛を用いてガラス板上の汚れを取り除き、さらにフィルムクリーナで汚れを取り除いた。保存には、ガラス乾板保存用に用いられている中性紙を使用したフォルダと保存箱を用いた[13]。なるべく現状の保存に心がけ、補修は最低限にとどめ、ガラスが一枚欠損しているケース、まわりをおおう縁布がほとんど落ちてガラス二枚が分離しかけているものについてのみ行った。これらは数は多くないが、同サイズのガラスを作成し、縁布は製本用テープを代用して補修を行った[14]。補修を最低限にとどめたのは、例えば縁布の擦り切れ方によって、そのガラス板の使用頻度を推定することも可能であり、それ自体史料情報を含んでいるからである。例えば宮田村の幻灯画像史料の場合、かつてそれらが用いられていた時点で既にジャンル別におおまかに分けられており、さらにそのジャンルに応じて縁布が擦り切れている度合いが異なるため、頻繁に用いたセット、あまり利用されなかったセットを知ることが現在でも可能である。

整理と目録化は現在行っているが、基本的には分類は行わず、保管されていた順序に応じて通し番号をフォルダにふることとした。実際には幻灯画像史料はセット販売となっており、内容からジャンルわけすることも比較的容易な場合も多いが、日本力行会所蔵史料は、既成のセットばかりではなく、当時の会長である永田稠の撮影した写真を利用して作成したものも多く、容易に分け難い。また、ここでの調査にかかわらず、部分的な幻灯画像史料が出てきたり、保管の過程で混在したり、といったことも考え合わせれば、無理に内容分類することは適切とも思えない。目録の項目としては、ガラス外面に貼り付けられたタイトル、画像内の文字やタイトル、おおまかな内容、そして彩色か無彩色か、あるいは写真か絵かといった種別、及び製造元やサイズとともに、破損状態や補修情報の項目を設けることとした。また収納されていた箱の情報もあわせ記すこととした[15]。

基本的には幻灯画像史料は、デジタル化する複製作業を行い、目録をとったのち、史料自体は保管し、特に要請があった場合にのみ公開するのが望ましい。デジタル化した場合の利点としては、その後の複製作業が簡便であること。そして画像の原史料にさわることなく容易に画像補正作業が行える

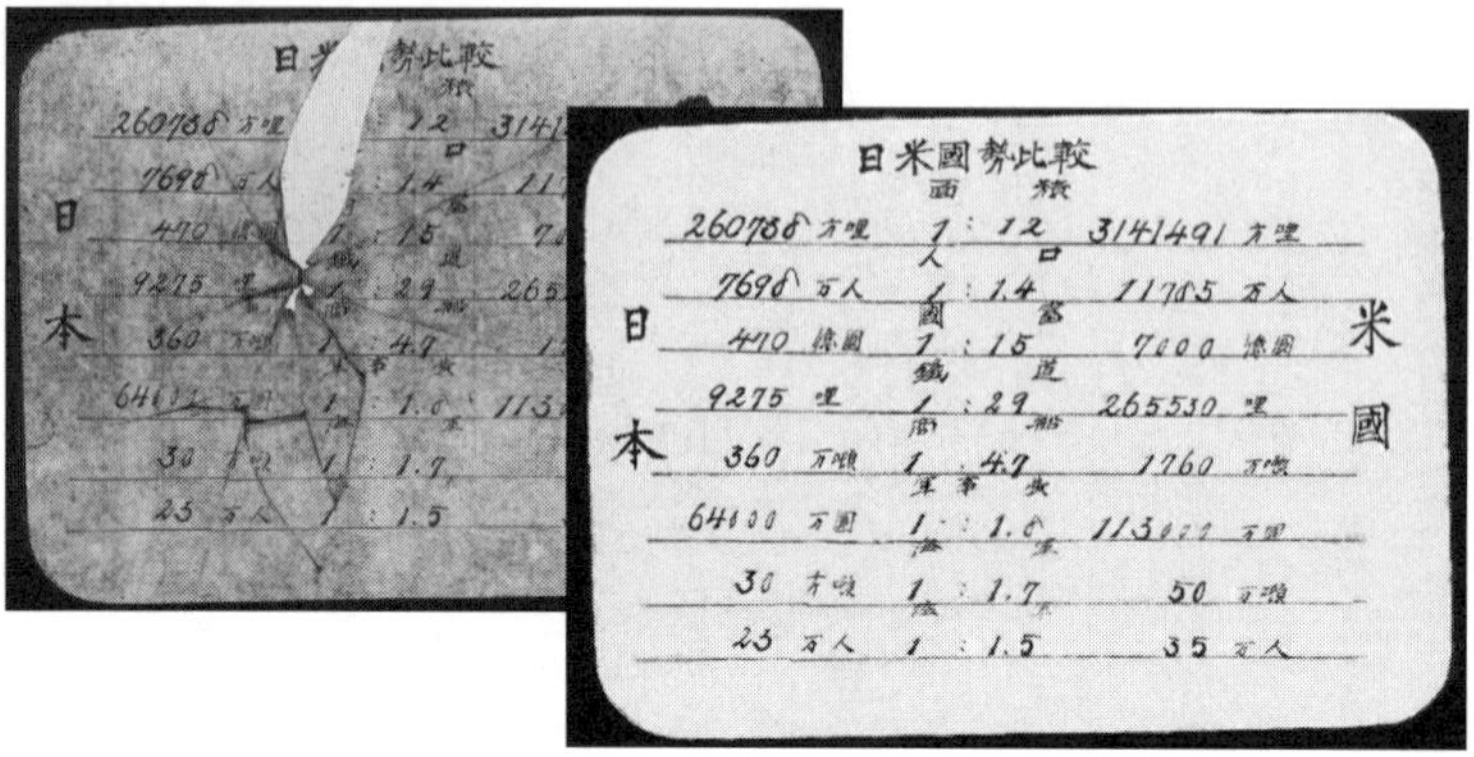

日米国勢比較—手前が修正版、後が原版（日本力行会所蔵／幻燈画像史料）

こと。また、容易に頒布、印刷可能であること等だが、さらに次のような点もあげられるだろう。

こうした史料を所蔵している機関は、これら史料を用いた催しを行うことも少なくない。例えば宮田村では現在でもかつての幻灯機を用いた映写会を催している。そうした場合にも、デジタル史料であれば、公開も容易である。液晶プロジェクターを用いて画像を映し出す、あるいはOHPフィルムに印刷して投影する、デジタルカメラから大型のテレビに出力する、等といった多様な形での映写活動を場所や機材に応じて容易に行うことができる。

読書の未来

読む行為への問いかけをてがかりとしながら、様々な情報のかたちへの問いかけとしてそれを展開してきた。壁や紙の上の文字、画面上の文字を読む問題から、言葉を聞いたり、画像を見たり、といった際の理解という問題ともかかわらせてきた。幻灯からビデオゲームまで、私たちの読みについて考える、あるいは調べる問題は広がっている。

これまでは、読書の過去、そして現在について論じてきた。もしも読書の「未来」という問題を論じるとするなら、私にとってそれは新たな読書機械や情報形態の出現といった問題であると同時に、今目の前で失われてゆく史料をいかに未来に残してゆくか、という課題ともなるだろう。なぜなら、それこそが未来の読みの地平を作り出すものでもあるからだ。何が読むことができて、何が読むことができないか、ということを左右するのは、私たちが何を読める状態で残してゆけるかにかかっている。読書調査と、地域史料の保存や整理への取り組みとを関係づけて論じたのは、それが私たちのこれまでの読みについて明らかにしてゆくために重要であるというばかりではなく、それが私たちの読みの未来に横たわっている問題だからだ。

例えば、この書の第一章でふれた、松本の地下工場跡の壁面の文字についてあげてみればよいだろう。誰がどのように、この文字を残してゆくのか。調査団の無償の活動によってなされてはいるが、経済的にも労力の面でも、その保存作業にまではとてもおいつかないのが現状だ。その一方で、実際の強制労働を体験した人々は高齢で亡くなりつつあり、また壁面の文字は、日をおって薄れている。そして聞き取り調査のテープ類やこれまでの調査の画像記録も、かなりの量になるとのことだが、それらの整理や公開には相当な時間と労力が必要になる。

そしてこれらを、単に写真や音声として残す以上に、読みの場として残してゆくにはどうすればよいのだろうか。そしてそれに多くの人が接することができるようにするにはどのように工夫すればよいのだろうか。その作業に、現在の情報技術をいかに駆使し、大学や研究者がどのようにそこに協力してゆけばよいのだろうか。私にとっての現在の読みの問題はそこにあり、大学を巻き込んでこうした作業に協力しながら、メディアリテラシーや情報教育をうまくそこに接合してゆこうともしている。

読書、あるいは読者についての研究が、メディアリテラシーと多くの問題意識を共有することについては第二章でもふれた。それは多様な読み手、受け手についての理解を深めることに示唆的であるとともに、批判的に情報を読み解き、情報を作り出す技術に目を向けさせてゆく点においても、読書論の取り組みと重なってくる。ただ、その取り組みは現在の情報環境、メディア環境と私たちとの関係に注意を向けはするが、過去の史料についての接し方や、さらにはここで述べてきた史料の保存や管理について、十分な議論が展開されているとは言えないのではないか。メディアリテラシーは、自ら意識的に情報を作り出してゆく実践へともつらなるものだが、過去の情報を残す、という技術もまた、新たな情報を作ってゆく重要な技術のひとつにほかならない。

また、歴史学や記録史料学の立場にしても、現在単に史料がそのまま史実にならないということ、むしろ史料とかけはなれた史観が扇情的に流通した九〇年代後半の状況は、史料の発見や保存以上に、戦争の語り方や、史料のプレゼンテーションの仕方こそが史観の流通を大きく左右することを考えざるを得なくしてもきたはずだ。情報の加工の仕方や流通のさせかたといった技術の問題に、積極的にかかわってゆくスタンスがそこでも重要になってくるだろう。

ここでは、記録を収集、整理、保存、公開する作業と読書の問題を関係づけながら論じてきたが、一方で、第一章で強調したように、過去を明かす資料はただそのことのみによって評価されるべきではない。読書にかかわる資料は無数の領域にわたり、ただ単に読書の実態を明かすというだけで読みについての研究や調査がなされるのであれば、無数の資料をただ自動的に集積することが無批判になされてしまうだろう。なぜ読者について、読書について考えるのか、という問いかけは、常にその問いかけの自明性を問い直すかたちでなされねばならない。

おそらくはメディアリテラシーと記録史料学とが批判的に結び合う地点において、読書の問題は実り多い展開を見せてゆく可能性があるのではないかと私は考えている。そしてまたそうした中で、読みに関心をもつ多くの分野や異なる研究のアプローチが、交差してゆく地平がひらけてゆくことを、何より望んでいる。

注

第一章

（1）「小特集　読書環境はどう変わるか」（『図書館雑誌』一九九九・一〇）、「特集　読書」（『月刊　百科』一九九九・七）、「特集　読者は変わりつつあるのか？」（『新聞研究』二〇〇〇・六）、「特集　読書の現在形」（『本の話』二〇〇〇・六）、「特集　〝読む〟—知的営為の原点」（『言語』一九九八・二）、「特集　書物と読者からみえる日本近世」（『歴史評論』二〇〇〇・九）、「特集　読書の社会史」（『江戸の思想』一九九六・一二）、「特集　江戸の出版」（『江戸文学』一九九六・六）、「特集　近世の出版」（『国文学』一九九七・九）。

（2）前田愛『近代読者の成立』（『前田愛著作集　第二巻』筑摩書房、一九八九・五）

（3）R・シャルチエについては『読書の文化史』（福井憲彦訳、新曜社、一九九二・一一）、『書物の秩序』長谷川輝夫訳、文化科学高等研究院出版局、一九九三・三）、『読書と読者』（長谷川輝夫他、みすず書房、一九九四・二）、等の訳がなされている。また長谷川輝夫「書物の社会史と読書行為」（『思想』八一二、一九九二・二）では、アナール学派を概観する形で詳細な紹介がなされている。

（4）出口一雄『読書論の系譜』（ゆまに書房、一九九四・二）。またこうした読書論については、出口の監修による『近代「読書論」名著選集』一四巻が同じくゆまに書房から刊行されている。

（5）拙書『読むということ』（ひつじ書房、一九九七・一〇）
（6）G・P・ランドウ『ハイパーテクスト』（若林正他訳、ジャストシステム、一九九六・一二）
（7）D・ボルター『ライティングスペース』（黒崎政男訳、産業図書、一九九四・六）
（8）F・ケオー『ヴァーチャルという思想』（嶋崎正樹訳、NTT出版、一九九七・八）
（9）P・ヴィリリオ『電脳世界』（本間邦雄訳、産業図書、一九九八・二）
（10）Paul Virilio, L'Insécurité des territoires,（『アートラボ・コンセプトブック』アートラボ、一九九一・六）
（11）『里山辺における朝鮮人・中国人強制労働の記録』（長野県松本市里山辺朝鮮人・中国人強制労働調査団、一九九二・七）、及び『訪中調査報告集』（同、一九九六・四）。
（12）長野県における中国人強制連行、強制労働については、一九九七年に四企業（鹿島建設、飛鳥建設、熊谷組、大成建設）を被告として提訴され、現在も訴訟が進行している。この中国人長野訴訟とも連携しつつ、調査団の作業はすすめられている。
（13）こうした点については、現在インターネットガバナンスとして問題化されている。例えば小倉利丸「グローバルガバナンスと「IT」をめぐる経済政治学批判のために」（「現代思想」二〇〇一・一）。
（14）永嶺重敏『モダン都市の読書空間』（日本エディタースクール出版部、二〇〇一・三）
（15）山本武利『近代日本の新聞読者層』（法政大学出版局、一九八一・六）
（16）田中克彦『言語からみた民族と国家』（岩波書店、一九七八・八）
（17）柳田國男「国語の将来」（『定本柳田國男全集　一九巻』（筑摩書房、一九六三・二）所収）
（18）佐藤健二『読書空間の近代』（弘文堂、一九八七・一一）
（19）塚本学『生類をめぐる政治』（平凡社、一九八三・四）

(20) 横田冬彦「近世村落社会における〈知〉の問題」(「ヒストリア」一五九、一九九八・四)

(21) 高木元「書肆・貸本屋の役割」(『岩波講座 日本文学史 第一〇巻』(岩波書店、一九九六・四)所収)

(22) R・キャンベル「規則と読者 明治期予約出版の到来と意義」(「江戸文学」二一、一九九九・一二)

(23) 矢作勝美「近代における揺籃期の出版流通」(「出版研究」一二、一九八一・二)

(24) 同注(2)

(25) 佐々木亨「『鳥追阿松海上新話』の読者の成立 新聞宣伝の効果」(「国文学研究」二〇〇〇・三)及び、「『鳥追阿松海上新話』の成立—連載と草双紙のはざまで」(「江戸文学」一九九九・一二)

(26) こうした例としては毎日新聞社の刊行している『読書世論調査』や、「みすず」編集部の編した読書アンケートの修正版である『読書の現在』(みすず書房、一九八八・四)のような試みもある。

(27) 同注(2)

(28) 子安宣邦「作者はテクストを書き書物を作らない」(「江戸の思想」五、一九九六・五)

(29) W・イーザー『行為としての読書』(轡田収訳、岩波書店、一九八二・三)

(30) 差別語論争については、絓秀実『「超」言葉狩り宣言』(太田出版、一九九四・八)が文学主義的な特権化に批判的な観点から論じている。

(31) 室城秀之「『うつほ物語』における複本文化現象について あるいは「絵解」論序説」(物語研究会編『物語研究第二集』(新時代社、一九八八・八)所収)

(32) 佐藤晃「読みを示唆するもの 『宇治拾遺物語』の序文・冒頭話、および目録」(「弘前大学国語国文学」一九九〇・三)

(33) 森正人「宇治拾遺物語の本文と読書行為」(「日本の文学」一九八九・五)

(34) 高橋修「〈終り〉をめぐる政治学　『浮雲』の結末」(「日本近代文学」二〇〇一・一〇)
(35) 三谷邦明・小峯和明編『中世の知と学　〈注釈〉を読む』(森話社、一九九七・一二)
(36) 麻原美子「近世初期にみる『平家物語』の受容」(「中世文学論叢」一九九〇・九)や堀竹忠晃「『平家物語』の受容と変容　『平家物語評判秘伝抄』「伝」の部分を中心として」(「論究日本文学」一九九六・五)を参照。
(37) 加美宏『太平記享受史論考』(桜楓社、一九八五・五)、同『太平記の受容と変容』(翰林書房、一九九七・二)。
(38) 檜谷昭彦「後世への影響」(市古貞次編『徒然草　諸説一覧』(明治書院、一九七〇・二)所収)や同「徒然草の享受史」(『徒然草講座　第四巻』有精堂、一九七四・一一)参照。
(39) 横田冬彦「『徒然草』は江戸文学か?　書物史における読者の立場」(「歴史評論」六〇五、二〇〇〇・九)
(40) 野口武彦『『源氏物語』を江戸から読む』(講談社、一九九五・四)はこうした試みとしてとらえられよう。
(41) 高木元『江戸読本の研究』(ぺりかん社、一九九五・一〇)
(42) 鈴木登美・ハルオ・シラネ編『創造された古典』(新曜社、一九九九・四)
(43) 品田悦一『万葉集の発明』(新曜社、二〇〇一・二)
(44) 河添房江他編『〈平安文学〉というイデオロギー』(勉誠出版、一九九九・五)
(45) 紅野謙介『書物の近代　メディアの文学史』(筑摩書房、一九九二・一〇)、小森陽一・紅野謙介・高橋修編『メディア・表象・イデオロギー』(小沢書店、一九九七・五)。
(46) 中山弘明「『千曲川のスケッチ』の読者　「中学世界」という媒体」(「文芸と批評」一九九二・四)、同じく「中学世界」を扱ったものに関肇「明治三十年代の青年とその表現の位相　「中学世界」を視座として」(「学習院大学文学部研究年報」一九九四・三)がある。
(47) 関肇「立志の変容　国木田独歩「非凡なる凡人」をめぐって」(「日本近代文学」一九九三・一〇)

(48) 本田康雄「版木から活字へ　稿本の終焉」(「国語と国文学」一九八八・一二)、及び磯前順一「近代エクリチュールの統一　版本から活字本へ」(「現代思想」一九九六・八) がこうした問題については参考となる。
(49) 「特集　近代の文法」(「思想」一九九四・一一)
(50) 佐野みどり「説話画の文法　信貴山縁起絵巻にみる叙述の論理」(『日本絵画史の研究』(吉川弘文館、一九八八・一〇) 所収)、同「絵と詞　「華厳縁起」をめぐって」(『日本文学史を読む　III中世』(有精堂、一九九二・三) 所収) や小峯和明「画中詞の宇宙　物語と絵画のはざま」(「日本文学」一九九二・七) を参照。
(51) 村上学「語り本『平家物語』の統辞法の一面　幸若舞曲・『浄瑠璃物語』の表現法を足掛りにして」(「中世文学」一九九〇・六)、同「『平家物語』の〈かたり〉表現ノート」(「名古屋大学文学部研究論集 (文学)」一九九六・三)。
(52) 高木史人「語りの「声」」(山下宏明編『平家物語　研究と批評』(有精堂、一九九六・六) 所収)
(53) 兵藤裕己「「平家」語りのテクスト生成」(宮下志朗他編『書物の言語態』(東京大学出版会、二〇〇一・五) 所収)
(54) 兵藤裕己『声の国民国家・日本』(二〇〇〇・一一、日本放送出版協会)
(55) 和田博文「作品と写真の遭遇　村野四郎『体操詩集』の文脈」(「日本近代文学」一九九〇・五)
(56) 金子幸代「日本のノラ　日本文学における『人形の家』受容」(「目白近代文学」一九九〇・一一)
(57) 坪井秀人『〈声〉の祝祭　日本近代詩と戦争』(名古屋大学出版会、一九九七・八)
(58) 久保朝孝「紫式部日記と源氏物語　仮構される読者」(『源氏物語講座四』(勉誠社、一九九二・七) 所収)、及び伊藤守幸「物語を読む女たち　『源氏物語』蓬生巻と『更級日記』」(「文経論叢」一九九四・二)。
(59) 近代では関礼子「読むことによる覚醒　『軒もる月』の物語世界」(「亜細亜大学教養部紀要」一九九一・一一)

があるが、そうした試みの中では、亀井秀雄「読者の位置　源氏・宣長・種彦・馬琴・逍遙」（『国語国文研究』一九八八・一二）が、テクストのはらむ認識構造として読者意識を史的に描出する作業を試みている。また、語りと聴き手との関係を、入れ子型のコミュニケーション図式として整理しながらテクスト分析に応用したものとして小森陽一「聴き手論序説」（『成城国文学論集』一九九〇・三）、及び同「聴き手論序説（二）」（『成城国文学論集』一九九一・八）がある。

(60) 兵藤裕己「「平家」語りの伝承実態へ向けて」（『日本文学史を読む　III中世』（前掲）所収）、同「覚一本平家物語の伝来をめぐって」（上参郷祐康編『平家琵琶　語りと音楽』（ひつじ書房、一九九三・二）所収）など。

(61) 高木史人「「口承文芸」の〈場〉　一義的な「話型」＝「物語」から〈場〉＝「物語」へ、そして多義的な「話型」へ・覚書」（『日本文学』一九九二・六）や同「語りの〈声〉」（『平家物語　研究と批評』（前掲）所収）。

(62) 亀井秀雄「間作者性と間読者性および文体の問題　『牡丹燈籠』と『経国美談』の場合」（『国語国文研究』一九九一・七）、同「生産様式と批評　あるいは批評的レトリックとしての「作者」」（『文学』一九九〇・一〇）。

(63) 高木元「江戸読本の新刊予告と〈作者〉　テキストフォーマット論覚書」（『日本文学』一九九四・一〇）

(64) 金子明雄「「家庭小説」と読むことの帝国　『己が罪』という問題領域」（『メディア・表象・イデオロギー』（前掲）所収）や、同「〈見ること〉と〈読むこと〉の間に」（『日本近代文学』一九九六・一〇）。

(65) 飯田裕子「〈読まない読者〉から〈読めない読者〉へ　「家庭小説」からみる「文学」の成立とジェンダー化過程」（『彼らの物語　日本近代文学とジェンダー』（名古屋大学出版会、一九九八・六）所収）

(66) 日比嘉高「「モデル問題」とメディア空間の変動　作家・モデル・〈身辺描き小説〉」（『日本文学』一九九八・二）や高橋昌子「『春』論II　読者による作品への介入」（『名古屋近代文学研究』一九九二・一二）、金子明雄「「並木」をめぐるモデル問題と〈物語の外部〉　島崎藤村の小説表現III」（『流通経済大学　社会学部論叢』一九九五・三）がある。

(67)　山本芳明「大正六年　文壇のパラダイム・チェンジ」（『文学者はつくられる』（ひつじ書房、二〇〇〇・一二）所収）、及び大野亮二「神話の生成　志賀直哉・大正五年前後」（「日本近代文学」一九九五・五）を参照。

(68)　平田由美「女の声を拾う　明治初期小新聞の投書」（『女性表現の明治史』（岩波書店、一九九九・一一）所収）、山本芳明「『或る女』の読者論　女性雑誌の投稿を中心に」（中山和子・江種満子編『ジェンダーで読む『或る女』』（翰林書房、一九九七・一〇）所収）など。

(69)　この時期の著作意識については市古夏生「近世における重板・類板の諸問題」（「江戸文学」一六、一九九六・一〇）が論じている。

(70)　鈴木敏夫『江戸の本屋　上』（中央公論社、一九八〇・二）、同『江戸の本屋　下』（中央公論社、一九八〇・三）。

(71)　菅聡子『メディアの時代』（双文社、二〇〇一・一一）

(72)　工藤哲夫「「読者の問題」の発現」（「女子大国文」一九八七・一二）や、西澤正樹「芸術大衆化のゆくえ（一）プロレタリア大衆文学、働く読者」（「文芸と批評」一九九三・一〇）を参照。

(73)　久米依子「〈子ども〉という領域　明治少年文学の行方」（「日本文学」一九九四・一一）

(74)　安藤恭子「〈世界図〉としての言説空間　宮沢賢治「山男の四月と大正期「赤い鳥」」（『宮沢賢治〈力〉の構造』（朝文社、一九九六・六）所収）

(75)　木村涼子「婦人雑誌の情報空間と女性大衆読者層の成立　近代日本の主婦役割の形成との関連で」（「思想」一九九二・二）

(76)　浅野敏彦「黄表紙の漢字　江戸時代後期の庶民の文字生活」（「大阪成蹊女子短期大学研究紀要」一九八八・一〇）

(77) 島村直己「近代日本のリテラシー研究序説」(『国立国語研究所報告』一〇五、一九九三・三)や江森一郎『「勉強時代」の幕あけ　子どもと教師の近世史』(平凡社、一九九〇・一)、木越治「藩校の意味」(『国語と国文学』一九九三・一一)など。
(78) 横田冬彦「益軒本の読者」(横山俊夫編『貝原益軒　天地和楽の文明学』(平凡社、一九九五・一二)所収)
(79) 山田俊治「〈現実感〉の修辞学的背景　明治初期新聞雑報の文体」(『日本近代文学』一九九一・一一)や竹本寛秋「解釈の装置と欠如　山村暮鳥『聖三稜玻璃』論」(『国語国文研究』一九九七・一一)がこうしたアプローチとしては参考となる。
(80) 橘川俊忠「在村残存書籍調査の方法と課題　時国家所蔵書籍調査報告Ⅰ(近世編)」(『歴史と民俗』一九八九・六)、「地方文人・名望家の教養　相州津久井縣上川尻村八木家の蔵書をめぐって」(『歴史と民俗』一九九三・八)。
(81) 藤實久美子「書籍史料の特性と調査方法について」(『学習院大学史料館紀要』一九九五・三)
(82) 横田の論としては、これまでふれた以外に「近世民衆社会における知的読書の成立」(『江戸の思想』五、一九九六・一二)や「元禄・享保期における読者の広がりについて」(『日本史研究』四三九、一九九九・三)がある。
(83) 中子裕子「無足人の読書と文芸」(『奈良歴史研究』四八、一九九八)
(84) 市古夏生「正徳期における武家の読書　『北可継日記』を通して」(『近世初期文学と出版文化』(若草書房、一九九八・六)所収)、小林准士「近世における知の配分構造　元禄・享保期における書肆と読者」(『日本史研究』四三九、一九九九・三)。
(85) 前注(80)
(86) 鈴木俊幸『近世書籍研究文献目録』(ペリカン社、一九九八・四)

(87) 藤實久美子「近世書籍史料研究の現在」（『歴史評論』六〇五、二〇〇〇・九）

(88) 千野香織「日本の絵を読む　単一固定視点をめぐって」（物語研究会『物語研究　第二集』（新時代社、一九八八・八）所収）や岸文和「制度としての遠近法　『浄瑠璃姫物語』の画像を手がかりにして」（『日本文学』一九九五・一〇）。

(89) 五味文彦「絵巻の方法　黒田日出男氏の批判に接して」（『思想』一九九四・三）、及び黒田日出男「表象としての空也と一遍　五味文彦氏「絵巻の視線」批判」（『思想』一九九四・五）を参照。

(90) 千野香織「日本美術のジェンダー」（『美術史』一九九四、一三六）、同「天皇の母のための絵画」（『美術とジェンダー　非対称の視点』（星雲社、一九九七・一二）所収）。

(91) 池田忍『日本絵画の女性像　ジェンダー美術史の視点から』（筑摩書房、一九九八・五）

(92) 鈴木一雄「物語文学の場　作者、作品、読者の「近さ」を中心に」（三谷栄一編『体系物語文学史　第二巻』（有精堂、一九八七・二）所収）

(93) 伊井春樹「絵物語の読者たち」（『国文学攷』一九九〇・六）

(94) 神谷かをる「平安時代言語生活からみた歌と物語」（『国語国文』一九七六・四）や兵藤裕己「語ることと読むこと　太平記読みの周辺」「江戸文学」（四、一九九〇・一一）の試みがある。

(95) 長友千代治『近世の読書』（青裳堂書店、一九八七・九）

(96) 青木美智男「近世後期、読者としての江戸下層社会の女性　式亭三馬『浮世風呂』を素材に」（『歴史評論』六〇五、二〇〇〇・九）

(97) 山田俊治「文字文化としての音読と黙読　歴史の重層的な把握をめざして」（河添房江他編『音声と書くこと』（勉誠出版、二〇〇一・五）所収）

(98) 広嶋進「『西鶴諸国ばなし』の語りと声」(『国文学研究』一三三、二〇〇一・三)
(99) 成田龍一「『少年世界』と読書する少年たち　一九〇〇年前後、都市空間のなかの共同性と差異」(『思想』一九九四・一一)
(100) 木村直恵『〈青年〉の誕生　明治日本における政治的実践の転換』(新曜社、一九九八・二)
(101) 中村哲也「近代日本における読書空間・言語空間の変容　メディア史としての国語教育史・言語教育史にむけて」(『東洋大学文学部紀要(教育・教職編)』一九九〇・三)、「近代日本における朗読法の思想と変遷　演劇史との関連で」(『東洋大学文学部紀要四四』一九九一・三)。
(102) 富山英彦「読書空間論　意味生成の場としての図書館」(『マスコミュニケーション研究』一九九九・一)
(103) 小田光雄『図書館逍遙』(編書房、二〇〇一・九)
(104) 岡村敬二『遺された蔵書　満鉄図書館・海外日本図書館の歴史』(阿吽社、一九九四・一二)
(105) 同注(14)
(106) 岡村敬二『江戸の蔵書家たち』(講談社、一九九六・三)
(107) 小林文雄「武家の蔵書と収書活動　八戸藩書物仲間の紹介」(『歴史評論』六〇五、二〇〇〇・九)
(108) 浅岡邦雄「明治期「新式貸本屋」と読者たち」(『日本出版史料』二〇〇一・四)
(109) 近藤潤一「近代国文学の方法と批判」(日本文学協会『日本文学講座　一』(大修館書店、一九八七・一二)所収)、布野栄一「歴史社会学派の生成と戦後の展開」(『社会文学』一九九三・七)。
(110) 高木信「「猫間」再読　『平家物語』の重層構造・序説」(『日本文学』一九九五・一二)、同「〈読み〉の変遷〈日本〉と『平家物語』」(『平家物語　研究と批評』(前掲)所収)。
(111) 上谷順三郎「国語教育における読書論導入をめぐる議論の総括とその展望」(『国語指導研究』一九九〇・三)や

(112) 同『読書論で国語の授業を見直す』(明治図書、一九九七・三)、丹藤博文『教室の中の読者たち』(学芸図書、一九九三・四)を参照。
(113) 黄振原「戦前台湾国語読本の研究　『公学校用国語読本第一種』の内容的側面の研究」(「文学と教育」(文学と教育の会)一九九三・六)
(114) 多仁安代『大東亜共栄圏と日本語』(勁草書房、二〇〇〇・四)
(115) 三谷裕美「満州国における「国語」政策　「新学制」にみる「国家」と「国語」像」(「東京女子大学紀要　論集」一九九六・三)
(116) 千田洋行「国語教科書のイデオロギー・その二　「平和教材」と「物語」の規範」(「東京学芸大学紀要　人文科学」一九九六・二)
(117) 矢作勝美「近代における揺籃期の出版流通　明治初年—明治二十年代へ」(「出版研究」一九八二・二)
(118) 小田光雄「近代文学と近代出版流通システム」(「日本近代文学」二〇〇一・一〇)
(119) 田中敏「読解における音読と黙読の比較研究の概観」(「読書科学」三三・一、一九八九)
(120) 難波博孝「テクストと読者との対話のために　読書論と言語論の豊かな出会いに向けて」や、西田谷洋「言説はいかに理解されるか　第一夜」(「漱石研究」一九九七・五)、同「発話態度と話法　政治小説のアイロニー性」(「金沢大学語学・文学研究」一九九七・七)のように認知言語学をはじめとす言語理論を介した実践を通じて、読みの問題をとらえてゆく動向もある。
(121) 佐藤公治『認知心理学からみた読みの世界』(北大路書房、一九九六・一〇)は、こうした概観とともに、受容理論をはじめとする文学系の読書論との関係について触れている。
(122) 内田伸子「文章学習」(大村彰道編『教育心理学講座二　学習』(朝倉書店、一九八五・九)所収)

(122) 秋田喜代美『読書の発達過程』(風間書房、一九九七・一二)
(123) Tuen A. van Dijk, Walter Kintsch, Strategies of Discorce Comprehension, Academic Press, 1983.
(124) 福田由紀『物語理解における視覚的イメージの視点の役割』(風間書房、一九九六・二)
(125) 内田伸子(前掲書)。また同『ごっこからファンタジーへ』(新曜社、一九八六・四)、『発達心理学』(岩波書店、一九九九・三)を参考とした。
(126) 前注(116)。また同『読書の発達心理学』(国土社、一九九八・三)も参考とした。同書には読書に関する読書案内も付されている。また、大村彰道監修『文章理解の心理学』(北大路書房、二〇〇一・九)も、読みに関連する読書案内が付されている。
(127) 波多野誼余夫・山下恒男編『教育心理学の社会史　あの戦争をはさんで』(有斐閣、一九八七・一〇)
(128) 遠藤芳信「日本陸軍と心理学研究」(「北海道教育大学　人文論究」四一、一九八一・三)
(129) 鈴木祐子他「日本心理学史研究の現状と意義」(「心理学評論」三八・三、一九九五・四)
(130) 拙論「文学史の〈性〉と〈生〉」(坪井秀人編『偏見というまなざし』(青弓社、二〇〇一・四)所収)

第二章

(1) 川合康『源平合戦の虚像を剥ぐ』(講談社、一九九六・四)
(2) 綾辻行人『十角館殺人事件』(講談社、一九八七・九)
(3) 内田隆三『探偵小説の社会学』(岩波書店、二〇〇一・一)

（4）菅谷明子『メディアリテラシー』（岩波書店、二〇〇〇・八）

（5）ここでは、「ビデオゲーム」という用語を、単に機器のみを指すのではなく、機器とソフト、享受者の間で実現される場として総称的に用いている。主としてテレビを利用した家庭用ゲーム機を対象として論じ、機器、またはソフトのみを指す場合はそう明示することとした。ただし、実際には機器の変化やおかれる場も議論の対象となるべきであり、ここでの議論はその意味ではかなり限られた場を対象にした議論になっている。

（6）M・ポスター『情報様式論』（室井尚他訳、岩波書店、一九九一・七）

（7）伊藤守他編『テレビジョン・ポリフォニー』（世界思想社、一九九九・一〇）

（8）J・カラー『ディコンストラクション1』（富山太佳夫他訳、岩波書店、一九八五・一）

（9）S・フィッシュ『このクラスにテクストはありますか』（小林昌夫訳、みすず書房、一九九二・九）も、こうした試みについて議論している。

（10）拙著『読むということ』（前掲）参照。

（11）P・バーワイズ他『テレビ視聴の構造』（田中義久他訳、法政大学出版局、一九九一・五）

（12）大澤真幸「電子メディアの共同体」（吉見俊哉他『メディア空間の変貌と多文化社会』（青弓社、一九九九・一二）所収）

（13）小森陽一「文学としての歴史／歴史としての文学」（小森陽一・高橋哲哉編『ナショナル・ヒストリーを超えて』（東京大学出版会、一九九八・五）所収）

（14）渡辺武達『メディアと情報は誰のものか』（潮出版、二〇〇〇・四）

（15）市橋正晴『読書権ってなあに　上、下』（大活字、一九九八・一〇）

（16）視覚障害者支援用のスクリーンリーダーとしては、IBMの「JAWS for Windows」や富士通「outSPO-

KEN」等がある。
(17) 鈴木みどり編『メディアリテラシーを学ぶ人のために』(世界思想社、一九九七・六)
(18) 小坂井敏晶『異文化受容のパラドックス』(朝日新聞社、一九九六・一〇)
(19) 小田光雄『出版社と書店はいかにして消えてゆくか』(ぱる出版、一九九九・六)、同『ブックオフと出版革命』(ぱる出版、二〇〇〇・六)。
(20) 文学研究の領域においては、山本芳明『文学者はつくられる』(前掲)が、出版、流通制度をも視野に入れた近代文学自体のとらえなおしを試みている。
(21) 例えばビデオゲームの著作権問題をめぐる最近の動向については、「ゲームと著作権をめぐる諸問題」(『年刊ゲーム批評九九年上半期』二〇〇〇・一)に詳しい。
(22) G・P・ランドウ『ハイパーテクスト』(若島正他訳、ジャストシステム、一九九六・一二)参照。
(23) 佐藤健二「メディア・リテラシーと読者の身体」(『マス・コミュニケーション研究』四二、一九九三・三)
(24) この報告書については http://www.ecommerce.gov/emerging.htm 参照。邦訳としては『ディジタル・エコノミー』(室田泰弘訳、東洋経済新報社、一九九九・二)、続編として『ディジタル・エコノミー2』(同、一九九九・一二)が出ている。
(25) 小田光雄『出版社と書店はいかにして消えていくか』(前掲)
(26) 佐野真一『だれが「本」を殺すのか』(プレジデント社、二〇〇一・二)
(27) 『別冊本とコンピュータ　人はなぜ、本を読まなくなったのか?』(二〇〇〇・一一)
(28) R・ドブレ『メディオロジー宣言』(嶋崎正樹訳、NTT出版、一九九九・一〇)
(29) 牧野二郎「インターネット上のコンテンツ規制とリンク規制」(村井純監修『IT二〇〇一　何が問題か』(岩波

書店、二〇〇〇・九）所収）

（30）こうした点については例えば名和小太郎「電子化時代の著作権制度」（山崎正和・西垣通編『文化としてのＩＴ革命』（晶文社、二〇〇〇・一〇）所収）参照。

（31）Ｓ・タークル『インティメイトマシン』（西和彦訳、講談社、一九八四・九）、及び『接続された心』（日暮雅通訳、早川書房、一九九八・一二）。

（32）福冨忠和「権力テクノロジーとしてのＩＴ革命とネット戦争」（「現代思想」二〇〇一・一）

（33）小林宏一「メディア変容の現在」（『文化としてのＩＴ革命』（前掲）所収）

（34）Ｐ・ヴィリリオ『情報化爆弾』（丸岡高弘訳、産業図書、一九九九・一一）

（35）Ｖ・フルッサー『テクノコードの誕生』（村上淳一訳、東京大学出版会、一九九七・三）、同『写真の哲学のために』（深川雅文訳、勁草書房、一九九九・二）参照。

（36）Hartley, Jhon, Invisible Fictions, Textual Practice, vol 1-2, 1987.

（37）赤尾晃一「テレビゲームは本当に有害か」（平林久和他『ゲームの大学』（メディアファクトリー、一九九六・三）所収）

（38）香山リカ『テレビゲームと癒し』（岩波書店、一九九六・一〇）。ただし、香山の議論は癒すという目的の自明性が逆に思考を制限している。

（39）こうした言説の再生産過程については、藤井雅美「ゲームのフェティシズム」（『人はなぜゲームするのか』（洋泉社、一九九三・三）所収）の議論がある。

（40）Kirsh, Steven J, Seeing the world through Mortal Kombat-colored glasses : Violent video games and the development of a short-term hostile attribution bias. A Global Journal of Child Research, vol 5-2, 1998.

（41）Mark Griffiths, Violent Video Games and Agression : A Review of the Literature, Aggression and Violent Behavior, Vol 4-2, 1999.

（42）Provenzo, Eugene F, Jr, Video Kids, Hervard University Press, 1991.

（43）Cassell, Justine and Jenkins, Henry, Chess for girls? Feminism and computer games, Cassell, Justine（Ed）; et-al, “From Barbie to Mortal Kombat”, The Mit Press, 1988.

（44）Fisher, Sue, Identifying video game addiction in children and adolescents, Addictive Behaviors, Vol 19-5, 1994.

（45）ビデオゲームに関して、注において参照してある文献以外に、テレビゲーム・ミュージアム・プロジェクト編『テレビゲーム　電視遊戯大全』（ユー・ピー・ユー、一九八八・五）、同『電視遊戯時代　テレビゲームの現在』（ビレッジセンター出版局、一九九四・六）が広範なデータを提供している。また、統計的なデータについては直接ここでは言及していないが、『テレビゲーム流通白書』（メディアクリエイト、一九九八―二〇〇〇年刊）や『レジャー白書』（余暇開発センター、年刊）が参考となった。

（46）M・ピカール『時間を読む』（寺田光徳訳、法政大学出版局、一九九五・一〇）、同『遊びとしての読書』（及川馥・内藤雅文訳、法政大学出版局、二〇〇〇・六）。

（47）G・ベイトソン『精神の生態学』（佐藤良明訳、思索社、一九九〇・九）

（48）E・H・エリクソン『幼児期と社会　I』（仁科弥生訳、みすず書房、一九七七・五）

（49）W・イーザー『行為としての読書』（轡田収訳、岩波書店、一九八二・三）

（50）高見広春『バトルロワイヤル』（太田出版、一九九九・四）、貴志祐介『クリムゾンの迷宮』（角川書店、一九九九・四）。

(51) E・ハミルトン「フェッセンデンの宇宙」(『フェッセンデンの宇宙』(稲葉明雄訳、早川書房、一九七二・九)所収)やF・K・ディック「世界をわが手に」(『マイノリティ・リポート』(浅川久他訳、早川書房、一九九九・六)所収)をあげておきたい。ちなみに原作は前者が一九三七年、一九五六年。

(52) 安川一「ビデオゲーム経験の構造」(「現代のエスプリ」一九九三・一)、同「ビデオゲームはなぜ面白いのか」(宮台真司他『ポップコミュニケーション全書』(PARCO出版局、一九九二・七)所収)参照。

(53) J・フィスク『抵抗の快楽』(山本雄二訳、世界思想社、一九九八・七)。この指摘はゲームセンターという場とともに論じられている。ただし「身体はアイデンティティと快楽の拠点となる」というフィスクの肯定的ゲーム体験の評価は、ここでの議論からすればまったく相反する評価ともなり得る。

(54) 大塚英志『〈癒し〉としての消費』(勁草書房、一九九一・六)

(55) 八三年、業務用ゲーム機としてナムコが制作。八四年に家庭用ゲーム機に移植され、以降複数の移植版が出ている。

(56) 中沢新一『雪片曲線論』(青土社、一九八五・二)

(57) 大澤真幸「オタク論」(宮台真司他『ポップコミュニケーション全書』(前掲)所収)

(58) 押山憲明「はたらく『マクベス』」(『ヒトはなぜゲームするのか』(前掲)所収)

(59) 「対談『ゲームの時代』をめぐって」(『ヒトはなぜゲームするのか』(前掲)所収)

(60) 拙著『読むということ』(前掲)第二章を参照。

(61) コンストラクション系ゲーム(ゲーム作成型のゲーム)においても、作成の自由度は低く、既存のゲームソフトの道具立てが準備されているといった傾向が強い。

(62) この意味では宮沢篤他『コンピュータゲームのテクノロジー』(岩波書店、一九九九・九)の試みは、そうしたブラックボックスの中身を分かりやすく記述する試みとして評価できるだろう。
(63)『コンピュータゲームのテクノロジー』(前掲)
(64) 大手ソフトメーカー光栄が制作、八九年九月に発売された。ちなみに同シリーズ三作目は九六年、中国の工場において、その内容に抗議した中国人従業員が作業をボイコットするといった事態を招いている。(「朝日新聞」一九九六・一二・五、朝刊)
(65) 吉田裕『日本人の戦争観』(岩波書店、一九九五・七)
(66) P・P・パーラ『無血戦争』(井川宏訳、ホビージャパン、一九九三・一二)
(67) 実際には商用/軍用といった差異は実際にはそれほど明瞭ではない。Dominick, J. R., Videogames, Television Violence, and Agression in Teenager (Journal of Communication, vol 34, 1984) では、既に八〇年代、ビデオゲームメーカーのアタリ社がMK—80と呼ばれる銃器の情報に基づくシミュレータの開発で軍に協力している事例が引かれている。
(68) 外国為替及び外国貿易法上、軍事目的に転用されるおそれがある品目に関して「通常兵器関連汎用品」の指定がなされる。高機能パーソナルコンピュータで指定されている品目も数多いが、ゲーム専用機での指定ははじめて。
(69)『プライベート・ライアン』(ドリーム・ワークス/パラマウント映画作品、一九九八、監督S・スピルバーグ、製作I・ブライス、脚本F・ダラボン)
(70) 岡真理『記憶/物語』(岩波書店、二〇〇〇・二)
(71) 山下恒夫『テレビゲームから見る世界』(ジャストシステム、一九九五・三)
(72)『テレビ視聴の構造』(前掲)

（73） Anderson, Benedict, The New World Disorder, New Left Review, 193, 1992.

（74） S・ミルグラム『服従の心理』（岸田秀訳、河出書房新社、一九九五・一〇）

（75） 『テレビゲームから見る世界』（前掲）

（76） 服従実験のその後の動向、レヴューについてはBlass, Thomas, The Milgram Paradigm after 35 years, Journal of Applied Social Psychology, vol 29-5, 1999. を参照。

（77） こうしたニュースコードの分析、あるいはより広く様々なメディアを情報のフォーマットという観点から分析している例としては、Althide, D. L., Media Power, Sage Publications Inc., 1985. 及び An Ecology of Communication, Walter de Gruyter Inc., 1995. を参照。

（78） こうした動向や文献については和田敦彦編『読書論・読者論の地平』（若草書房、一九九九・九）参照。

（79） 「朝日新聞」（朝刊、一九八六・七・一〇〜八七・八・二九）に掲載、後に朝日新聞テーマ談話室編『戦争』（上、下、朝日ソノラマ、一九八七・七、一〇）として刊行。また、掲載されなかった多くの投稿についても、『日本人の戦争』（平凡社、一九八八・七）として刊行されている。

（80） 緒方泉「軍国の妻の悲しみ」（「朝日新聞」朝刊、一九八六・七・二二）、長谷百合子「銃後の妻の演技」（同、八・一二）、長谷百合子「もっと根本的な疑問」（同、九・六）。

第三章

（1） 田山花袋『田舎教師』（佐久良書房、一九〇九・一〇）

（2）蓮實珂川『村夫子』（育成会、一九〇八・四）

（3）拙著『読むということ』（前掲）第三章を参照。

（4）小泉又一『教育小説棄石』（同文館、一九〇七・五）

（5）石川栄司『理想の小学教師』（育成会、一九〇六・一）

（6）同注（3）

（7）前田愛『近代読者の成立』（前掲）

（8）杉原四郎編『日本経済雑誌の源流』（有斐閣、一九九〇・五）

（9）例えば竹内洋は『日本人の出世観』（学文社、一九七八・一）、『選抜社会』（リクルート出版、一九八八・一）、『立志・苦学・出世』（講談社、一九九一・二）等の一連の論においてこの雑誌をしばしば調査対象としている。

（10）雨田英一「近代日本の青年と「成功」・学歴」（『学習院大学文学部研究年報』一九九〇・三）

（11）関肇「立志の変容」（『日本近代文学』一九九三・一〇）

（12）『立志小説人の兄』（成功雑誌社、前編一九〇五・六、後編一九〇五・一二）、『精力増進法』（実業之友社、一九〇七・五）、『立志小説観音堂』（同、一九〇八・一）、『立志小説人一人』（同、一九一〇・一一）、『時間活用法』（東亜堂、一九〇八・五）、『立志之工夫人間学』（博文館、一九〇九・一〇）。

（13）新泉の立志小説の広告は雑誌「成功」あるいは雑誌「殖民世界」に多く見られる。なお、『帰郷記』はタイトルに角書きとして立志小説と掲げているわけではないが、広告によっては立志小説の角書きをつけている場合もある（例えば『立志小説人一人』の巻末の広告欄など）。

（14）例えば『立志小説観音堂』は、竹内洋『立身出世主義』（日本放送出版協会、一九九七・一一）においてふれられてはいるが、その分析は小説の言語、表象の分析ではなく、小説中の出来事を歴史的事実とすぐさま結びつけてしまうような短絡的な分析に陥っている。

(15)「殖民世界」は成功雑誌社から一九〇八年（明41）五月より発行されている。

(16)『立志小説殖民王』（有朋館、一九〇七・一二）は二人の少年が日本からアフリカ大陸に渡り、そこで国を作って大統領となるとともに日本が「亜細亜大同盟」の盟主となる日のために自分たちも「阿弗利加大同盟」の盟主となるような国を建国しようとする。

(17)『立志小説人一人』、及び『立志小説此父此子』巻末の広告より。ちなみにここで主として考察の対象とするのは以下の小説である。『立志小説人の兄』（前掲）、『帰郷記』（成功雑誌社、一九〇七・八）、『立志小説全力の人』（前編　鶯々堂、一九〇七・七、後編　東亜堂、一九〇八・八）、『立志小説観音堂』（前掲）、『立志小説逆境の勇士』（成功雑誌社、一九〇九・一）、『立志小説人一人』（前掲）、『立志小説此父此子』（成功雑誌社、一九一一・五）。

(18)竹内洋『選抜社会』（前掲）

(19)堀内新泉『立志小説観音堂』（成功雑誌社、一九〇八・一）

(20)『立志小説此父此子』においては、モデルを示す実際の父子が写真として巻頭に掲げられることによってこうした父―子枠組みを補強する形式をとる。

(21)堀内新泉『帰郷記』（前掲）

(22)竹内洋『選抜社会』（前掲）

(23)実業が、それが実質的に何をするのかよりも、それ自体価値あるものとして自立してゆくという点を指摘しておくのは別の意味でも重要となる。というのも、この自立的な価値を帯びてくる事業や実業の言説は、「国家」という価値体系に連接してゆく経路を持つからだ。「頭脳の中に国家という観念の無い者は、断じて価値ある事業は出来ん」（『立志小説此父此子』）、「微力ながら私の一身は、今後日本の実業の為に供する積です」（『立志小説人一人』）といった表現に通底する価値体系からそれはうかがうことができる。

(24) 堀内新泉『立志小説人の兄』（後編　前掲）

(25) 堀内新泉「立志小説春の声」（「成功」一九〇九・一）、同「立志小説銀貨」（「成功」一九〇九・八～一九〇九・一一）。

(26) 木村直恵『〈青年〉の誕生』（前掲）は明治二〇年前後を射程に入れて非―政治化した「青年」主体の生成を問題にし、政治的領野への関心を自身の内部や身体に振り替える技術を論じている。と同時に、それを到達点と起点を直結する劇的な物語から、その中間を歩むプロセス自体に焦点の移った小説の描写の生成と連動してとらえている点、ここでの問題意識に通じている。ただ、そうした主体の生成はやはりある時点に限定される問題ではないし、プロセス自体の表象上の差異をも問題にしなくてはならない。ここでの分析はそうしたスタンスに基づいて行っている。

(27) こうした読書行為についての理論的枠組みの詳細について拙著『読むということ』（前掲）第一章において細かく問題としているので参照願いたい。

(28) 堀内新泉『立志小説人の兄』（後編　前掲）

(29) 「植／殖」の使い分けは、当時の資料の用字法に従い地の文で用いる場合は「植」を用いた。なお、この時期「殖／植」の表記について論じたものとして林薫「何をか殖民政策と謂ふ乎」（「太陽」一九一〇・一一）がある。

(30) 「殖民小説殖民隊」（「殖民世界」一九〇八・六）、あるいはそれに続く「殖民小説深林行」（「同」一九〇八・七）。

(31) 土井権大「南米黄金郷伯剌西爾殖民心得」（「殖民世界」一九〇八・六）、内藤昌樹「南洋諸島の大富源」（「殖民世界」一九〇八・八）。

(32) 植民政策学の確立と、当時の日本におけるアジアの心象地理との関係性、あるいは「植民」の範疇の変成については姜尚中『オリエンタリズムの彼方へ』（岩波書店、一九九六・四）が問題化している。

(33) 竹内洋『日本人の出世観』(前掲)。また、雨田英一「近代日本の青年と「成功」・学歴」(「学習院大学文学部研究年報」一九九〇・三)も雑誌「成功」の海外渡航奨励について触れている。

(33) 「実業世界」(一九〇四・五・一五)

(34) 「実業之日本」(一九〇四・六・一五)

(35) 丸井三次郎「南米の事情」(「実業之日本」一九〇四・八・一五〜九・一五)

(36) 山口周平「亜爾然丁殖民事情」(「実業之日本」一九〇四・一〇・一)

(37) 森岡秀吉「発展地としての秘露の価値と発展方法」(「実業之日本」一九〇六・五・一五)

(38) 「実業之日本」(一九〇五・三・一五)

(39) 「東洋汽船会社南米初航海第一報告」(「実業之日本」一九〇六・四・一五)、森岡秀吉「発展地としての秘露の価値と発展方法」(「実業之日本」一九〇六・五・一五)、白石元治郎(東洋汽船会社支配人)、「南米発展地と発展の方法」(「実業之日本」一九〇六・七・一五)、あるいは読者からの南米渡航に関する質問に適宜答える形式をとる大関昌之佐「南米渡航移住問答」(「実業之日本」一九〇六・九・一五)といった記事があげられよう。

(40) 島村他三郎「カムチヤツカ半島の大富源」(「殖民世界」一九〇八・九)、今井鉄嶺「比律賓群島の一大福音」(「殖民世界」一九〇八・九)。

(41) 柳沢義一郎「羅暹は如何なる事が日本人に有望なりや」(「殖民世界」一九〇八・九)

(42) 内田魯庵「くれの二八日」(「新著月刊」一八九八・三)

(43) この事情については上野久『メキシコ榎本殖民』(中央公論社、一九九四・四)が詳しい。

(44) 西原大輔「内田魯庵『くれの二八日』とメキシコ殖民」(「比較文学研究」一九九五・一〇)

(45) ちなみに『南米調査資料』(生産調査会、一九一一・八)や永田稠『南米一巡』(日本力行会、一九二一・五)等のように、「南米」としてメキシコをも含めて論じる著書も多い。
(46) 今野敏彦・藤崎康夫『移民史Ⅰ　南米編』(新泉社、一九八四・二) は、杉村が渡航前は移民反対論者であり、その杉村が日系移民の受け入れが歓迎されると判断した背景には、当時のブラジルにおいてはコーヒー好景気への転機にあたっていたことや、その前に起こったコーヒー大暴落後に、それまで多くの移民を送り込んでいたイタリアがブラジル移民を禁止したことにあったとしている。
(48) この様子を巻頭写真で「南米ブラジル殖民者笠戸丸にて出発の光景」(「殖民世界」一九〇八・六) として掲載している。
(49) 伊藤力・呉屋勇『在ペルー邦人七十五年の歩み』(ペルー新報社、一九七四・四)、及び田中重太郎『日本人ペルー移住の記録』(ラテンアメリカ協会、一九六九・七)。
(50) 入江寅次『邦人海外発展史　下』(移民問題研究会、一九三八・一)
(51) 古在由直「韓国農業経営法」(「殖民世界」一九〇八・五)
(51) 進藤道太郎「南米秘露風俗」(「殖民世界」一九〇八・五)
(52) 大隈重信「大和民族膨張と殖民事業」(「殖民世界」一九〇八・五)
(53) 小林直太郎「墨士哥の有望殖民地」(「殖民世界」一九〇八・五)
(55) 朝日胤一「南米秘露ロレト州の有望産業」(「殖民世界」一九〇八・五)
(56) 記者「墨士哥殖民の有望」(「殖民世界」一九〇八・五)
(57) 土井権大「南米黄金郷伯刺西爾殖民心得」(「殖民世界」一九〇八・六)
(58) 長風散士「伯刺西爾渡航方法」(「殖民世界」一九〇八・八)
(59) 小林直太郎「墨国日本殖民者の実収入」(「殖民世界」一九〇八・七)

(60) 朝日胤一「秘露サンタバルバラ日本労働者」(「殖民世界」一九〇八・九)
(61) 「殖民世界」(一九〇八・六)
(62) 古在由直「韓国に適する農作物」(「殖民世界」一九〇八・六)、土井権大「南米黄金郷伯刺西爾殖民心得」(「殖民世界」一九〇八・六)。
(63) 泉量一「日本職工米国就業案内」(「殖民世界」一九〇八・六)
(64) 黄稲生「テキサス日本青年殖民者の書簡」(「殖民世界」一九〇八・七)
(65) 今井鉄嶺「北海道富源地移住者心得」(「殖民世界」一九〇八・七)
(65) 深井弘「朝鮮全羅南道の日本人農業」(「殖民世界」一九〇八・八)
(67) 呉永寿「奉天商業の将来」(「殖民世界」一九〇八・九)
(68) 長風散士「南米最有望の日本人手職」(「殖民世界」一九〇八・八)
(69) 朝日胤一「秘露日本人会活動談」(「殖民世界」一九〇八・八)
(70) 「懸賞当選小品文」の「友人に渡米を薦むるの書」(「殖民世界」一九〇八・六)
(71) 「懸賞当選狂歌」(「殖民世界」一九〇八・六)
(72) 大隈重信「大和民族膨張と殖民事業」(「殖民世界」一九〇八・五)
(73) 竹越与三郎「植民文学を振起せよ」(「殖民世界」一九〇八・五)
(74) 同注(57)
(75) 嶺八郎「殖民の三要点」(「殖民世界」一九〇八・九)
(76) 高橋山民「殖民世界発刊の主旨」(「殖民世界」一九〇八・五)
(77) 竹越与三郎『二千五百年史』(警醒社書店、一八九六・五)

(78) 久米邦武『日本古代史』(早稲田大学出版部、一九〇五・七)

(79) 竹越与三郎の当時の言論活動と人種論については小熊英二『単一民族神話の起源』(新曜社、一九九五・七)が詳細に論じている。

(80) 神山閏次「韓国沿岸漁業家心得」(「殖民世界」一九〇八・五)

(81) 板垣退助「国家百年の長計と殖民事業」(「殖民世界」一九〇八・六)

(82) 上州屋店員「船宿移民の一夜」(「殖民世界」一九〇八・五)

(83) 牟田口竹次郎「墨士哥通信」(「殖民世界」一九〇八・五)

(84) 蛍光生「妻に与へし出稼人の手紙」(「殖民世界」一九〇八・五)

(85) 進藤道太郎「南米秘露風俗」(「殖民世界」一九〇八・五)

(86) 水野龍『南米渡航案内』(京華堂書店、一九〇六・一二)

(87) 富田謙一『南米事情』や(実業之日本社、一九一五・六)や奥村安太郎『南米移民研究』(弘文堂書房、一九二三・八)がある。

(88) 元野助六郎「人口増殖ノ開化ニ害アルノ説　投書」(「評論新聞」六六、一八七六・一)

(89) こうしたマルサス人口論の「俗流化、常識化」されてゆく過程については吉田秀夫『日本人口論の史的研究』(河出書房、一九四四・二)参照。

(90) むろん人口もこうした表紙に用いられている。例えば「実業之日本」(一八九八・一)では「全国府県別人口比較」が表紙に、「実業之日本」(一八九九・三)では「世界人口疎密比較日本人口疎密比較」が表紙に用いられ、それぞれ誌面の資料欄においてより詳細な数があがっている。

(91) 池田豊作『日本の統計史』(賢文社、一九八七・五)

(92) 日本統計研究所編『日本統計発達史』（東京大学出版会、一九六〇・三）
(93) 進藤道太郎「日本殖民者の欠点」（「殖民世界」一九〇八・九）
(94) 同注(68)
(95) 南天涯「在外支那商人気質」（「殖民世界」一九〇八・六）、高橋山民「殖民地と宗教」（「殖民世界」一九〇八・八）。
(96) 進藤道太郎「南米秘露風俗」（「殖民世界」一九〇八・五）
(97) 内藤昌樹「黒龍沿岸の重要商工業」（「殖民世界」一九〇八・五）
(97) 実際には戦前の日本における領土外の帰化率は極めて低い。例えば、帰化の制約の緩やかなブラジルにおいても戦前の帰化率は全移民中の約二・六%という。（山本喜誉司『移り来て五十年』ラテンアメリカ中央会、一九五七・二）
(98) 三宅雄次郎「中流民族と殖民」（「殖民世界」一九〇八・六）
(99) 高橋山民「日本国民と小人島根性」（「殖民世界」一九〇八・六）
(100) 進藤道太郎「日本人の学ぶべき欧米殖民真髄」（「殖民世界」一九〇八・七）
(101) 早田元道「本邦青年海外殖民要訣　思郷病は殖民の大毒也」（「殖民世界」一九〇八・九）
(102) 同注(93)
(103) 「本邦青年海外殖民要訣」（「殖民世界」一九〇八・九）
(104) 新渡戸稲造は「海外殖民の三大要素」（「殖民世界」一九〇八・六）
(105) 竹越与三郎「殖民文学を振起せよ」（「殖民世界」一九〇八・五）
(106) 堀内新泉「殖民小説南米行」（「殖民世界」一九〇八・五）、続編「殖民小説殖民隊」（「殖民世界」一九〇八・六）、「殖民小説深林行」（「殖民世界」一九〇八・七）。

(107) 具体例を以下あげておく。美濃国の「山間の孤村」で、だまされて土地を失った農家、父を亡くし、さらには母とも別れて祖母と生きてゆく『帰郷記』の俠一。四国伊予国の寒村で、同じく正直だけがとりえの貧しい農家、両親さえ失って故郷を後にする『立志小説観音堂』の孝吉。土地も財産もなく、美濃の山の中から上京する「立志小説春の声」（「成功」一九〇九・一）の孤児の三吉。

(108) 澤正宏「明治三〇年前後の部落問題小説」（「福島大学教育学論集（人文科学部門）」一九八九・一一）はこの点について天皇制とからめつつ論じている。

(109) 例えば長野楽水編『夜の風』（春陽堂、一八九九・七）では、北米が自由平等な場として、南米（アルゼンチン）が、富をなす豊饒な地としてイメージ化され、そこで成功して帰国するというパターンが見られる。

(110) ここで論じている時期、対象においては、後者の方がむしろ強化されているという事態を見て取ることができる。佐野正人「〈移動〉する文学　明治期の「移植民」表象をめぐって」（佐々木昭夫編『日本近代文学と西欧』（翰林書房、一九九七・七）所収）は「移動」の表象が異質さ、過剰さと結び合わされつつ周辺化されてゆく地点を明治三〇年代後半を中心に論じている。ただ、ここでの調査のように実際には移動先の国々の表象に応じた差異が、さらには媒体に応じた細かな差異があり、早急な図式化は避けたい。

第四章

(1) 日本力行会『日本力行会創立五十年史』（日本力行会、一九四六・一一）

（2）永田稠『両米再巡』（日本力行会、一九二五・一二）

（3）二〇〇二年度から小中学校で使われる教科書の採択方法に関し、市町村教育委員会の判断で決めるよう求める趣旨の陳情や請願が全国の議会に一斉に出されている点について、現場の声を排除する動向として注意を喚起する記事があらわれていた。（「朝日新聞」二〇〇一・二・二四　朝刊）これはまさに、ここで述べたモノやプロセスに介入する動向であり、こうした点に常に注意していなければどういったことになるかを示してもいる。

（4）「力行世界」（一九一五・四）

（5）同注（1）

（6）「雑報　海外発展講習会」「海の外」（一九二二・四）

（7）永田稠『信州人の海外発展』（日本力行会、一九七三・二）

（8）「信州教育と海外発展」（「信濃教育」一九四一・一二）

（9）アリアンサ移住地十年史刊行会『ありあんさ移住地十年史』（日本力行会、一九四二）

（10）「機関雑誌刊行内容の改善並部数増加」（『信濃海外協会概況（其四）』信濃教育会、一九二九）

（11）「在外各位に謹告」（「海の外」一九二二・九）

（12）泊泯逸史「信濃教育に就ての感想」（「信濃教育」一九一一・一）

（13）佐藤寅太郎「組織改正の趣旨方法を明かにす」（「信濃教育」三三〇、一九一四・四）

（14）十蔵寺宗雄『渡航案内』（東方書院、一九三二・九）

（15）『渡米案内』（日本力行会、一九〇二）、『新渡航法』（日本力行会、一九一一）。

（16）永田稠『両米再巡』（日本力行会、一九二五・一二）

（17）永田稠『海外発展主義の小学教育』（宝文館、一九二八・六）

(18)「海外発展と実業補習学校」(『信濃教育』一九一八・一二)
(19)中村国穂「長野県の海外発展をトす」(『信濃教育』一九一八・一)
(20)春日賢一「信州人と異民族」(『信濃教育』一九一七・三)
(21)濱幸次郎「信濃教育論」(『信濃教育』一八九九・一〇)
(22)伊藤長七「信濃大学創設の国論を樹立すべし」(『信濃教育』一九一五・一二)、平林廣人「信州大学の第一歩として夏季大学の開設を促す」(『信濃教育』一九一六・五)。
(23)中村国穂「長野県の海外発展をトす」(『信濃教育』一九一八・一)
(24)北村包直「信濃ノ歴史信濃ノ普通教育歴史ノ価値歴史教授と和歌」(『信濃教育会雑誌』一九〇一・一)
(25)細川寛一「信州教育の思想的立脚地」(『信濃教育』一九一七・八)
(26)同注(25)
(27)宮下琢磨「信州教育と汎信州主義」(『信濃教育』一九一六・九)
(28)同注(21)
(29)内堀維文「信州教育論」(『信濃教育』一九一五・一一)
(30)編集主任「本県教育の精神と信州大学」(『信濃教育』一九一五・一一)
(31)田口二郎『東西登山史考』(岩波書店、一九九五・五)
(32)丸山晩霞「欧州アルプスと日本アルプス」(酒井俊三編『日本アルプス画報』(東京画報社、一九一九・七)所収)
(33)同注(27)
(34)篤村「信州の教育に就きて」(『信濃教育』一九一五・一〇)

(35) 佐藤熊治郎「信州教育の回顧」(『信濃教育』一九一五・一)
(36) 與良熊太郎「本県教育上最も力を致すへき所如何」(『信濃教育』一九一五・一〇)
(37) 柳本知至「本県教育の使命」(『信濃教育』一九一五・八)
(38) 金井小市郎「本県教育上最も力を致すべき所如何」(『信濃教育』一九一五・九)
(39) 山岡生「埒外の人から」(『信濃教育』一九一五・一〇)
(40) 川村邦光『幻視する近代空間』(青弓社、一九九〇・三)
(41) 篤村「信州の教育に就きて」(『信濃教育』一九一五・一〇)
(42) 同注(25)
(43) 『南米ブラジルに雄飛せる長野県人』(信濃教育会、一九一九・一二)
(44) 永田稠『信濃海外移住史』(信濃海外協会、一九五二・一〇)
(45) 同注(16)
(46) 米沢武平「海外発展の障害」(『海の外』二、一九二二・五)
(47) 「社説　信濃海外協会の使命」(『海の外』一九二二・八)
(48) 同注(7)
(49) 国粋「植民教育随感」(『信濃教育』一九一五・六)
(50) 中之條村植民研究会「埴科郡と移植民」(埴科郡中之條村植民研究会『南米ブラジルの信濃村』(埴科郡中之條村植民研究会、一九一七・三)所収)
(51) 岡田忠彦「長野県人の海外発展」(『海の外』一、一九二二・四)
(52) 佐藤寅太郎「市町村の海外延長」(『海の外』二、一九二二・五)

(53) 永田稠『海外発展と我国の教育』(同文館、一九一七・四)
(54) 中村国穂「大正維新と海外雄飛」(「信濃教育」一九一六・七)
(55) 「即位大嘗祭大典講演幻灯趣意　大正四年九月」(長野県教育史刊行会編『長野県教育史一三史料編七』(長野県教育史刊行会一九七八・三)所収)
(56) 坂本市之助「ボルネオの信濃村建設」(「信濃教育」一九一七・七)
(57) 信濃教育会『海外発展指針』(信濃教育会、一九一六・一〇)
(58) 信濃国勢調査要覧発行所『信濃国勢調査要覧』(信濃国勢調査要覧発行所、一九二一・六)
(59) 今村省三『満州農業移民』(信濃教育会、一九三六・九)
(60) 同注(56)
(61) 本間利雄「ブラジル移住地建設の宣言」(『日本力行会五十年史』(前掲)による)
(62) 佐藤寅太郎「市町村の海外延長」(「海の外」一九二三・五)
(63) 永田稠編『信濃海外移住史』(信濃海外協会、一九五二・一〇)
(64) 同注(62)
(65) 長野県『満州信濃村建設の記』(長野県、一九三八・三)
(66) 「リーフレット　満州信濃村建設と移民募集に就て」(『満州信濃村建設の記』長野県、一九三八・三)
(67) 鈴木登「興亜教育特集号　告示」(「信濃教育」一九四一・一二)
(68) この時期の信濃教育会、信濃海外協会が具体的に行った満州移民に向けた教育活動については、長野県歴史教育者協議会編『満蒙開拓青少年義勇軍と信濃教育会』(大月書店、二〇〇〇・一二)が詳しく追っている。
(69) 「会長挨拶」(「信濃教育」一九四一・一二)

(70)永田稠『満州移民夜前物語』(日本力行会、一九四二・五)
(71)古川貞雄編『長野県の歴史』(山川出版社、一九九七・三)
(72)永田久「間違っている『長野県の歴史』 アリアンサ移住地の建設」(「のうそん」二〇〇一・五)
(73)同注(62)
(74)永田稠『新渡航法』(日本力行会、一九一六・七)
(75)永田稠『海外発展主義の小学教育』(宝文館、一九二八・六)
(76)永田稠『日本建国読本』(奥付なし一九四三・五付けの序文あり)
(77)永田稠『南方新建国』(日本力行会、一九四二・八)
(78)永田稠『海外発展と我国の教育』(同文館、一九一七・四)
(79)同注(56)

おわりに

(1)記録史料学の名称、及び概念については安藤正人『記録史料学と現代』(吉川弘文館、一九九八・六)。
(2)横浜開港資料館編『彩色アルバム 明治の日本』(有隣堂、一九九〇・三)
(3)岩本憲児『幻燈の世紀』(森話社、二〇〇二・二)
(4)南博他編『えとく』(白水社、一九八二・六)
(5)山本武利『紙芝居』(吉川弘文館、二〇〇〇・一〇)

(6) 加太こうじ「「視覚の文化論　絵解きから劇画まで」(『えとく』(前掲) 所収)
(7) 同一庵藍民芸館『藍民芸館五年史』(同一庵藍民芸館、二〇〇一・三)
(8) 収蔵図書については「海外発展関係書籍および資料目録集(一)」(日本力行会、一九九七・五) が出されている。これによれば、書籍や資料が約一三〇〇〇点所蔵されており、そのうちの一五一七点が目録に示されている。また、その後の目録化作業も継続しており、現在三六二三点の目録情報がインターネットを通して同会のホームページ上で公開されている。
(9) 例えば「内容」は写っている事物のみではなく、画面の中にある既成の文字と、後で書き込まれた文字とをわけて目録にとっている。
(10) 横浜開港資料館編『彩色アルバム　明治の日本』(有隣堂、一九九〇・三)
(11) 小林聡「ガラス乾板の収蔵調査と保護対策」(「東京大学史料編纂所研究紀要」一九九九・三)
(12) 日本写真学会画像保存研究会編『写真の保存・展示・修復』(武蔵野クリエイト、一九九六・五)
(13) 箱にはアーカイバルボード (pH8.5) 及びＡＦハードボード (pH8.5) を用い、箱内に仕切りを設けている。さらにそれぞれのガラス板をＡＦプロテクトＨ (pH8.5) を用いたフォルダに収めることとした。
(14) 一般の製本用テープは、材質の安全性、耐久性に問題があるため、緑の補修用の素材については現在検討し直している。
(15) 各項目の詳細は以下のとおり。「通し番号」(最初に収納されていた順序に基づいて付した。それらは四つの箱と、それに納まりきらないものや破損したものが袋に入れて保存してあったため、通し番号によって入っていた場所を一括して示す)、「タイトル」(ガラス面の外に、筆で紙に書いたタイトルが付されたものも多く、それをタイトルとしてとった。タイトルのないものは特に何も記入しない。判読不能な場合は○を用いた)、「タイトル補足」（タイトルのないものについて、ごく大まかに風景、人物といった内容をつけた。細かくつけるには情報が不足しており、個々の記述内容もちぐはぐになるため、便宜的に大まかな内容を付した）、「内容詳細」（画像の中に写っているものや人が特定できる場合には記し、中に出てきている文字については「　」として書き出すこととした。それ以外にも特に記述レベルを気にせずに画像内容で参考になりそうなことはすべてここに書き入れることとした。これは何らかの語彙から検索する際の手がかりとするためである）、「種別」（写真を焼き付けたものと、絵や図を焼き付けたもの、また彩色のあるものとないものとがあるので、それが区別できるようにした）、「製造元」（製造元がガラス面にはさんだ紙に印刷されているもの、いないものがあるので、それについて記した。同一の製造元でも表記の仕方が異なる場合は製造時期の違いとも考えられるのでそれも記した。ただし、破損したものについてははさまれた紙が失われている場合もあり、それによって製造元情報が記載されていない場合がある）、「その他の記号」（タイトル以外に、番号が、やはりガラス面に、紙で頒布されているケースが多く、手書きのものと印刷された数値、あるいは両方があるもの、と種類が多く、利用した際の手がかりともなるため、タイトルとは別に、その番号（印刷された番号はpを付してそれがわかるようにした）を記録した。また、それ以外に多数にわたっての特徴（特定の形状のシールがはっている場合など）がある場合はそれを記入した）、「サイズ」（力行会所蔵の幻灯画像史料は、すべて82mm×82mmである）、「破損状態」（破損状態をヒビが入っているもの、縁布が壊れているもの、おさえ用のガラスが欠落しているものの三つにわけて記した）、「補修情報」（破損状態が特にひどく補修せざるを得なかったものについては、その補修を縁布の補修、おさえガラスの交換の二つにわけて記した）。

あとがき

この本のねらいや構成については、本文でも適宜ふれたので、ここでは「書き方」のことに少しふれておきたい。

書物の注で書くことと、本文で書くこととの境界線について、学生から質問されたことがある。実際、最近増えてきた新書形式の書物でも、注をなるべく排し、特に言及したいもののみに本文中でふれる、という場合は多いし、私自身、なるべく注なしで書くよう、依頼を受けることもある。それには、注のあることが、固くて読みにくそうな印象を読者に与えるという理由もあろうし、制作コストの問題もあろう。

注なしで書くというのは、書き手にとってはきわめて楽なことだ。どのような文献にあたり、何をどこまで調べ、何にもとづいて述べているか、という言わば「もち札を見せる」ことを常にしなくてよいというなら、自分の調査の不十分さや狭さを批判されることもないだろう。

一見平易で読みやすい注なしの文章は、実は書き手の特権的な場を保証するものだ。そこでは、読者にとって批判する材料、あるいは書き手と同じ議論の平面に立つために読むべき、参照するべき知が示されていないのだから。注は学術書の体裁のためではなくて、読者のためにこそある。読者が批判的に読むために、あるいは書き手と同じ議論の場に立つために不可欠の手がかりとして。そして新たな問題を見つけるための糸口として。

こうした観点から、この本では、なるだけ注は細かく、広くつける方針をとった。自身の調査範囲や参照した文献をできるだけ明示して、その不十分さについてきちんと批判を受けられるようにするとともに、そこから新たな文献や問題領域に出会う可能性が生まれるようにしたいと思った。

その一方で、注なしで、本文のみの文章を読んでいっても分かりやすく読めるよう配慮した。特定の領域の研究者向けではなく、誰しもが読みやすいよう、なるべく研究の「業界専門用語」は抑えるよう気をつけた。つまり、気軽に関心をもって読む読み方と、批判的に周囲に関心を押し広げならよむ読み方の、なるだけ両方ができるように工夫して作るよう心がけた。それがどこまで実現しているかはおぼつかないが。

参考とした文献は、注の中で言及することとした。索引は付したが、本文に出てくる用語しかカバーできていない。注のみにしか出てこない重要な著者名や書名は参照されないので、あくまで便宜的なものととらえてほしい。注と重複するので参考文献一覧はつけなかったが、読書論に関連する文献リストを掲載したいという思いも一方ではあった。ただ、本書では、網羅的で明確な領域として読書論をとらえる立場を批判している。読書論文献一覧は、どこからどこまでが読書論である、といった境界があるかのような効果を与えてしまうがゆえにそうした主張とはややなじまないし、また、次々と更新するべき情報でもある。したがって、自分なりに作った読書論関連文献リストは、インターネット上に検索可能なかたちで、そして常に追加、更新可能なかたちで提供することとした。関心のある方は、以下のサイト（http://fan.shinshu-u.ac.jp/~wada/index.html）をご参照願いたい。

読書、読者について調査、研究した二冊目の著書となるが、前著『読むということ』での作業と今回の本にまとめた作業との一番大きな違いは、「外に出て調べる」ということだろうか。本書の中でも、書物と向き合う室内の空間に読書の問題を狭めるべきでないことは繰り返しふれたが、これは読みを調査、研究してゆくスタイル自体にも言えることかもしれない。実に様々な人々や組織とのかかわりの中で本書はできた。

この本を作るにあたって、松本強制労働調査団の近藤泉氏、財団法人日本力行会、特に田中直樹氏、伊那郡宮田村教育委員会の小池孝氏、財団法人同一庵藍民芸館の松田秀明氏をはじめ、多くの方々にご協力いただいた。また、信濃教育会館や信州大学図書館には史料調査の便宜をはかっていただい他、記録史料学については国文学資料館史料館の指導を受けさせていただいた。本書があるのはこれらの人々あってである。そして、最後になったが、ひつじ書房の松本功氏、担当の飯田崇雄氏には、最初から最後までお世話になったうえ、助言や細かな配慮をいただいた。これらすべての方々に、この場をかりて心からお礼申し上げたい。なお、本研究は、平成一三年度科学研究費補助金（奨励研究A）の支援を受けている。

初出一覧

＊この本のもととなったのは以下の論文だが、実際には全体を通じて大幅に加筆し、書きかえている。また、論の一部分のみ用いたもの、章にまたがってわけて用いたものもあるので、発表順にあげることとした。

「「田舎教師」テクスト群と読者　記号への奉仕」（「日本文学」一九九七・六）
「あとがき」（拙著『読むということ　テクストと読書の理論から』ひつじ書房、一九九七・一〇）
「ハイパーテクストと地下兵器工場　二つの読みの場から」（「未発」一九九八・六）
「〈立志小説〉と読書モード　辛苦という快楽」（「日本文学」一九九九・二）
「解説」（和田敦彦編『読書論・読者論の地平』若草書房、一九九九・九）
「〈立志小説〉の行方　「殖民世界」という読書空間」（高橋修・金子明雄・吉田司雄編『ディスクールの帝国　明治三〇年代の文化研究』（新曜社、二〇〇〇・四）所収）
「メディアの中の読書行為　ビデオゲームと戦争の表象」（「日本文学」二〇〇〇・八）
「ＩＴと文学環境　移民情報の行方をめぐる問いへ」（「国文学」二〇〇一・五）
「メディアの中から「読むこと」を問い直す」（「月刊国語教育」二〇〇一・六）
「幻燈画像史料の保存と活用について　日本力行会所蔵史料を中心に」（「内陸文化研究」二〇〇二・三、二〇〇一年度国文学研究資料館史料館史料管理学研修会（短期）レポート）
「流通する〈国家〉、複製される〈信濃〉　地域リテラシーと領土の表象」（「日本近代文学」二〇〇二・五）

索　引

本文中の主な用語、人名、タイトル。頻出する用語と注において言及、引用した人名、文献は索引の対象としていない。

お

か

き

す

せ

そ

に

ね

は

ひ

ふ

著・者・紹・介
和田敦彦（わだ・あつひこ）
1965年、高知県生まれ。1994年、早稲田大学大学院（文学研究科日本文学専攻）博士課程修了、博士（文学）。1996年、信州大学人文学助教授、2007年、早稲田大学教育・総合科学学術院准教授、2008年、同、教授。2005年3月より翌年1月にかけて、コロンビア大学客員研究員。著書に『読むということ』（ひつじ書房、1997）、『書物の日米関係』（新曜社、2007）、『モダン都市文化デパート』（編著、ゆまに書房、2005）等がある。

未発選書 ⑪

メディアの中の読者
読書論の現在

発行	2002年 5月25日　初版1刷 2010年 4月 7日　初版2刷
定価	2,200円＋税
著者	©和田敦彦
発行者	松本　功
印刷・製本所	三美印刷株式会社
発行所	株式会社ひつじ書房 〒112-0011　東京都文京区千石2-1-2　大和ビル2F Tel. 03-5319-4916／Fax. 03-5319-4917 郵便振替　東京00120-8-142852

●造本には充分注意しておりますが、落丁乱丁などがございましたら、小社宛お送り下さい。送料小社負担でお取り替えいたします。●本書や小社に対する、ご意見、ご感想など、小社まで郵便および電子メールでお寄せ下されば幸いです。

http://www.hituzi.co.jp/
toiawase@hituzi.co.jp

ISBN4-89476-157-2 C0090
ISBN978-4-89476-157-5
Printed in Japan

未発選書創刊の辞

未だ発せられていない言葉をこの世に送り出したい，という切なる願いによってこの選書は創刊された。

多々ある単なる輸入，引き取りに過ぎないしわざではなく，創造という名に値するものを公開するという出版の初心をもってこの事業を進めていきたいというのがわれわれの願いである。

これはまた未知の読者への発信であり，また出会いである。大量消費的な生産物しか，受け入れられない状況の中で，この出会い自体が，挑発的な行為になると信じる。

多くの方々のご支援によってこの行為が，知的な営みにとって実り多いものになり，この共同の事業が成功し，次の言葉を織り出す助けになることを願うものである。

房主敬白